Copyright © 2007 Humberto Fontova
Copyright da edição brasileira © 2015 É Realizações
Esta edição foi publicada em acordo com a Sentinel, uma empresa do
Penguin Group (USA) Inc. Publicado originalmente nos Estados Unidos,
em abril de 2007, pela Sentinel, sob o título Exposing the Real Che Guevara –
And the Useful Idiots Who Idolize Him

Editor
Edson Manoel de Oliveira Filho

Produção editorial, capa e projeto gráfico
É Realizações Editora

Revisão de texto
Jessé de Almeida Primo

Reservados todos os direitos desta obra. Proibida toda e qualquer reprodução desta edição por qualquer meio ou forma, seja ela eletrônica ou mecânica, fotocópia, gravação ou qualquer outro meio de reprodução, sem permissão expressa do editor.

DADOS INTERNACIONAIS DE CATALOGAÇÃO NA PUBLICAÇÃO (CIP)
(CÂMARA BRASILEIRA DO LIVRO, SP, BRASIL)

Fontova, Humberto
O verdadeiro Che Guevara: e os idiotas úteis que o idolatram / Humberto Fontova; [tradução Érico Nogueira]. – São Paulo : É Realizações, 2009.
288 p. ; 23 cm.   (Abertura cultural)

Título original: Exposing the real Che Guevara: and the useful idiots who idolize him
ISBN 978-85-88062-69-6

1. Guerrilhas – América Latina 2. Guevara, Ernesto, 1928-1967
3. Revolucionários – América Latina I. Título.

09-03809   cdd-355.0218092

Índices para catálogo sistemático:
1. Che Guevara : Guerrilheiros : Biografia   355.0218092
2. Guerrilheiros internacionalistas : Biografia   355.0218092

É Realizações Editora, Livraria e Distribuidora Ltda.
Rua França Pinto, 498 · São Paulo SP · 04016-002
Telefone: (5511) 5572 5363
atendimento@erealizacoes.com.br · www.erealizacoes.com.br

Este livro foi reimpresso pela Gráfica Eskenazi em setembro de 2019. Os tipos são da família Fairfield LH e Helvetica Neue. O papel do miolo é o Lux Cream 70 g, e o da capa, cartão Ningbo C2 250 g.

Humberto Fontova

O VERDADEIRO CHE GUEVARA

E OS IDIOTAS ÚTEIS QUE O IDOLATRAM

Tradução
Érico Nogueira

4ª impressão

Sumário

Prefácio   7
Prefácio à Edição Brasileira   13
Agradecimentos   21
Introdução   29

1   Nova Iorque Festeja o Patriarca do Terrorismo   43
    O Brinde em Manhattan   45

2   O Carrasco de Roqueiros, Gays e Simpatizantes   53
    Carlos Santana Adora Che Guevara   58
    "We Gotta Get Out of This Place"   61
    O Neto Roqueiro Deixa Cuba   62
    Hippies Stalinistas   65

3   Bon Vivant, Queridinho da Mamãe e Esnobe   69
    Che Guevara e A Tradição de Família   73
    Che se Encontra com o Tio Hemingway   78

4   De Idiota Militar a Herói de Guerrilha   81
    O Batismo de Fogo   82
    Reagindo contra Che Guevara   84
    A Batalha de Santa Clara   88
    Assassino Stalinista   93
    Fidel Castro e a Barraca da Imprensa   96
    O Professor de Guerrilha   99
    Che e "A Primeira Derrota do Imperialismo" (A Baía dos Porcos)   103
    Che Agradece aos Bem-Pensantes   112
    A Crise dos Mísseis   114

5	O Executor Favorito de Fidel	119
	Sedento de Sangue	120
	O Quarto com Vista para o Mar	127
	Sangue Cubano em Liquidação	132
6	Assassino de Mulheres e Crianças	137
	"Nós Executamos por Convicção Revolucionária!"	141
	Hitler, Stálin e Che	149
	Os Pelotões de Fuzilamento	151
	Guevara e seus Campos para "Delinquentes"	156
	Che e os Cães	169
	Papai Che	171
7	O Intelectual e Amante da Arte	179
	O Ladrão de Arte	186
8	A Surpresa da Academia	191
9	Tiranete e Puxa-Saco	201
10	O Exterminador de Guerrilhas	207
11	"O Cérebro da Revolução" e Czar da Economia	213
	Os Russos Dizem Não	218
	O Trabalho de Che Guevara	220
	Che Implora pelo Embargo Norte-Americano	227
	"Che Vive": O Legado de Nossa Miséria	229
	Prostitutas Desesperadas	235
	Os Negros em Cuba	238
12	Che na África	241
13	A Derrota Final	253
	Índice Remissivo	279

PREFÁCIO

"Estes cubanos parecem que não tiveram sequer um minuto de sossego desde que tomaram seus bens e vieram para a Flórida", escreve Michael Moore no seu livro *Downsize This!*.

Certamente alguns cubanos "tomaram bens", porém não aqueles que vieram para a Flórida. Teria sido educativo para Michael Moore se ele houvesse testemunhado as cenas do aeroporto de Rancho Boyeros em Havana no ano de 1961, quando dezenas de milhares de cubanos "vieram para a Flórida" e "bens foram tomados".

Minha irmã Patricia, de oito anos, meu irmão Ricky, de cinco, e este escritor, então com sete anos, assistiam perplexos quando uma enfurecida miliciana arrancava os brincos de nossa mãe das suas orelhas. "Isto pertence à Revolução!" a mulher esbravejava, e então se virou para a minha irmã. "Isto também" e arrancou o crucifixo que Patricia usava, puxando-o brutalmente por cima da sua cabeça. Esther, minha mãe, fechou a cara e parecia ferver, mas vinha providenciando a papelada para o nosso voo fazia um ano. Não ia pôr tudo a perder justamente agora.

Para milhões de cubanos, poder deixar a pátria, completamente sem dinheiro e apenas com a roupa do corpo, rumo a um futuro incerto em país estrangeiro era (e ainda é) o equivalente de ganhar na loteria. Minha mãe, uma professora universitária, suportou estoicamente a espoliação: um mal menor. Meu pai, que estava a seu lado e acabara de esvaziar os bolsos para um outro guarda, franziu o cenho. Humberto era arquiteto. Aquele olhar (tão nosso conhecido) de uma erupção iminente era manifesto. Sem mais nem menos, homens fardados o cercaram. "Senhor, você vem conosco."

"Para onde?" minha mãe soluçou.

"Você! Mantenha-se calada!" gritou a miliciana. E arrastaram Humberto. "Assim nós não vamos!" dizia minha mãe enquanto tentava segui-lo. "Se você não pode ir, nós também não vamos!" ela começava a engasgar.

Meu pai parou e se voltou para trás, enquanto os homens lhe seguravam os braços. "Vocês *vão*", ele disse. "Independentemente do que me aconteça – eu não quero você e as crianças vivendo num país comunista!" Algumas semanas depois, Fidel Castro admitia ser uma marxista-leninista. Ao ouvirem o termo "comunista", a escolta policial de meu pai se alvoroçou e o levou para diante.

"Nós não vamos!" minha mãe gritava.

"Vão, sim!" gritava meu pai com o pescoço virado para trás, à medida que desaparecia porta adentro. Quando a porta se fechou minha mãe finalmente caiu em prantos. Seus ombros pesaram e ela alçou as mãos para enxugar as lágrimas, mas logo as assustadas mãozinhas de seus filhos puxaram seus braços para baixo. E então ela se recompôs.

"O papai sai num minuto", ela sorria enquanto ia enxugando as lágrimas. "Ele se esqueceu de assinar alguns papéis."

Duas horas depois todos faziam fila para embarcar no voo para Miami. Mas papai não tinha saído daquela porta. No rosto de minha mãe, o olhar era de novo agonizante. Era preciso tomar uma decisão. Naquele tempo, as prisões em Cuba estavam lotadas – lotadas até a asfixia. Pelotões de fuzilamento trabalhavam nos três turnos diários. Mas seu marido tinha sido claro o suficiente.

"Vamos!" ela se levantou e disse de repente. "Vamos, crianças. É hora de viajar! O papai vai depois e nos encontra lá..." ela soluçava e seus ombros de novo ficaram pesados. As mãozinhas assustadas de seus filhos voltaram a procurar as suas, e nos juntamos à miserável procissão rumo à grande aeronave, um Lockheed Constellation.

Ao ver a grande aeronave, embarcar, e ouvir os motores, fiquei maravilhado e por uns poucos minutos me esqueci de meu pai.

"Nós voltaremos!" gritou um homem alguns assentos à frente do nosso. Outras pessoas se uniram àquele grito. O famoso "I shall return" de Doug MacArthur era então apropriado pelos Cubanos, só que no plural. O sul da Flórida estava cheio de grupos paramilitares de exilados, e ninguém esperava que no auge da Guerra Fria os Estados Unidos aceitassem um estado-satélite da União Soviética a pouco mais de cem quilômetros de distância. O homem que começara o grito realmente esperava voltar logo, de metralhadora em mãos.

Mas na sua maioria eram mulheres e crianças os que enchiam aquela grande aeronave, e logo o seu soluço e o seu choro competiam com os gritos e o barulho do motor.

Aterrissamos em Miami e tomamos o incerto rumo do pequeno apartamento de um primo. Estes parentes tinham vindo alguns meses antes. Daquela cozinha apinhada de gente mamãe fez logo uma ligação via telefonista para nossa avó, ainda em Cuba. A ligação se completou e ela de cara perguntou sobre nosso pai. Houve uma pequena pausa. Ela franziu o rosto, largou o telefone e caiu pelo chão.

Seus filhos, assustados, acudiram primeiro. "O que foi?" Patricia gritou. Nossa mãe não se movia. Enquanto uma tia tomava-lhe nos braços, outra erguia o telefone para poder ouvir, e fez-se de algum modo ouvir a despeito da confusão naquela cozinha. Tia Nena balançava a cabeça enquanto ouvia minha avó ao telefone. Até que finalmente disse: "Ai, não!".

Minha mãe tinha desmaiado. Tia Nena quase isso ao ouvir a mesma notícia. Nosso pai era prisioneiro em El G-2, em Havana. Era o quartel-general da polícia militar. Os prisioneiros iam a El G-2 para "interrogatório". De lá a maioria seguia para prisão-fortaleza de La Cabaña, por "justiça revolucionária". O Cuba Archive Project documentou centenas de mortes em estações G-2. Foi um processo que a esquerda adora chamar por seu próprio nome – "esquadrões da morte" – em qualquer lugar da América Latina, menos em Cuba.

Depois de alguns momentos, minha mãe recuperou a consciência, mas já não posso dizer que recuperou a vida. Sem dinheiro e sem amigos em terra nova e estranha, com três filhos para alimentar como pudesse, dar roupa, escola e boa educação, Esther Maria Fontova y Pelaez acreditava ser viúva.

Alguns meses depois, estávamos em Nova Orleans, onde também possuíamos parentes, com um pouco mais de espaço neste novo apartamento (apenas três famílias de refugiados cubanos moravam lá). Naquela pequena cozinha minha mãe atendeu ao telefone certa manhã. Seu grito trouxe Patricia, Ricky e a mim direto para lá. Mas era um grito de alegria. Era papai que estava na linha – e estava ligando de Miami. Ele tinha dado o fora.

O grito materno daquela manhã ainda ressoa em meus ouvidos. O do dia seguinte, quando papai desembarcou da porta do avião no aeroporto internacional de Nova Orleans, foi igualmente alto. A imagem de mamãe correndo pela pista e papai fazendo o mesmo assim que desembarcou nunca irá se apagar, nem se desvanecer.

Hoje meu pai caça e pesca com os filhos e netos todo fim de semana. Nossa história teve um final feliz. Mas milhares e milhares de famílias cubanas não foram assim tão afortunadas. Uma delas foi a de meu primo Pedro.

Naquele mesmo ano, 1961, Pedro era um jovem amável e delicado que dava aulas de catecismo na sua paróquia em Havana, chamada La Víbora. Ele sempre voltava para casa a fim de almoçar e jantar. Uma noite ele não apareceu, e sua mãe ficou preocupada. Depois de algumas chamadas ao telefone, ela ficou desesperada. Pessoas desapareciam por todo o país naquele tempo. Ela mandou chamar o padre local, que prontamente se juntou às buscas. Padre Velásquez era um antigo amigo de Pedro – que ensinava religião justamente na sua paróquia – e logo suspeitou de algo sério. Pedro não faria isto.

O padre ligou para o pronto-socorro local e ficou nervoso ao ouvir que, com efeito, o corpo de um jovem alto e esbelto que se enquadrava na descrição de Pedro tinha mesmo chegado ao local. Padre Velásquez correu ao pronto-socorro e confirmou o pior. Em seguida ligou para minha tia a fim de lhe dar a notícia.

Os gritos angustiados de minha avó quando atendeu ao telefone e o consequente coro de minha mãe e suas irmãs ainda ecoam em minha memória. Minha tia, contudo, estava em silêncio; parecia em estado de choque depois de ouvir a notícia de que o corpo de seu filho, meu primo Pedro, estava no pronto-socorro.

Tia Maria era viúva e um seu irmão foi em seu lugar. "Morreu de ataque cardíaco", disseram-lhe os milicianos — valentões da polícia secreta treinados pelo protagonista deste livro. Meu tio ferveu de ódio mas conseguiu se controlar. O corpo de seu sobrinho estava horrivelmente escoriado e machucado. Tecnicamente, talvez os milicianos estivessem certos. Isto era comum durante a aplicação das técnicas de interrogatório da polícia e da milícia cubana de então. Pedro, um ativista católico convicto, amiúde falava contra o regime em suas aulas de religião, e algo de seu discurso contrarrevolucionário devia ter vazado. O regime respondeu da maneira habitual.

Até a sua morte em 1993, em Nova Iorque, minha tia jamais se recuperou. Certa vez, durante certa manifestação nesta mesma cidade, a santa mulher, católica empenhada no serviço de caridade em Cuba, foi chamada de "verme!" e "fascista!" pelos ofensivos manifestantes, estudantes que papagaiavam os epítetos de um regime totalitário.

Se os cubano-americanos impressionam por parecerem muito inflamados ou, em última instância, meio loucos até, há uma razão para tanto. Praticamente todos os dias, ligamos a televisão ou saímos na rua e eis que vemos justamente a imagem do homem que treinou a polícia secreta para matar nossos irmãos — milhares de homens, mulheres e crianças. Este homem cometeu grande parte desses assassinatos com suas próprias mãos. E não obstante nós o vemos celebrado por aí como a quintessência da humanidade, do progresso e da compaixão.

Este homem, este assassino, é Ernesto "Che" Guevara.

PREFÁCIO À EDIÇÃO BRASILEIRA

A partir de meados da década de 1980, observa-se no Brasil uma crescente popularização da hoje famosa imagem de Che Guevara, principalmente em camisetas e em faixas de manifestações de partidos de esquerda, comícios, manifestações estudantis e greves. E nessa mesma década é fundado o Partido dos Trabalhadores, sendo este talvez o maior protagonista do renascimento e propagação do ícone, dada a sua permeação gradual em todas as esferas da cultura brasileira. Ao final dessa década, com a reorientação do movimento comunista sob novas bases, surge entre os partidos de esquerda a necessidade de símbolos que possam ser reciclados, isto é, que não sejam diretamente reconhecíveis como protagonistas das experiências comunistas soviéticas, chinesas ou asiáticas de forma geral, tidas popularmente como trágicas, ainda que divulgadas a conta-gotas na imprensa brasileira.

Passado o tempo de uma geração desde a morte de Che Guevara na Bolívia em 1967, sua imagem já possui força para se tornar um importante símbolo de um projeto político, carreado pela geração formada a reboque do Partido dos Trabalhadores e alimentada pelos ideais hegemônicos desse partido, inspirados nos fracassados regimes comunistas de várias vertentes. Para o leitor não entender aí apenas força de expressão, já em 1990 em seu 7º Encontro Nacional, o PT reafirma sua identidade de partido socialista e de massas, cognominado "Socialismo Petista".

Mas se na década de 1980 o mito começa a ser reutilizado, é porque bem antes disso ele já se encontrava cravado na alma da esquerda brasileira. Che Guevara foi tido como heroico combatente em defesa dos povos oprimidos, caramelo verbal tão característico daquele espectro político. Foi eleito o revolucionário modelo, que viria a influenciar a guerrilha terrorista da classe média radicalizada paulista, admirado tanto por sua postura tida como ideologicamente independente, criativa e ousada, como em seu figurino, maltrapilho, sujo e 'macho', tomado aí como perfeito antípoda do burguês, inimigo mortal e alvo de classe por definição.

Não fosse apenas pela comunhão de ideais, segundo Luis Mir, em "A Revolução Impossível", Marighela teria sido escolhido diretamente por Fidel Castro como sucessor de Che Guevara na missão de propagar a luta armada no continente. Tal fato transferiria uma dupla carga aos comunistas brasileiros, uma simbólica e espiritual, e outra no nível prático do combate nas ruas, pois mais do que teorizar a revolução, Marighela afirmava circularmente que "o dever de todo revolucionário é fazer a revolução".

Muito provavelmente essa foi a via de entrada de Che Guevara no imaginário do brasileiro.

Ora, tal mito é completamente estranho à nossa cultura, sendo imposto de forma artificial como representante de um elevado ideal, ao mesmo tempo em que se oculta seu projeto político totalitário subjacente. Tal mito não surge de bases comuns à experiência popular (onde quer que fosse idolatrado), mas surge de uma experiência da vanguarda política revolucionária, em sua batalha cruenta pela tomada do poder.

Embora a influência do personagem sobre a intelectualidade brasileira tenha sido enorme, tal fato não correspondeu a uma variedade editorial que seria necessária, fenômeno típico de movimentos subterrâneos. Em língua portuguesa, a literatura crítica ao personagem é quase inexistente, e isto já passados 40 anos de sua morte. O mesmo não se pode dizer de publicações apologéticas. Hoje é difícil não encontrar menos do que cinco ou mais volumes em bancas de jornal com a estampa de Che Guevara, em publicações de baixo custo – pois muitas vezes são subsidiadas por empresas públicas, e de baixíssimo nível, com claro apelo à juventude.

Talvez o último livro crítico inteiramente dedicado à revolução cubana e seus personagens e métodos aqui publicado tenha sido a tradução do livro de 1965 de Theodore Draper, "Castrismo, teoria e prática", que já serviria de excelente antídoto ao personalismo totalitário de Che Guevara e Castro. A publicação de declarações do próprio Che ao jornal do partido comunista já são chocantes por si, mostrando o total despreparo, incompetência e aventureirismo criminosos característicos:

"Começamos a adquirir fábricas, mas não pensamos nas matérias-primas que teríamos de importar". Assim, disse ele [Che Guevara], dois anos haviam sido perdidos "instalando-se fábricas para uma série de artigos que podiam ser comprados quase ao mesmo preço que as matérias-primas de que precisávamos para produzi-los" (Revolución, 21 de agosto de 1963).

Ora, irão dizer, "mas estávamos fazendo a revolução, a primeira revolução comunista do hemisfério. Ademais, exigir de um revolucionário comunista capacidade de planejamento econômico já é demais, pois 'o papel do revolucionário é fazer a revolução', e não se preocupar com os milhões de itens práticos de uma economia de escala nacional." Sim, mas o fato é que, embora absolutamente incapaz de coordenar qualquer coisa produtiva, assumia postos de extrema responsabilidade na estrutura do Estado cubano e ditava as regras do dia, como se uma economia nacional pudesse ser desenvolvida por arroubos e humores de uma só pessoa. E claro, tudo isso sem citar seu posto como juiz supremo nas execuções sumárias, cujas vítimas iam de desafetos dentro de seu círculo (que não eram poucos, dada a sua condição de estrangeiro ditando a revolução em Cuba) a pessoas comuns, fazendeiros e produtores, assassinados como exemplo ao que viria a se seguir. No auge da revolução, notícias como essa eram comuns:

"O Tribunal Revolucionário nº 2 do Distrito de Havana sentenciou a vinte anos de prisão o acusado Mario Sosa Hernández, que, com o auxílio de um menor, roubou frutas e verduras num valor aproximado de 100 pesos de uma loja situada em Charruca 305, em El Cerco" (Hoy, 19 de novembro de 1963).

Mas, por um misto de desinformação, desinteresse e muitas vezes medo, os clichês relativos a Che Guevara e sobre a revolução comunista cubana impregnaram-se de tal forma na subcultura brasileira, pelas vias institucionais de universidades, de órgãos públicos e seus coligados, que falsas máximas açucaradas como 'ser preciso ser austero sem perder a ternura' tornaram-se quase mantras. Soltos da realidade histórica e biográfica do autor, parecem até possuir certo ensinamento. Mas, quando sabemos que tal personagem foi capaz de mandar executar crianças e mulheres, como o leitor verá nessa obra, caem por terra quaisquer aforismos de louvação – patentemente juvenis, diga-se. Já não se pode dizer que se está travando uma luta pela libertação de todos os povos da opressão dos imperialistas. Há sim a crueldade mais abjeta, o total desprezo pelo ser humano concreto, no mais das vezes há "amor" a um ser humano abstrato, chamado pelos socialistas de "novo homem", criação pessoal de mentes mórbidas. Nesse corolário macabro, qualquer custo em vidas vale o nascimento do novo homem.

Um bom exemplo da sociopatia de que padecia Che Guevara é dado por Carlos Franqui, jornalista cubano e responsável pelo jornal oficial do Partido Comunista Cubano, *Revolución*. Conta em seu livro "Cuba, La Revolución, Mito o Realidad" que em sua visita ao Egito, Guevara perguntara a Nasser quantas pessoas haviam abandonado o país depois do triunfo de sua revolução, a que Nasser respondera "muito poucas". Che então retruca que em tal revolução não ocorrera grande coisa. "Eu meço a profundidade de uma transformação social pelo número de pessoas afetadas por ela e que pensam que não terão espaço na nova sociedade". Partindo desse critério, é possível imaginar que a sociedade perfeita para Ernesto Guevara de la Serna seria composta por um indivíduo apenas, de nome Ernesto Guevara de la Serna.

É bastante provável que a reedição do mito de Che Guevara tenha aqui como destino certo a juventude brasileira. Seu retorno e manutenção significam algo de utilitário a uma guerra cultural que se está travando. Os órgãos satelitizados pela esquerda impingem nas almas da juventude o espírito suicida, rebelde, mimado, cínico, arrivista, covarde e incompetente, retratos do mito Che e de sua trajetória de fracasso, assim reconhecida principalmente por seus companheiros de guerrilha, que sofreram sob seu comando. Sabemos hoje que existem no país os tais centros de formação de militantes socialistas, chamados de escolas de sem-terra, onde bradam o "Seremos como o Che". Seremos em que sentido? Incompetentes?

Criminosos inculpáveis? Nesta obra, Fontova narra que Che imaginava que a população que iria libertar na região da Bolívia falava quichua. Enganou-se, pois falavam guarani. Acreditava serem escravos nas propriedades de senhores de terra. Não eram, moravam ali há gerações, eram pioneiros, desbravadores. Che não sabia ler um mapa nem se guiar por bússola. Ele e seu grupo perderam-se nas florestas durante meses e atiravam-se uns nos outros achando que encontravam inimigos. Ficaram sem alimentos e tiveram que matar seus animais de carga para não morrer de fome. Romântico? Há quem ache.

Também há quem acredite que a famosa imagem editada a partir da foto tirada por Alberto Korda não passe de mais uma no mercado das imagens e símbolos, não merecendo maior atenção ou preocupação. O mercado a tudo absorve e amanhã não valerá o que ontem valia. Fosse assim, seríamos obrigados a assumir como neutro um conteúdo simbolizado, nesse caso o mito Che, que pode ser tudo, menos neutro. Não passa de cinismo a afetação de respeito, de ter o símbolo sido "desvirtuado do motivo original pelo consumismo capitalista, tão avesso ao ideal de Che" quando divulgado em massa. Antes o contrário, o autor aborda de forma inequívoca que sua divulgação maciça é a marca da aceitação inconsequente de um símbolo culpado por crimes que dificilmente serão julgados, dado estar envolto em aura de semissantidade.

Do revolucionário se espera a revolução, nada mais. "Não sou Cristo nem filantropo. Sou totalmente o contrário de um Cristo", asseverou. A reedição e manutenção da imagem do assassino como santo salvador, nos dias de hoje, somente é possível graças a várias escolhas das classes letradas brasileiras. Dentre essas escolhas, podemos citar a ocultação histórica por parte de intelectuais, falsos ministérios de falsos padres, covardia moral e raquitismo temático de cineastas e artistas bem como a hipocrisia criminosa de professores, todos, no mais das vezes, utilizando--se de muito dinheiro público via órgãos de educação e cultura.

Nesta obra, Fontova apresenta grande quantidade de dados factuais de fontes primárias, como depoimentos dos próprios companheiros de guerrilha de Che Guevara; faz um apanhado das estrelas do show business que emprestam sua imagem pública à divulgação do mito; analisa exaustivamente biografias tidas como 'neutras' e destrói ponto por ponto suas contradições e, não raramente, suas falácias. Mostra como, nos Estados Unidos, a imagem do ex-guerrilheiro é forte nos meios culturais e universitários bem como medíocre em seu conteúdo, assim como ocorre no Brasil.

Fontova conhece a dissidência cubana e seus personagens. Pedro Corzo, autor do excelente documentário "Guevara, Anatomia de um Mito", que acompanha essa edição em língua portuguesa, também. Diferentemente das mucamas e eunucos do comandante e dos serviçais da utopia cruenta, chamados de intelectuais do partido, sabem o que é sofrer em um regime comunista. O caráter de ambos difere de forma irreconhecível de tipos como nosso incensado revolucionário de batina, orgulhoso de seus encontros com o tirano cubano, em que cozinhava para este, bebiam, fumavam charutos e teorizavam acerca da expansão da revolução na América Latina por meio da satelitização da Igreja Católica e dos chamados movimentos sociais. Não consta que tenha rezado sequer uma missa às vítimas do regime cubano, que, segundo o historiador Armando Lago, uma das mais confiáveis fontes sobre os crimes do regime cubano, somam-se algo em torno de 100 mil almas, léguas distante de todo o processo brasileiro.

São cubanos que jamais teriam voz em sua terra. Não se contentam nem se convencem com a desculpa clichê, covarde e pseudointelectual, de ser o personagem "contraditório, e por isso mesmo humano, que ao final da vida reconheceu seu fracasso". Ora, somente reconheceu seu fracasso quando se encontrava irremediavelmente nas garras do inimigo, o que, convenhamos, não é algo tão difícil de reconhecer. A consecução de seu projeto totalitário de implantação do comunismo na América Latina e destruição dos Estados Unidos foi um fracasso, mas não consta que tenha havido por parte de Che Guevara qualquer rejeição ao totalitarismo de suas ideias políticas, qualquer desvio democrático que fosse.

O trabalho de desmistificação realizado por Humberto Fontova, com um humor inexcedível ainda que tratando de tema espinhoso, tem um papel primordial sob vários aspectos, de libertação intelectual pela busca da verdade histórica, de renovação cultural pela exposição da ditadura da submissão vil a um falso símbolo e, principalmente, de quebra de um feitiço: da exumação de um cadáver histórico que se imaginava de um santo, eis que emerge seu exato oposto.

Agradeço ao Instituto de la Memoria Histórica Cubana Contra el Totalitarismo, nas pessoas de Pedro Corzo e Carmen Gomez, respectivamente presidente e diretora do Instituto e a Luis Guardia, diretor executivo da Cayman Productions por terem gentilmente cedido os direitos do documentário "Guevara: Anatomía de un Mito", enriquecendo essa edição de "O Verdadeiro Che Guevara" sobremaneira. E a Paulo Diniz Zamboni, Daniel Sant'Anna e Henrique Dmyterko, pelo incansável apoio.

Gerson Faria

AGRADECIMENTOS

À maior geração que Cuba possuiu: os milhares guerreiros da liberdade que lutaram sozinhos contra um inimigo armado pela União Soviética e morreram esquecidos nas montanhas do país ou corajosamente ante os pelotões de fuzilamento. Àqueles dentre os seus irmãos que sofreram as maiores penas de prisão politicamente motivada do século vinte. Poucos heróis permanecem tão pouco celebrados pela história como esses.

A maior geração de Cuba inclui também os pais que sacrificaram tudo para ver os filhos crescer em liberdade. Esses pais, entre os quais se incluem os meus, não estavam fugindo da pátria; fugiam de uma peste que a devastava, desesperados para que suas crianças escapassem da infecção letal.

Aqueles infindáveis "Eu gostaria de agradecer também a..." das cerimônias do Oscar frequentemente irritam. Mas, acreditem os leitores, nada houve de irritante nas pessoas que me ajudaram com este projeto. Em toda visita e toda ligação a qualquer hora do dia ou da noite eu tive neles uma impressionante fonte de informação e um bom humor inamovível. Considerando aquilo por que alguns deles passaram, eu fico, ainda agora, simplesmente maravilhado.

O Sr. Roberto Martin-Pérez, por exemplo, junto com seus compatriotas cubano-americanos Angel Del Fana e o recém-falecido Eusebio Peñalver, é o preso político encarcerado por mais tempo durante todo o século vinte. Por trinta anos e Sr. Martin-Pérez foi mantido preso e torturado em vários campos de trabalho forçado e masmorras do extenso

Gulag de Castro e Che. Stálin soltou Alexander Soljenítsin com menos de um terço da pena que Fidel e Che aplicaram ao Srs. Martin-Pérez, Del Fana e Peñalver. Mas algum dos leitores já ouviu falar deles na grande imprensa? Meu propósito com este livro é consertar essas injustiças.

Roberto e seus irmãos encarcerados poderiam ter evitado muito deste sofrimento simplesmente vestindo o uniforme dos presos comuns ou assinando a confissão que seus carcereiros comunistas constantemente empurravam pra cima deles. A exigência de que confessassem seu "crime" apenas fortificava a resolução daqueles homens. Eles sabiam muito bem quem eram os verdadeiros criminosos e quem precisava confessar: seus algozes, dos carcereiros até a cúpula – Fidel e Che.

Ninguém adivinharia tal história de vida ao falar com o Sr. Martin-Pérez pela primeira vez. Ele está constantemente sorrindo. Ele gargalha amiúde e em alto e bom som. Sua amável mulher, a lenda do rádio de Miami Ninoska Pérez-Castellón, também estava à disposição para me informar, instruir e encantar em todas as minhas perguntas. Seu colega de rádio, Enrique Encinosa, tem escrito muito e com a maior autoridade possível sobre a resistência armada dos cubanos ao comunismo. As intuições e informações de Enrique, tanto as contidas nos livros quanto as expostas durante um almoço ou jantar, contribuíram e muito para este livro.

Em 1964, o jovem Emilio Izquierdo, então com dezessete anos, foi cercado por metralhadoras russas e jogado num campo de trabalho forçado junto com milhares de outros jovens. "Membro de organizações católicas", diz a acusação contra ele. O sistema de aprisionamento em campos de trabalho forçado tivera seu início em 1961 com o homem honrado como "*Chesus* Cristo" em pôsteres e cartazes de museu. Emilio foi de imensa valia para um tal projeto.

De longe eu sempre admirei o Sr. Mario Riverón, o Sr. Felix Rodríguez, e seus irmãos na Associação de Veteranos da Baía dos Porcos. Mais do que heróis de vida, esses homens alinharam sua vida na luta contra Castro e Che desde o primeiro dia dessa luta. Mais da metade de seus irmãos morreu na frente de batalha ou ante os pelotões de fuzilamento, amiúde depois de tortura. Os Srs. Riverón e Rodríguez, juntamente com centenas de outros, estavam cientes da desigualdade de meios. Mesmo assim eles se alistaram e lutaram até quando os Estados Unidos estiveram dispostos a subsidiá-los.

Mais tarde o Srs. Riverón e Rodríguez tiveram um papel decisivo na busca e captura de Che Guevara na Bolívia. Seus irmãos de armas Nilo Messer, José Castaño, Gus Ponzoa e Estebán Escheverría também contribuíram com seu testemunho pessoal para este livro. Que emoção foi ouvir em primeira mão os detalhes da sua luta pela liberdade. Que privilégio poder utilizá-los. Que honra agora poder chamá-los de amigos.

Os Srs. Carlos Lazo, Serafín Suarez e Enrique Enrizo eram todos oficiais de carreira das Forças Armadas Constitucionais de Cuba e todos tiveram alguma oportunidade no bando guerrilheiro de Che Guevara. Este lado da Revolução Cubana raramente – se tanto – é ouvido. Agradeço pelo favor que fizeram de contá-lo aqui.

A Sra. Maria Werlau e o Dr. Armando Lago trabalham dia e noite com o fito de documentar toda morte causada pelo regime de Fidel e Che. Eles exigem fontes confiáveis e investigam-nas rigorosamente. Sua empreitada faria Sísifo declinar, mas ainda assim eles persistem. Este projeto solitário de pura abnegação, intitulado "The Cuba Archive", tem sido elogiado por todo o mundo, desde o *Miami Herald* até o *Wall Street Journal*. Muitas das suas descobertas estão reproduzidas neste livro. Não bastasse isso, tanto a Sra. Werlau quanto o Dr. Lago estiveram sempre à disposição deste autor para dirimir suas dúvidas sobre detalhes adicionais ou guiá-lo na direção de uma fonte primária. Vai aqui meu muitíssimo obrigado a esses novos amigos.

Pedro Corzo, do Instituto de La Memoria Histórica Cubana, complementa bastante o trabalho da Sra. Werlau e do Dr. Lago produzindo excelentes documentários. Tais documentários dão um rosto preciso a muitos dos assassinos sem rosto. Os filmes do Sr. Corzo incluem entrevistas com parentes dos assassinados e com os recém-desiludidos comparsas dos assassinos. Seus documentários, *Guevara: Anatomía de un Mito* e *Tributo a mi Papá*, foram-me particularmente informativos e tocantes. Meus agradecimentos ao Sr. Pedro Corzo.

As memórias de infância da Sra. Bárbara Rangel-Rojas acerca do assassinato – televisionado – de seu avô não poderiam ser coisa fácil de conseguir. Fico muito grato por sua decisão de as incluir neste livro. O mesmo diga-se do relato de Guillermo Robaina sobre a heroica morte de seu irmão Aldo e o de Lázaro Piñeiro sobre o assassinato e profanação do corpo de seu pai pelos castristas. A Sra. Janet Ray Weininger, ademais de detalhar o martírio de seu pai pela Baía dos Porcos, foi muito adiante e além do chamado do dever ao me socorrer de todas as maneiras.

O erudito, pesquisador e servidor público cubano Salvador Díaz-Verson descobriu as intenções de Che e Fidel desde o primeiro dia. Como ele pôde manter a calma ao ler o *New York Times*, ao ouvir os "peritos" do Departamento de Estado dos Estados Unidos da América, ou, enfim, ao assistir a Ed Murrow na CBS cantando mal-disfarçados elogios aos comunistas, mal podemos imaginar. A filha do Sr. Díaz-Verson, Sylvia, colocou todos os papéis e correspondências de seu pai à disposição do autor deste livro. Vai também, pois, meu acalorado agradecimento a Sylvia – pelas informações inestimáveis bem como por suas camisetas de Che Guevara feitas sob encomenda e seus deliciosos pasteizinhos.

O Sr. Miguel Uría, veterano da Baía dos Porcos, que edita a excelente revista eletrônica de língua espanhola *Guaracabuya*, alistou-se como escoteiro-guia na empreitada deste livro, indicando-me o caminho para fontes primárias muitas vezes obscuras mas invariavelmente excelentes. Também Hugo Byrne, colega de Miguel no jornalismo, contribuiu com muitos detalhes picantes.

Usando sua mágica perícia em computadores, seu zelo investigativo e sua rede internacional de contatos referentes a Cuba, José "El Tiburón" Cadenas, da respeitada revista eletrônica *La Nueva Cuba*, manteve-me bem informado sobre as novidades concernentes a Cuba e a Che durante a elaboração deste livro.

O Sr. Marcos Bravo teve antigas ligações com o movimento castrista de 26 de julho. Como tal ele poderia muito bem ocultar muita coisa sobre a estranha psicologia de Che Guevara e sua relação amiúde tempestuosa com seus parceiros de revolução. A obra de Bravo – *Ernesto Che*

Guevara: Un Sepulcro Blanqueado – foi-me imensamente informativa, as lacunas restantes tendo sido preenchidas por nossas muitas conversas. Muito obrigado, Sr. Bravo.

Charlie Bravo (que não é parente do anterior), Miguel Forcelledo e Carmen Cartaya eram todos "roqueiros" naqueles dias, jovens cubanos que "curtiam" rock nos anos sessenta. Hoje, quando veem uma camiseta de Che Guevara num jovem "metaleiro" ou em Carlos Santana e Eric Burdon, o que sentem é muito além de raiva ou irritação. Eles só podem rir da imbecilidade – e neste livro explicam por quê. Um alô de coração a amigos, como esses, ainda com o pé na estrada.

Os blogueiros cubano-americanos Valentín "El Bárbaro" Prieto do blog Babalu e Henry "El Coductor" Gómez do Cuban-American Pundits mantiveram-me a par das últimas notícias em Cuba e dos furos em Miami, a capital dos exilados cubanos. Do príncipe Charles a Johnny Depp, nenhuma celebridade que usasse camiseta de Che Guevara escapou à observação de blogueiros tão atentos que sabiam justamente a quem prevenir. O caráter espirituoso de Val e Henry é inspirador, e os seus blogs não deixam nunca de informar e divertir.

Novamente, pois, vai aqui um grande abraço a todos os amigos e colaboradores mencionados acima.

Quanto à dedicatória, autores casados que dedicam seus livros às "mulheres amadas e sempre companheiras" tornaram-se um tolo clichê – mas, neste caso, o leitor faça o obséquio de me ouvir.

Sim, este livro é dedicado a Shirley, minha mulher. E por razões que todos os parentes e amigos conhecem muito bem. Recentemente, o seu marido estava aleijado numa cadeira de rodas depois de um acidente quase fatal, e seu futuro parecia incerto. Além de cuidar de uma casa de cinco pessoas e trabalhar fora em período integral, o acidente fez dela enfermeira e fisioterapeuta durante a noite – para não falar do estresse emocional.

Então, justamente quando o seu marido (literalmente) voltava a andar com os próprios pés e os prognósticos de recuperação não podiam ser melhores – justamente quando ela comemorava e dava um breve suspiro de alívio, o furacão Catrina dirigiu-se para sua cidade natal.

Seu suspiro, ainda na metade, parou no meio da garganta, e ela saiu às pressas da comemoração rumo ao estado vizinho para organizar a frenética evacuação da sua família.

Ela foi para encontrar a que tinha sido sua casa por vinte anos em destroços, muitas das suas antigas coisas perdidas para sempre, e, de novo, tudo sob a luz de um futuro incerto. Hora para outro suspiro, só que desta vez não de alívio.

Durante tais passatempos sem importância, seus dois filhos ingressaram na faculdade, e sua filha se formou e se casou. Havia também, como disse, a bagatela do trabalho em período integral, a saber: gerenciar todo um departamento de um grande banco. Bancos, a propósito, não podem se dar ao luxo de fechar durante as crises, mesmo (e sobretudo) depois do furacão mais destrutivo da história americana.

Quão fácil teria sido jogar a toalha durante essa loucura de sofrimento, tumulto e trabalho. Quão tentadora deve ter parecido a solução de Thelma e Louise[1]. Que audiência daria para Oprah[2] o colapso nervoso desfeito em lágrimas de mais uma vítima do implacável destino!

Em vez disso, permitindo apenas que Calgón "a levasse embora" de tempos em tempos, e ocasionalmente consumindo o produto (não muito caro) de algum vinicultor, ela manteve tudo funcionando. E sem nenhum dos sintomas físicos evidentes que garantem uma tomada exclusiva e o terno abraço da Srta. Winfrey.

Quando nos conhecemos, durante a primavera de 1977, senti que era um cara de sorte – mas não fazia ideia de quanta sorte. Conhecemo-nos quando eu andava de sapato-plataforma, colarinho de poliéster e outros apetrechos que hoje não se usam mais, e a convidei para dançar "I Will Survive" na pista da discoteca.

Eu não podia imaginar, à medida que dançávamos sob aquele globo colorido, quão apropriadamente e por quão longo tempo aquela música

---

[1] Personagens-título do filme de Ridley Scott (*Thelma e Louise*, 1991) que se jogam de um precipício durante uma perseguição policial. (N. T.)

[2] Refere-se a Oprah Winfrey, apresentadora de TV norte-americana, de tendência esquerdista e politicamente correta. (N. T.)

definiria o espírito daquela gata da discoteca. Este livro teria sido completamente impossível sem a sua confiança, companheirismo, energia, ajuda constante, e múltiplos talentos, que ainda incluem deixar todo mundo caidinho ao dançar ao som do clássico de Gloria Gaynor – sobretudo em festas que comemoram o lançamento de livros.

Sendo assim, parece-me aqui justificada a tolice dos clichês.

INTRODUÇÃO

Aquele homem em *Diários de Motocicleta*, que amava os leprosos tal como Jesus, que atravessou um rio sob risco de vida para mostrar sua compaixão por eles, é o homem que declarou que "um revolucionário deve se tornar uma *fria máquina de matar movida apenas pelo ódio.*" Como veremos, ele foi um espirituoso exemplo deste princípio. Este é o homem que se gabava de executar antes por "convicção revolucionária" que por quaisquer "antiquados detalhes burgueses" como, por exemplo, evidência judicial, e que insistia no "extermínio atômico" como a solução final para aquelas "hienas" norte-americanas (e chegou estrondosamente perto com mísseis nucleares em Outubro de 1962).

"Se os mísseis nucleares tivessem ficado nós os teríamos usado contra o próprio coração dos Estados Unidos, incluindo a cidade de Nova Iorque", confiava Che Guevara ao *London Daily Worker* em Novembro de 1962. "Marcharemos rumo à vitória mesmo que isto custe milhões de vítimas atômicas... Devemos manter o nosso ódio vivo e cultuá-lo até o paroxismo". Este é o mesmo homem que a revista *Time* se orgulhava de colocar ao lado de Madre Teresa de Calcutá.

Ele foi cofundador de um regime que prendeu ou perseguiu cidadãos suficientes para merecer ser comparado aos regimes de Hitler ou Stálin. Ele declarou que "o individualismo deve desaparecer!". Em 1959, com a ajuda de agentes da KGB, Che ajudou a fundar, treinar e doutrinar a polícia secreta de Cuba.

Che, cujo rosto se contorce em algum lugar não revelado da epiderme de Angelina Jolie, vencedora do prêmio de ajuda global humanitária das Nações Unidas, sob a forma de uma tatuagem, provocou uma das maiores epidemias de refugiados da história deste hemisfério com seus pelotões de fuzilamento e suas prisões. Além dos dois milhões que o fizeram pela liberdade apenas com roupa do corpo, estima-se que oitenta mil cubanos morreram de sede, fadiga, afogamento, ou destroçados por tubarões. Morreram tentando fugir de Che Guevara e seu legado.

Ignorância, proposital ou não, não constitui exatamente um tópico raro quando se trata de Che Guevara. Será que os astros de rock Carlos Santana e Eric Burdon sabem que estão se ligando a um regime que em meados dos anos sessenta juntava roqueiros e cabeludos em massa e os confinava em campos de trabalho forçado sob um sol escaldante? Muitos prisioneiros jovens eram severamente punidos por "crimes contrarrevolucionários" que frequentemente não incluíam nada além do que gostar de ouvir os *Animals*[1]. Quando Madonna macaqueia com o seu traje de Che, será que sabe que se associa a um regime que considerava o homossexualismo um crime e punia qualquer sugestão de afetação homossexual? Em meados da década de sessenta, a polícia secreta tirou milhares de jovens cubanos dos parques e avenidas e os jogou nos campos de trabalho forçado pelo crime de comportamento efeminado. Ecoando Auschwitz, entre homens armados de metralhadoras que os vigiavam do alto de torres de observação, certas letras impertinentes sobre o portão diziam que "O trabalho os transformará em homens".

Será que Mike Tyson, que tem sido insistente e vexaminosamente massacrado luta após luta desde sua visita a Cuba, sabe que o retrato da sua derrota imita com perfeição o retrato do ídolo tatuado em sua pele? Será que os superfamosos e o *beautiful people* do festival de cinema de Sundance – será que Tipper, Al Gore, Sharon[2], Meryl[3] e Paris inteira

---

[1] Grupo de rock de muito sucesso nos anos sessenta do qual Eric Burdon fazia parte. (N. T.)
[2] Sharon Stone. (N. T.)
[3] Meryl Streep. (N. T.)

sabem que aplaudiram de pé não somente um filme, mas um filme que glorificava um homem que prendeu e exilou os melhores escritores, poetas e cineastas de Cuba? Que transformou o cinema cubano em pura máquina de propaganda?

Será que Robert Redford – que antes do lançamento oficial foi incumbido de submeter o filme à aprovação de Fidel e de Aleida, viúva de Che e chefe do Centro de Estudos Che Guevara, em Cuba – considera apropriado que Robert Ackerman, autor do filme *The Reagans*, tivesse buscado a aprovação de Nancy Reagan antes de lançá-lo? Fosse este o caso, mal se poderiam imaginar os gritos de indignação da turba em Sundance: "censura!" e "vendido!". Será que Redford ousaria empregar um pouquinho da sanha investigativa tão presente em *All The President's Men*[4] para dizer a verdade sobre Che (Independentemente dos efeitos desta verdade?)?

Felizmente para Robert Redford, que vivia em Nova Iorque em Outubro de 1962, Nikita Kruschev teve o bom senso de afastar os lançadores de mísseis do celerado alcance daquele que, ulteriormente, se tornaria o célebre "motoqueiro e seu diário", assim como das mãos do ditador stalinista que de modo tão benevolente cedeu sua bênção ao filme de Redford. Mais uma vez para a felicidade de Redford e de todos os inalcançáveis astros presentes em Sundance, nenhum deles nasceu em Cuba e portanto ninguém foi forçado a viver sob a mão totalitária do seu herói. Será que Christopher Hitchens sabe que uma semana depois de entrar em Havana o seu abnegado Che Guevara assaltou o que era provavelmente a casa mais luxuosa de Cuba e se mudou para lá depois que o proprietário legal fugiu com a família para escapar ao pelotão de fuzilamento?

A mansão de Che possuía um ancoradouro para iates, uma grande piscina, sete banheiros, sauna, uma sala de massagens e cinco salas de TV. Um dos televisores tinha sido feito sob encomenda nos Estados Unidos, com tela de cento e vinte polegadas e controle remoto – tecnologia

---

[4] Lançado no Brasil como *Todos os homens do presidente*, 1976, de Alan J. Pakula. (N. T.)

um tanto exótica em 1959. "A morada era um palácio saído d'*As Mil e Uma Noites*", segundo um cubano que a conheceu. Este é o mesmo homem de quem Philip Bennett, então copista do *Boston Globe*, hoje editor executivo do *Washington Post*, nos garante que "foi ajudado por uma completa ausência de aspirações materiais".

Uma exposição itinerante chamada "Che: Revolucionário e Ícone", que passou recentemente pelo Manhattan International Center of Photography e pelo Museu Victoria e Albert em Londres, retrata Che como símbolo da rebeldia e do anti-imperialismo. "Che é a resposta política a James Dean", escreveu David Segal, do *Washington Post*, sobre esta exposição; "é um rebelde com uma causa bem específica". Com efeito, discursando à juventude cubana em 1962, Che classificava justamente "o espírito de rebelião" como "sujeito a represálias". E tal como nos dirão alguns de seus antigos camaradas nas páginas que seguem, o mundialmente famoso anti-imperialista aplaudiu o extermínio de jovens e idealistas rebeldes húngaros em 1956 pelos soviéticos. Durante todo o terrível massacre, Che cumpria com seu dever ao repetir a cartilha soviética de que os trabalhadores, camponeses e estudantes que enfrentavam os tanques russos em Budapeste apenas com armas leves e coquetéis Molotov eram todos "fascistas". Alguns anos depois, em Cuba, quando o interior do país irrompeu numa rebelião anticomunista – contra o imperialismo soviético – semelhante, Che teve a chance de fazer mais do que enaltecer das arquibancadas o extermínio de humildes rebeldes. Mas estes, segundo dizia, não passavam de "bandidos". Ouviremos em breve o relato dos poucos que sobreviveram àquele massacre.

E o que falar de Che como estrategista militar? Um dia antes de sua morte na Bolívia, Che Guevara – pela primeira vez em sua vida – finalmente enfrentou algo que se poderia propriamente chamar de um combate. Ele ordenou a seus guerrilheiros que não arredassem o pé, que lutassem até o último suspiro e a última bala. Algumas horas depois, como seus homens fizessem justamente o que ordenara, um Che levemente ferido desertou a batalha e se rendeu com bala na agulha implorando aos vencedores: "Não atirem! Eu sou Che, e para vocês valho mais vivo do que morto!".

Não obstante, vai ainda além da afirmação "conclusiva" de Hitchens – de que Che "não era um hipócrita" – a observação de Benicio Del Toro, segundo quem "Che era um daqueles caras que simplesmente faziam o que faziam e falavam o que falavam. É *cool* ser assim. Quanto mais eu conheço Che, mais eu o respeito."[5]

Sem dúvida, o respeito de Del Toro viria claramente à tona ao interpretar o seu ídolo no cinema. O famoso ator, muito meticuloso, baseou seus comentários (e sua interpretação) num roteiro composto a partir dos diários de Che, os quais foram editados e publicados em Cuba – vale dizer, pelo ministério de propaganda do ditador totalitário que mais se perpetuou no poder em tempos recentes. O diretor de Benicio Del Toro, Steven Soderbergh, – saudado como imensamente perspicaz e inteligente ao representar o logro e a fraude dos industriais em *Erin Brockovich*, filme dirigido por ele, e também ao retratar a indesculpável maldade de Joe McCarthy em *Good Night and Good Luck*[6], que ele coproduziu – baseou a maior parte do seu filme sobre Guevara em livros editados por Fidel Castro.

Ainda que chamássemos o fenômeno Che Guevara de "teatro do absurdo" seríamos incapazes de descrevê-lo.

O escritor John Anderson, do *New Yorker*, escreveu uma biografia de 814 páginas sobre Che intitulada *Che: A Revolutionary Life*. Considerando-se sua pesquisa exaustiva, ele assevera: "Ainda não encontrei nenhum fonte confiável de um caso sequer em que Che tenha executado um inocente."[7] Não obstante, centenas de testemunhas oculares das execuções sumárias perpetradas por Che estão a um táxi de distância de Anderson em Nova Iorque. O próprio Che se gabava de "produzir evidências" e dizia em alto e bom som: "Não preciso de prova para executar um

---

[5] "Benicio Del Toro Talks Guevara". EmpireOnline.co.uk, 3 de abril de 2005.

[6] Lançado no Brasil com o nome de *Boa noite e boa sorte*. (N. T.)

[7] "The Legacy of Che Guevara". PBS, 20 de novembro de 1997.

homem – apenas de prova acerca da necessidade de executá-lo."[8] Com o que ele queria dizer que o executado poderia ter sido um obstáculo à stalinização de Cuba. Nas palavras do próprio Stálin: "A morte resolve todos os problemas: nenhum homem, nenhum problema." De modo bem interessante, Che Guevara descaradamente assinava sua antiga correspondência como "Stálin II".

"Nós sem dúvida executamos", se gabava ele ao discursar à Assembleia Geral das Nações Unidas em dezembro de 1964. "E continuaremos a fazê-lo enquanto for necessário." Segundo "O Livro Negro do Comunismo", – obra não de amargos exilados em Miami, senão de estudiosos franceses – as execuções no paredão da revolução alcançaram a marca de catorze mil fuzilados no início da década de setenta. Se se considera a população cubana de então, o morticínio seria o equivalente a mais de três milhões de mortos nos Estados Unidos.

A despeito da sumária carnificina, Jesse Jackson, ao visitar Havana em 1984, ficou tão cativado por seu anfitrião e a persistente memória de seu antigo colaborador que não pôde se conter. "Viva Fidel Castro!", gritava Jackson à cativa multidão na Universidade de Havana. "Viva o grito da liberdade!" – "Viva Che Guevara!".[9]

Este é o mesmo Jesse Jackson que escreveu um livro de 224 páginas contra a pena de morte. Quanto a Che, longe de partilhar dos bons sentimentos de Jackson, considerava os negros como "indolentes e extravagantes, gastando o seu dinheiro em bebida e frivolidades." Che escreveu esta passagem nos seus recém-famosos *Diários de Motocicleta* – uma das pérolas que Robert Redford e Walter Salles inexplicavelmente suprimiram. O cantor de rap Jay-Z, que é negro, poderia se lembrar disso antes de cantar na próxima edição do MTV Acústico, trajando sua modernosa camiseta de Che: "Eu sou como um Che Guevara que tem

---

[8] Luis Ortega, *Yo Soy El Che!* Mexico, Monroy Padilla, 1970, p. 179.

[9] Mona Charen, *Useful Idiots: How Liberals Got It Wrong in the Cold War and Still Blame America First*. Washington, D. C., Regnery, 2003, p. 186.

celular!".[10] Mike Tyson talvez prefira apagar sua tatuagem a ser visto como "indolente e frívolo."

E o que dizer do Che intelectual? "Para Ernesto Guevara tudo começou com a literatura", escreve John Lee Anderson. Mas o primeiro ato oficial de Che após entrar em Havana foi (entre uma execução e outra) uma gigantesca queima de livros. Sob ordens expressas de Ernesto "Che" Guevara, mais de três mil livros foram roubados de uma biblioteca particular e queimados numa das principais avenidas de Havana. Naquele mesmo período, o próprio Che assinou as sentenças de morte de muitos escritores e mandou que a polícia secreta os perseguisse pelas ruas como a animais raivosos. Ouviremos toda a história diretamente da família destes escritores.

Na mesma época em que Sartre louvava o superior intelecto de Guevara em 1960, a revista *Time* o estampava em sua capa pela primeira vez. Sua matéria de capa atribuía "vasta competência e superior inteligência" a Guevara, que acabara de ser promovido a ministro da economia em Cuba depois de se destacar como o principal carrasco e, portanto, mostrar certa aptidão para grandes cifras.

Um ano depois da nomeação, o país que anteriormente possuía uma renda per capita maior que a do Japão e a da Áustria, por exemplo, além de um enorme afluxo de imigrantes e a terceira maior taxa de consumo proteico do hemisfério, não só racionava comida como fechava fábricas e perdia centenas de milhares de seus mais produtivos cidadãos em todos os setores da sociedade.

À inesperada crise econômica Che respondeu conforme o esperado: abriu um campo de trabalho forçado em Guanahacabibes, uma versão cubana da Sibéria russa, – o que, evidentemente, antes presumia um calor escaldante que um frio polar – e o encheu até a asfixia arrebanhando, de baioneta e metralhadora em punho, trabalhadores "recalcitrantes" por todo o país.

---

[10] Ryan Clancy, "Che Guevara Should Be Scorned – Not Worn". *USA Today*, 30 de outubro de 2005.

A crise econômica promovida por Che forçou os soviéticos a investir em Cuba o equivalente a oito planos Marshall. O plano original, de 9 bilhões de dólares, posto em prática pelos Estados Unidos num continente devastado pela guerra e com 300 milhões de habitantes, reestruturou prontamente a economia europeia. Mas toda a riqueza que os soviéticos investiram num país de 6,4 milhões de habitantes – cujos cidadãos "pré-revolucionários" ganhavam mais que a população de Taiwan, do Japão e da Espanha, por exemplo, – resultou num padrão de vida que, passadas mais de quatro décadas, chega hoje em dia a repugnar a nossos humildes vizinhos haitianos.

A incompetência de Che desafia não só as leis da economia, senão mesmo, ao que parece, as próprias leis da física.

No que concerne aos feitos militares de Che, a mídia esquerdista é surpreendentemente ainda mais afirmativa. "Mais de mil mortos em cinco dias de confronto ininterrupto nas ruas", alardeava uma das manchetes do *New York Times* em 4 de Janeiro de 1959, que tratava da "batalha" final da rebelião anti-Batista em Santa Clara de Cuba. "O comandante Che Guevara virou o jogo da sangrenta batalha e bateu a força inimiga de mais de 3000 homens", continuava o artigo de primeira página do jornal mundialmente mais respeitado da época. Na verdade, segundo veremos em breve, a vitória dos rebeldes em Santa Clara, em que Che supostamente ganhara glória imortal – como, aliás, todas as suas supostas vitórias –, foi alcançada por ex-oficias do exército de Batista, "seduzidos" pela nova causa. As baixas de ambos os lados não excederam a grande cifra de cinco. Che passou os três dias da invasão da Baía dos Porcos a quinhentos quilômetros do campo de batalha, tomado pelo que acreditava ser a verdadeira invasão. Ele fora atraído por um barco cheio de fogos de artifício, espelhos e uma fita cassete que emitia sons de guerra – literalmente uma apresentação circense encetada pela CIA justamente com este propósito.

Não obstante, Che conseguiu forjar e fazer valer a versão de ter sido o herói de uma batalha que, na verdade, teve um barco sem tripulantes ou quaisquer armamentos por inimigo. Uma bala ferira de raspão o rosto de Che, e por pouco não acertara sua cabeça. Mas esta bala veio do revólver *do próprio Che*. "A liderança militar de Che era alimentada por uma vontade indomável que lhe permitia realizar feitos extraordinários", escreve Jorge Castañeda, correspondente do *New York Times* e biógrafo do grande guerreiro[11].

Ora, "extraordinários" é, sem dúvida, uma maneira de os classificar. Castañeda, professor visitante em Columbia, Princeton e Harvard, acrescenta que "A contribuição de Che para a vitória na Baía dos Porcos foi decisiva."

Quatro anos depois, planejando, no Congo, uma campanha militar contra mercenários liderados por um soldado profissional que, por sua vez, ajudara a derrotar ninguém menos que o general alemão Erwin Rommel no norte da África durante a Segunda Grande Guerra, Che conscientemente se aliou a "soldados" que usavam penas de galinha em vez de capacetes e permaneciam em campo aberto durante os ataques aéreos porque uma feiticeira lhes havia assegurado que a água por ela espargida em seus corpos os protegeria das balas das metralhadoras. Passados seis meses, Che já tinha deixado a África e um estrondoso desastre militar atrás de si, por muito pouco salvando a própria vida.

Dois anos depois, durante campanha guerrilheira na Bolívia, cometeu Guevara erros crassos e infantis para um comandante militar. Ele dividiu suas forças e fez com que ambas as unidades se perdessem completamente. Por seis longos meses, elas vagaram ao léu, seus membros semifamintos, semivestidos e semicalçados, sem qualquer contato uma com a outra – até que, por fim, foram de todo eliminadas. As forças de Che não possuíam sequer aqueles antigos rádios da Segunda Guerra e, ao que tudo indica, eram incapazes de usar a bússola. Passaram a maior parte do tempo andando em círculos, frequentemente a poucos quilômetros de distância uma da outra.

"Che empreendeu campanhas em que mostrou coragem e inteligência impressionantes", diz o encômio da revista *Time* em honra deste

---

[11] Jorge Castañeda, *Compañero: The life and Death of Che Guevara*. New York, Alfred A. Knopf, 1997, p. xx.

"Herói e Ícone do Século Vinte". O fidelíssimo artigo foi escrito por Ariel Dofman, chefe do Departamento de Estudos Latino-Americanos da Universidade de Duke e antes disso professor da Sorbonne. O ilustre professor poderia ter consultado Huber Matos, antigo rebelde e companheiro de Che Guevara, que agora vive em Miami. Ele nos afiança que, ao tentar organizar o ataque contra as tropas de Batista em 1958, Che admitiu "não saber coisa nenhuma" de estratégia militar. Entre si, os comunistas são amiúde muito benevolentes. Cunharam o termo "idiota útil", por exemplo. Mas mesmo o tradicionalmente sisudo Vladimir Lênin teria um acesso de riso ante o irresistível sucesso da propaganda guevarista.

Alguns biógrafos de Che simplesmente absorvem as mentiras que as "autoridades" lhes contam e as passam adiante. Das duas mais volumosas e bem vendidas biografias disponíveis em língua inglesa, uma foi escrita por um antigo membro do partido comunista do México e hoje correspondente da *Newsweek* e do *New York Times*, o qual se lembra com orgulho do seu pôster de Che Guevara em seus dias de estudante em Princeton. A outra, escrita por um colunista do *The New Yorker*, teve sua maior parte composta em Cuba com toda a cooperação de Fidel Castro e Aleida Guevara – que pertence ao alto escalão do Partido Comunista Cubano – como fontes principais.

Os diários de Che foram publicados pelo departamento de propaganda de um regime totalitário, com prefácio de ninguém menos que o próprio Fidel Castro. Não obstante, tanto os principais "estudiosos" de Che quanto a grande imprensa em geral os aceitam sem qualquer senão. Com efeito, estes biógrafos os cultuam como se fossem os manuscritos do Mar Morto. Será que poderia haver certa maquiagem e omissões estratégicas nesses diários de Che – nesses "documentos" que figuram do modo tão proeminente nas versões da imprensa esquerdista sobre a genialidade e o heroísmo de Guevara? Absolutamente, dizem os tais "estudiosos". Porém, segundo há de ver-se nas páginas que seguem, os antigos camaradas revolucionários de Che, vivendo hoje em exílio, juntamente com *os próprios homens* que o capturaram, têm uma história muito diferente para contar.

Este livro se baseia em testemunhos de gente agora livre para dizer a verdade sem temer as câmaras de tortura ou os pelotões de fuzilamento de Fidel. Em condições normais, testemunhas oculares de algum herói ou ícone do século teriam de afugentar biógrafos, jornalistas e cineastas. Ao invés disso, por quarenta anos, a grande imprensa, estudiosos e roteiristas simplesmente marginalizaram esta fonte inestimável. Parece até que certos jornalistas e intelectuais, não menos que alguns cineastas, não querem lidar com fatos que não se ajustam à narrativa construída por eles juntamente com um dos maiores manipuladores de consciência do século vinte: Fidel Castro.

Desde que este último deu a famosa entrevista a Herbert Matthews, então no *New York Times*, em 1957, passando pelas ainda mais festejadas concedidas a Dan Rather, Barbara Walters e Andrea Mitchell, a imprensa internacional, feito pombos-correio, sempre comeu na mão de Castro. O processo chegou ao cúmulo quando a CNN abriu um escritório em Havana em 1997. Isto se deu pouco depois que Ted Turner, durante um discurso na Faculdade de Direito de Harvard, se empolgou dizendo à multidão: "Fidel é um cara da pesada! Vocês o adorariam!" (Outra efusiva aclamação do líder máximo de Cuba veio do cavalheiro então conhecido como "Sr. Jane Fonda." Seu elogio foi lembrado durante uma recente viagem a Cuba. Enquanto o Sr. Tom Hayden acompanhava Fidel Castro numa caçada, helicópteros militares jogaram milhares de patos ante a mira das suas espingardas, permitindo-lhes, consequentemente, acertar centenas de aves indefesas. Foi quando justamente mencionaram seu elogio.) Em todo o caso, Che permanece vivo em parte porque teve Fidel Castro como assessor de imprensa.

Desde a ardente devoção de Castro pela democracia e os "melhores votos" que dirigiu aos Estados Unidos em 1957, passando pelas gloriosas realizações do seu regime no domínio da saúde e no da educação, até o caloroso anseio do pai de Elián pela volta do seu filho[12], todo embuste de

---

[12] Em 22 de novembro de 1999, Elián González foi "sequestrado" pela mãe e embarcou com ela para os Estados Unidos. A embarcação naufragou. Das quatorze pessoas a bordo, sobreviveram apenas três (Elián e dois adultos), resgatados por pescadores da Flórida. (N. T.)

Fidel foi respeitosa e cuidadosamente transcrito e gravado – e pelos mesmíssimos Torquemadas da imprensa que não deixariam um presidente americano terminar uma frase sequer sem que antes se inflamassem cínicos resmungões e rudes questionamentos.

Grande parte da sobrevida de Che Guevara se deve, certamente, ao Retrato. O próprio Che sem dúvida o sabia. Ele posou como ninguém, magnificamente, para a foto que lhe fez Alberto Korda em março de 1960. O "olhar fixo no horizonte" e o formato de seu rosto receberam um realce perfeito. Hoje em dia, isto é muitas vezes o que basta para o estrelato. Poucos norte-americanos sabem que a famosa foto-ícone foi literalmente vetada pelo regime castrista em seu próprio jornal oficial, chamado *Revolución*: a imagem de Che podia obscurecer o Líder Supremo do momento. Em seu lugar foi publicada uma fotografia de Fidel conversando com dois de seus admiradores mais ilustres: Jean-Paul Sartre e Simone de Beauvoir.

Fidel Castro, ainda melhor que seus camaradas Ted Turner e Robert Redford, sempre compreendeu o poder da imagem. Desde seus dias de universitário, Fidel era um devoto estudioso da ostentação e pompa dos nazistas. As cores oficiais da bandeira e das braçadeiras do movimento castrista de 26 de julho eram preto e vermelho, com uma mancha branca. Cores idênticas às da bandeira e braçadeiras nazistas. Mera coincidência? Quem sabe.

Sete anos depois da foto de Alberto Korda, quando Che tranquilamente "dormia com os peixinhos" e não podia oferecer qualquer ameaça ao Líder Supremo, este último desengavetou O Retrato e pôs-se e espalhá-lo pelo país. Como de costume, também chamou a imprensa internacional com um simples assobio e disse: "pega". O resultado foi a fotografia quiçá mais reproduzida e idolatrada do século vinte.

Como seus antigos colaboradores teriam dito: "Fidel Castro só gosta dos mortos."

De mais a mais, ele conhece o poder ininterrupto de Guevara, e como apropriar-se dele em prol de seus interesses. De acordo com David Kunzle, professor da Universidade da Califórnia em Los Angeles, "Não há figura do século vinte que tenha produzido uma imagística mais atrativa, variada e fascinadora que a de Che Guevara."[13]

Aqui, finalmente, encontramos uma verdade sobre Che – e, segundo veremos, também sobre Fidel. Alguns homens que foram prisioneiros políticos do regime castrista em 1967 me revelaram que os guardas da prisão onde estavam encarcerados ostentavam o pôster hoje tão famoso *uma semana antes de Che ser capturado e morto*. Fidel não ficou exatamente surpreso com a notícia de sua morte, já que ele próprio, o Líder Supremo, criara as condições para tanto. Ele rapidamente a esqueceu e vendeu pessoalmente o amigo-mártir para imprensa internacional.

E assim hoje em dia O Retrato estampa camisetas, pôsteres, relógios, esquis, lâmpadas, skates, pranchas de surfe, bonés, latas de cerveja, isqueiros, CDs do Rage Against the Machine e garrafas de vodca. O ano passado, a supermodelo Gisele Bündchen entrou na passarela vestindo um lingerie que estampava o rosto de Che. A marca Burlington lançou uma linha de moda infantil com o rosto de Che. A Taco Bell fantasiou um de seus cãezinhos-propaganda para a campanha "Taco Revolution" com o visual de Che. "Queremos um líder heroico para fazer a revolução dos tacos!", diz o diretor de propaganda da empresa, Chuck Bennett. (Talvez um tributo destes seja engraçado demais para ser levado a sério – contanto que os consumidores não pensem no modo como o verdadeiro Che costumava tratar os cães.) Nos programas de TV *South Park* e *Os Simpsons* compareçam personagens usando camisetas de Che. Omar Sharif e Antonio Banderas representaram Che nas telas de cinema. Sob o pseudônimo de John Blackthorn, Gary Hart escreveu um romance intitulado *Eu, Che Guevara*. Um vídeo game, *Guerrilla War*, se baseia nos (fictícios) feitos militares de Che.

Ignorância, com efeito, explica muito da idolatria de Che Guevara. Mas engodo e muita fantasia também o explicam, tudo alimentado de antiamericanismo implícito ou explícito. Este livro apresentará o relato de muitas testemunhas oculares da crueldade de Guevara, da sua covardia,

---

[13] David Kunzle, *Che Guevara: Icon, Myth, and Message*. Los Angeles, University of California Press, 1997.

da sua imbecilidade. Nossa investigação mais profunda será sobre o motivo por que ele, em pleno século vinte e um, continua a receber tanta adoração da imprensa esquerdista e de tantas celebridades.

Creio que o livro, enfim, terá cumprido seu intuito se puder fazer com que Angelina Jolie, por exemplo, que em seu site oficial classifica suas tatuagens de "reflexo da sua personalidade", venha a questionar esta classificação. Não sendo assim, é melhor que Brad Pitt esteja sempre alerta.

1

Nova Iorque Festeja o Patriarca do Terrorismo

Na noite do dia 11 de dezembro de 1964, Che Guevara enfeitou-se com um longo casaco e a tradicional boina de estrela vermelha e rumou para o prédio das Nações Unidas para discursar à Assembleia Geral. O esquema de segurança era enorme e havia muitos policiais. Exilados cubanos infestavam as cercanias de Nova Jersey e muitos portavam cartazes e gritavam "Assassino!" enquanto Guevara se preparava para sua entrada triunfal.

À medida que Che se aproximava do prédio, um policial de Nova Iorque chamado Robert Connolly notou uma mulher mal-encarada que corria pela rua Quarenta e Três. Ele alertou Michael Marino, seu colega, e então ambos ficaram meio tensos ao ver que ela ganhava velocidade ao se aproximar da barreira construída especificamente para proteger Guevara nas imediações do prédio das Nações Unidas. Uma enorme faca luzia em suas mãos.

"Cuidado com ela!", disse Connolly. "Ela Tem uma faca!" – e os colegas correram em sua direção.

"*Arriba!*", a mulher gritou, aproximando-se de Che. Só então os guarda-costas de Che começaram a agir. Ela gritou de novo, esperneando furiosamente. Os policiais se acercavam dela quando gritou "*Arriba!*" uma última vez, e brandiu a enorme faca. Eles facilmente se esquivaram e conseguiram dominá-la. Depois de alguns segundos de agitação, a inflamada mulher, chamada Gladys Pérez, foi finalmente algemada. "Eu não queria machucar os policiais", ela gritava ao ser retirada dali. "A faca era pra matar Che Guevara!"[1]

Os policiais Connolly e Marino logo foram encaminhados para o St. Clare's Hospital para tratar das escoriações causadas pela ocorrência. Mas Gladys dizia a verdade. Sua faca nem relou nos policiais – os quais tiveram de lutar apenas contra suas unhas e dentes à medida que tentava chegar perto de Che.

Ileso, Che Guevara entrou no salão da Assembleia Geral e deu início a seu discurso. "Execuções" – ele então se deteve num ponto preciso. "Nós sem dúvida executamos!", ele declarou ante os aplausos e vivas do ilustre público. "E *continuaremos a executar* [ênfase do próprio orador] tanto quanto necessário! Esta é uma guerra de MORTE contra os inimigos da Revolução!" – ou, reproduzindo graficamente a dicção do próprio Che, ouvida naquele salão, "*guerra de mueRRRRTE!*".[2]

Com efeito, ele apenas proclamava o que os estudiosos de *O Livro Negro do Comunismo* revelariam depois – que em cerca de uma década catorze mil cubanos foram executados sumariamente, sem nada que sequer se assemelhasse a um processo judicial. A título de comparação, considere-se que Slobodan Milosevic foi levado a julgamento por haver supostamente ordenado oito mil execuções. A acusação contra Milosevic – e exatamente pelas mesmas Nações Unidas que aplaudiram Che – foi de genocídio. Guevara esperou a ovação ante o seu "*mueRRRRTE!*" ceder um pouco e passou a outros temas de sua preferência. "O governo dos Estados Unidos não é o paladino da liberdade", ele disse, "mas antes o perpetuador da exploração e opressão contra os povos do mundo e contra boa parte do seu próprio povo!" Mais aplausos, mais vivas. O imperialismo ianque era, nas suas

---

[1] Homer Bigort, "Bazooka Fire at U. N, as Cupan Speaks". *New York Times*, 14 de dezembro de 1964.
[2] Pedro Corzo, fita do discurso de Guevara no documentário *Guevara: Anatomía de un Mito*. Miami, Caiman Productions, 2005.

palavras, "um animal carnívoro que se alimentava dos indefesos." Mais uma ovação.³

O BRINDE EM MANHATTAN

Che ficaria em Nova Iorque por oito dias e mal dava conta de todo o *beautiful people* que lutava para conhecê-lo. Em *Face the Nation*, o articulista do *New York Times* Tad Szulc "entrevistou" Guevara, possibilitando-o a dizer coisas como "O caminho da liberdade passa pelo da bala"⁴, e outras pérolas retóricas de igual belicosidade, sem o mínimo dano à própria reputação.

Lisa Howard – atriz de Hollywood, entre outras coisas – recebeu Che Guevara em sua cobertura em Manhattan. Ela também convidou o senador democrata Eugene McCarthy, opositor convicto da pena de morte, para participar da festinha. Ao fim e ao cabo, a famosa triz, autointitulada mediadora entre Cuba e os Estados Unidos, não conseguiu nada além de "denúncias" ainda mais acaloradas contra o seu país.

Tanta era a agitação social em Nova Iorque ao redor de Che que Malcolm X teve que se contentar com um bilhete, lido em um salão do Harlem: "Queridos irmãos e irmãs do Harlem", palavras que lia sem revelar o autor, "eu gostaria muito de estar com vocês e com o irmão Babu... Recebam as mais sinceras saudações do povo cubano e especialmente as de Fidel."

"Isto é de Che Guevara!",⁵ irrompeu finalmente um inspirado Malcolm X enquanto o auditório explodia numa salva de palmas.

A colunista Laura Berquist conduziu duas entrevistas de pura reverência a Che Guevara para a revista *Look*, uma em novembro de 1960, outra em abril de 1963. As capas e entrevistas da publicação estavam

---

³ John Lee Anderson, *Che: A Revolutionary Life*. New York, Groove Press, 1997, p. 617.

⁴ "Che's Explosive Return". *Newsweek*, 21 de dezembro de 1964.

⁵ Anderson, *Che*, op. cit., p. 618.

quase que completamente consagradas aos astros do cinema. Portanto uma entrevista com Guevara deve ter parecido simplesmente o máximo para os editores. Berquist viajou para Havana em ambas as ocasiões e em 1960 voltou pra casa com o seguinte furo: "Che Guevara nega ser um comunista de carteirinha." Ela sugeria então que a caracterização correta de uma tal personalidade seria a de "revolucionário pragmático", com que Che parecia concordar. "Quando sorri, ele exala um certo charme", escrevia a repórter. No geral ela o achava "fascinante... *cool* e inteligente."[6]

Em 1963, depois da declaração oficial do governo cubano sobre sua natureza marxista-leninista, fato este celebrado com uma sarabanda de mísseis soviéticos e estandartes de Lênin, Berquist prudentemente suspendeu a etiqueta de "revolucionário pragmático". Mas ela ainda encontrava em Cuba coisas dignas de admiração – os Comitês para a Defesa da Revolução, por exemplo. Eles formavam uma rede oficial de espionagem cujos escritórios, presentes em todos os bairros de Havana, estavam sempre prontos a informar à polícia acerca de toda e qualquer apostasia contrarrevolucionária que se realizasse em suas imediações. Dependendo da gravidade das acusações, a pena variava de um corte na ração semanal de comida a uma temporada num campo de trabalho forçado, chegando mesmo a um *tête-à-tête* com o pelotão de fuzilamento. O sistema é inovador mesmo em relação aos regimes comunistas, e antes de Cuba apenas a Alemanha Oriental fazia uso dele, onde a STASI, que ajudou Fidel a implantá-lo, o havia herdado da Gestapo nazista. Berquist parecia enfeitiçada pelos Comitês. Sua tarefa, tal como a repórter nos dizia na *Look*, era "verificar se as crianças estão vacinadas, e se estão aprendendo a ler e a escrever. E se o açougueiro do bairro distribui a carne direitinho."[7]

Um dia depois do célebre "*mueRRRRTE!*" no auditório das Nações Unidas, Laura Berquist organizou na casa do amigo Bobo Rockfeller

---

[6] Laura Berquist, "Our Woman in Havana". *Look*, 8 de novembro de 1960.
[7] Laura Berquist, "28 Days in Communist Cuba". *Look*, 9 de abril de 1963.

uma recepção esplêndida e apinhada de celebridades para um convidado de honra: o assassino em massa do povo de Cuba. Havia muitos ativistas negros, poetas *beat*, e os mais variados tipos "letrados" – em suma, precisamente as pessoas mais apaixonadas na defesa dos "direitos universais" e contrárias à pena de morte. Bobo Rockfeller recebia em sua casa a clássica cena de *Radical Chic & Mau-Mauing the Flak Catchers* seis anos antes de Tom Wolfe escrever os divertidíssimos ensaio e livro.

No meio de toda a imprensa e burburinho social, Guevara ainda encontrou tempo para coisas sérias. Os detalhes de sua tramoia secreta foram descobertos vários meses depois, quando o Departamento de Polícia de Nova Iorque descobriu uma conspiração para explodir a Estátua da Liberdade, o Liberty Bell e o Monumento a Washington. Não fosse o trabalho conjunto da polícia de Nova Iorque, do FBI, e da real polícia montada do Canadá, a terrível maquinação de Che teria antecipado o onze de setembro em décadas. Os principais conspiradores eram membros do Exército da Libertação dos Negros, que desprezava Malcolm X como a um tiozinho inofensivo. Estes radicais americanos estavam de conluio com uma radical separatista canadense, âncora de uma rede de TV no seu país, Michelle Duclos. Segundo Robert Steele Collier, chefe dos conspiradores e membro inclusive da divisão nova-iorquina do Fair Play para o Comitê de Cuba, a conspiração foi armada quando de sua visita a Havana em agosto de 1964, ocasião em que se encontrou com Guevara. O mesmo Collier, então juntamente com Duclos, encontrou-o novamente durante a temporada em que, discursando às Nações Unidas, Guevara passou em Nova Iorque, e acertou os detalhes dos atentados.

Tudo parecia combinado. Duclos trouxera do Canadá as trinta unidades de dinamite e os três detonadores e os escondera. Depois das explosões, ela daria abrigo aos conspiradores do Exército da Libertação dos Negros em seu próprio apartamento no Canadá. Assim que possível, do Canadá eles passariam a Cuba, onde permaneceriam como refugiados políticos.

Mas no meio dos conspiradores estava Raymond Wood, agente infiltrado da polícia de Nova Iorque – a qual alertou o FBI, a polícia montada do Canadá e patrulha americana de fronteiras. Esta última seguiu Duclos quando passou do Canadá aos Estados Unidos, e a observou escondendo a dinamite. O FBI então cercou o local e observou Collier chegar, olhar para os lados, e finalmente sair do carro.

De repente, os agentes saíram de trás da vegetação e prenderam o ativista precisamente quando tomava posse da dinamite. A conspiração de Che tinha falhado.[8]

Se tudo tivesse saído de acordo com o plano, Che Guevara teria destruído os maiores monumentos dos Estados Unidos, matado centenas se não milhares de turistas do mundo inteiro e permitido que os terroristas tranquilamente se asilassem em Cuba. Se os fatos concernentes à conspiração tivessem ficado públicos, o presidente Johnson teria sido forçado a repudiar o pacto de não-interferência que o governo Kennedy assinara com a União Soviética depois da crise dos mísseis envolvendo Cuba e os Estados Unidos. O resultado teria sido previsivelmente catastrófico. Como seria de esperar, a conspiração não teve o mínimo efeito sobre a segurança nacional ou sobre a reputação de Che. Coube a Gladys Pérez, então com vinte e quatro anos de idade, a pecha de "terrorista". Enquanto era autuada por tentativa de assassinato, Gladys falou que chegara de Cuba dois anos antes. Lá, tendo sido prisioneira política, fora torturada e estuprada. Questionada pelo intérprete se se arrependia de suas atitudes, ela respondeu: "Não! Se Guevara estivesse aqui agora eu também tentaria matá-lo."

O *New York Times* noticiou em 14 de dezembro de 1964 que um jovem promotor assistente pediu que a jovem algemada fosse detida para observações psiquiátricas.

Consideremos os fatos: uma mulher é presa, torturada e estuprada por trogloditas a serviço do regime. Ela busca se vingar do principal mandante desses crimes e também de milhares de execuções, um sujeito que, além disso, chegou mesmo muito perto de uma guerra nuclear. A mulher é detida para observações psiquiátricas.

---

[8] Edward V. MacCarthy, "Conspiradores in Nueva York Vinculador a Fidel Castro". *Diario de las Americas*, 18 de fevereiro de 1965.

Imediatamente depois de haver se gabado de suas execuções diante de um auditório internacional localizado no coração da cidade que o acolhia, e haver insultado seus anfitriões de "hienas" nas quais apenas o "extermínio" daria um jeito, a imprensa e a alta sociedade nova-iorquinas festejam o principal executor de Cuba. Aquele distinto e honrado convidado havia conspirado duas vezes com o fito de destruir a mesma cidade que agora o festejava. E planejava ainda outros atentados *durante a própria festa*. A revista *Time*, sediada em Nova Iorque, o louvava então com "Herói e Ícone do Século XX", ao lado de Madre Teresa de Calcutá.

Quem precisa de "observações psiquiátricas"?

Será que uma cidade que continua a idolatrar o homem que a queria destruir deveria ser toda detida para observação? Em 2004, a biblioteca pública de Nova Iorque vendia relógios com a estampa de Che na sua própria loja – algo não muito diferente do que fez o British Museum, que vendeu peças de colecionador com a estampa de Hermann Goering, chefe da mesma Luftwaffe que na Segunda Guerra bombardeou a cidade de Londres. Talvez a administração da biblioteca possa ser perdoada por ignorância. Menos perdoável foi sua festa de gala em 2005, um evento beneficente chamado de "Um Caso em Havana", celebrando a Havana "literária". Seria o intuito da festa celebrar a queima de livros promovida por Che? Ou os dezesseis bibliotecários que hoje apodrecem nas masmorras de Fidel cumprindo sentenças de um quarto de século por tentativa de disseminação de literatura subversiva como *A Revolução dos Bichos*, de George Orwell, *I Have a Dream*, de Martin Luther King, e a *Declaração Universal dos Direitos Humanos*? Mesmo o colunista de esquerda Nat Hentoff chamou a atenção da biblioteca, qualificando o evento de "estúpido", mas foi em vão. E ainda no ano passado o Centro Internacional de Fotografia de Manhattan recebeu multidões em uma exposição chamada "Che! Revolução e Comércio".

"Amanhã, Nova Iorque estará aqui", dizia o prefeito Rudy Giuliani aos cidadãos aturdidos pelo onze de setembro. "E nós vamos reconstruí-la, e ficaremos mais fortes do éramos... Quero que o povo de Nova

Iorque seja um exemplo para o resto do país e o resto do mundo, exemplo de que o terrorismo não vai nos fazer parar!".[9]

A revista *Time*, sediada em Nova Iorque, como já dissemos, e que alçou Che Guevara à categoria de herói e ícone, como também já dissemos, elogiou Rudy Giuliani como o "Homem do Ano" em 2001, justamente por ter sido "o chefe da crise" de onze de setembro, "o homem que ofereceu o principal consolo" e que "nos ensinou como responder a uma crise como esta."

"Nós levaremos a guerra ao próprio coração do inimigo imperialista, ao lugar onde trabalham e ao lugar onde se divertem", declarava Che Guevara em sua "Mensagem à Conferência Tri-Continental", publicada em Havana em abril de 1967. "Não podemos lhes dar um minuto sequer de paz e tranquilidade. Esta é uma guerra total até a morte. Atacaremos onde quer que o vejamos. O inimigo imperialista deve se sentir como um animal acossado por onde quer que ande. Assim o destruiremos!".

E quem era o inimigo imperialista? "Os maiores inimigos da humanidade: os Estados Unidos da América!".[10]

Entre os grandes futuros luminares da humanidade presentes à conferência tri-continental de Havana estava um jovem promissor, Abu Abumar, que mais tarde ficaria conhecido como Yasser Arafat. Também o jovem Ilich Ramírez Sánchez estava presente, conhecido como Carlos, o Chacal, que se tornaria "o terrorista mais procurado do mundo". Em 1967, Ramírez Sánchez era um ávido recruta nos campos de treinamento para atividades terroristas inaugurados por Che em Cuba em 1959. Por meio destas ligações, pode-se facilmente traçar uma linha reta entre Che e o onze de setembro. "A trajetória de Osama Bin Laden me deixa muito orgulhoso", dizia Ramírez Sánchez ao jornal pan-arábico *Al-Hayat*, que tem a cidade de Londres como sede, em entrevista concedida em 2002 desde sua prisão, na França. "Bin Laden seguiu uma trilha iluminada por mim... Acompanhei desde o início e sem interrupções as notícias

---

[9] "Person of the Year". *Time*, 31 de dezembro de 2001.
[10] Daniel James, *Che Guevara: A Biography*. New York, Stein and Day, 1969, p. 276.

do ataque de onze de setembro. Não tenho palavras para o maravilhoso sentimento de alívio."[11]

Che escreveu o primeiro esboço dos ataques de onze de setembro. Será que alguém, depois de ler suas próprias palavras, ainda duvidaria de que, estivesse vivo, Che Guevara se regozijaria com o desmoronamento do World Trade Center?

Historiadores da crise dos mísseis demonstraram convincentemente que as explosões de onze de setembro pareceriam fogos de artifício se Che tivesse conseguido jogar soviéticos e americanos em guerra total uns com os outros – o que ele evidentemente tentou fazer. Foi a prudência de Nikita Kruschev que frustrou as ambições apocalípticas de Guevara – que não conspirou apenas com o Exército da Libertação Negra contra os cidadãos americanos.

Em 17 de novembro de 1962, o FBI desmantelou outra conspiração terrorista encabeçada por agentes cubanos com o intuito de explodir vários pontos-chave em Manhattan utilizando uma dúzia de equipamentos incendiários e quinhentos quilos de dinamite. O holocausto estava marcado para dali a uma semana, no dia seguinte ao de Ação de Graças.

A título de comparação: nas explosões do metrô de Madri em 2004 – todas juntas – que matou e mutilou quase duas mil pessoas, o braço espanhol do Al Qaeda usou um total de cem quilos de dinamite. Os agentes cubanos planejavam utilizar *cinco vezes* essa potência em três das maiores lojas do mundo, todas elas apinhadas de gente e funcionando a todo o vapor no maior e mais lucrativo feriado do ano nos Estados Unidos.

Milhares de nova-iorquinos, inclusive mulheres e crianças – na verdade, considerando a data e as circunstâncias, *na sua maioria* mulheres e crianças –, seriam literalmente incinerados.[12]

---

[11] "Carlos the Jackal: I'm Proud of Bin Laden". *Fox News*, 11 de setembro de 2002.

[12] Humberto Fontova, *Fidel: Hollywood's Favorite Tyrant*. Washington, D. C., Regenery, 2005, p. 2. [Em português: *Fidel: O Tirano Mais Amado do Mundo*. Trad. Rodrigo Simonsen. São Paulo, Leya, 2012.]

O plano era de autoria de Guevara? Todos os seus biógrafos admitem – a contragosto – que Che teve um papel central no estabelecimento do sistema de segurança em Cuba, incluindo o DGI (Dirección General de Inteligencia) e seu departamento encarregado das guerrilhas e das conspirações "libertárias". De modo que é inconcebível houvesse uma conspiração terrorista encabeçada por agentes cubanos sem a chancela de Che, ou com sua reprovação.

Quanto mais se compara a retórica e os atos de Che com a adoração que alguns intelectuais nova-iorquinos lhe devotam, tanto mais essa adoração deixa de parecer um simples modismo para se transformar em lúgubre desejo de morte.

2

O Carrasco de Roqueiros, Gays e Simpatizantes

> Che Guevara deu surgimento a um culto quase religioso de adoração entre intelectuais e estudantes radicais em quase todo o Ocidente. Com seu cabelo hippie e barba por fazer, Che é a perfeita conduta pós-moderna da não-conformista, revolucionária década de sessenta.
> Revista *Time*, Maio de 1968.

Lembra Cristopher Hitchens que "Na verdade, 1968 começou em 1967 com o assassinato de Che. Sua morte significou muito para mim, e para muitos como eu, naquele tempo. Ele era um modelo de comportamento."[1]

Em 1968, ecoava "Abaixo o muro!" de Paris a Chicago, de Milão à Cidade do México. Levantes estudantis contestavam a legitimidade de Charles De Gaulle. "O mundo inteiro nos assiste!" era o grito de guerra dos estudantes que transformaram a convenção democrata de Chicago numa orgia de cassetetes e gás lacrimogêneo. "Não confie em ninguém com mais de trinta!" era o refrão predileto em lugares como a Universidade de Berkeley e a de Columbia, juntamente com "Viva Che Guevara!".

Numa grande capital, contudo, alguns jovens protestavam de modo extremamente atrevido e desrespeitoso. Eles encolerizavam e alarmavam

---

[1] Sean O' Hagan, "Just a pretty face". *The Observer*, 11 de Julho de 2004.

o governo, que os qualificava de "hippies" e "delinquentes". Ademais, o governo estava horrorizado com esses "elementos antissociais" que "profanam os símbolos da nação! Queimam bandeiras! Queimam retratos de heróis nacionais!".[2] Esses agrupamentos hippies tinham cabelo comprido, curtiam *rock and roll* e se autodenominavam de "os beats" ou "os psicodélicos". Evidentemente, representavam um perigo à estabilidade nacional e seriam o alvo de severas medidas disciplinadoras, especialmente quando profanassem as imagens de um herói nacional em particular. O herói rígido e autoritário que esses jovens "delinquentes" e "vagabundos" tinham em mente era conhecido como um disciplinador violento e severo, sem qualquer simpatia e senso de humor. Ele detestava *rock and roll* e constantemente ralhava contra "cabelos compridos", "jovens vagabundos" e qualquer outro sinal de insubordinação. Ele escrevera que os jovens devem sempre: "ouvir com muita atenção – e o máximo respeito – o conselho dos mais velhos que estão no governo." Ele discursava constantemente sobre o modo como os estudantes, em vez de se distraírem com tolices como o rock, deveriam se dedicar ao "estudo, trabalho e serviço militar."[3]

O leitor já terá adivinhado que se trata de uma descrição de Havana e de Che Guevara.

Todos os desocupados de carteirinha se confrontaram com a ira notoriamente brutal da sua polícia. De mais a mais, em suas próprias palavras, "Os dias mais felizes da vida de um jovem são aqueles em que vê suas balas acertando o inimigo." E ao invés de ir atrás de frivolidades durante as férias de verão, os estudantes devem se alistar em algum serviço voluntário do governo e sofrer alegremente. Che foi além dos sete anões. Para ele, assobiar durante o trabalho não era o bastante. Ele escreveu que os jovens deviam não apenas sofrer pelo governo "alegremente e com muito orgulho", mas também "entoar slogans oficiais e canções aprovadas pelo governo" enquanto trabalham.[4]

---

[2] James, *Che Guevara*, op. cit., p. 305.

[3] Ibidem, p. 323.

[4] Ernesto Guevara, *Que Debe Ser un Joven Comunista*. Secretaria Nacional de Propaganda y Educacion Politica, FSLN, 1962.

E ai dos jovens que "ficam acordados até tarde da noite e então chegam tarde ao trabalho." O jovem, em particular, deve aprender a "pensar e agir não por si, mas como parte da massa." Os que escolheram o próprio caminho foram denunciados como párias e delinquentes sem qualquer valor. Num discurso famoso, Che prometia "fazer sumir da nação a praga do individualismo! É criminoso pensar como indivíduo!"[5]

O herói nacional chegou ao cúmulo de classificar o próprio "o espírito de rebelião" como algo "repreensível".[6]

Em suma, Che não tinha exatamente nada que ver com a contracultura.

É por isso que cabeludos e hippies queimaram, picotaram e destruíram imagens de Che Guevara. Para grande tormento de sua própria polícia, Fidel Castro declarou o ano de 1968 como o "ano da guerrilha heroica", glorificando Che Guevara. A angústia e indignação dos jovens tinham um alvo perfeito: havia pôsteres de Che por toda a parte. E ao menos neste caso específico, a rebeldia dos jovens cubanos era tudo, menos sem causa.

"Esses jovens andam por aí ouvindo música imperialista!" esbravejava Fidel Castro ao seu público cativo na Plaza de La Revolución, declarando aberta a temporada de caça aos hippies de Cuba. "Eles corrompem as nossas jovens e *destroem pôsteres de Che!* O que será que eles pensam? Que este é um regime burguês, um regime liberal? NÃO! Nada temos de liberal. Nós somos coletivistas! Nós somos comunistas! Não haverá Primavera de Praga aqui em Cuba!".[7] As famosas brigadas "Venceremos", formadas por radicais e estudantes norte-americanos que foram a Cuba para cortar cana-de-açúcar e ajudar a "construir o socialismo cubano", começaram suas atividades no ano seguinte. Esses deslumbrados esquerdistas, cabeludos e vestidos como hippies, aprenderam muito rapidamente a usar com todo o decoro a insígnia de sua brigada.

---

[5] Anderson, *Che*, op. cit., p. 470

[6] Leo Sauvage, *Che Guevara: The Failure of a Revolutionary*. New York, Prentice-Hall, 1973, p. 126

[7] Ibidem, p. 258.

Alguns deles, confundidos com hippies locais, relataram encontros nada agradáveis com a polícia de Fidel. "Esses jovens radicais norte-americanos, vestidos segundo o seu feitio", escreveu então o socialista francês Leo Sauvage, "estão quase tão seguros no meio de seus 'irmãos revolucionários' em Cuba quanto estariam no centro de Manhattan entre os ultraconservadores!"

Não que a desilusão fosse geral entre os radicais norte-americanos. Mas houve alguma perplexidade e algum murmúrio inquieto entre os papas do movimento. Susan Sontag procurou erigir-se a si mesma em ponte sobre tais águas (ligeiramente) agitadas num artigo para a revista *Ramparts* aparecido na acalorada primavera de 1969, no qual ela admitia que "parte da revolução cubana apresenta um desafio muitíssimo embaraçoso aos radicais norte-americanos."

Tal desafio pode ter parecido "embaraçoso", mas não era insuperável. A mesma Sontag o "superou" explicando que "embora a consciência do próprio subdesenvolvimento inevitavelmente leve os líderes da revolução a enfatizar a disciplina mais e mais, os cubanos preservam o caráter voluntário de suas instituições." Essa montanha de blábláblá se intitulava "Some Thoughts on the Right Way for Us to Love The Cuban Revolution".[8] Nele, Sontag ecoava palavras de quarenta anos antes, quando Walter Duranty, do *New York Times*, comentara o caráter "voluntário" da coletivização da Ucrânia.

Charlie Bravo era um notório "delinquente" – em outras palavras, um universitário cubano dos anos sessenta que hoje se encontra exilado nos Estados Unidos. "Eu adoraria ter visto os manifestantes da Sorbonne, de Berkeley e de Berlim, com os seus "incríveis" pôsteres de Che, tentando pontificar em prol do antiautoritarismo, não em seus respectivos países, mas em *Cuba*. Adoraria ter visto então Che e seus capangas colocando suas mãos *neles*. Eles teriam uma lição imediata sobre o "fascismo" de que reclamavam sem parar – e desta vez recebida em primeira mão. Eles rapidamente se veriam suando e ofegando nos campos de

---

[8] Algumas Reflexões Sobre a Maneira Correta de Amarmos a Revolução Cubana. (N. T.)

trabalho forçado de Fidel e Che, e apanhariam de "incríveis" baionetas caso diminuíssem o ritmo de trabalho ou talvez perdessem os dentes tomando uma "incrível" coronhada por terem se comportado diante da milícia de Che do mesmo modo que diante dos policiais dos seus *campi*."

John Lee Anderson, jornalista do *New Yorker* e biógrafo de Che, chama-o de "a última figura emblemática daquela que se poderia classificar de 'a década da juventude'... Aquele foi o último período em que a juventude ao redor do mundo se ergueu em revolta contra a ordem estabelecida."[9]

Historicamente falando, a ordem raramente esteve tão estabelecida quanto no regime coinstituído por Che. Segundo um antigo lugar-tenente seu, Daniel Alarcón, em Cuba o Ministerio Del Interior (versão cubana da Gestapo e da KGB, doutrinada por Che Guevara e treinada pela STASI da antiga Alemanha Oriental) se move soberano por todo o país. Constitui o *genuíno* governo da nação. A assembleia nacional e tudo o mais não passa de política de faz-de-conta.[10]

E Alarcón deve saber o que diz. Ele foi um obediente oficial deste ministério durante vinte anos. Se alguma vez na história um complexo militar-industrial fascista, uma cabala secreta, um governo de maquinadores implacáveis, sádicos e enlouquecidos pelo poder dominou um país, – tal como o complexo que Noam Chomsky e Norman Mailer constantemente detectam e deploram nos Estados Unidos – este país é justamente aquele que Mailer e Chomsky louvam sem parar: Cuba.

Os dois filhos de Che, Ernesto e Camilo, não eram hippies. Ambos frequentaram o curso completo da KGB, de cinco anos, em Moscou. "Che teve um papel central no estabelecimento do sistema de segurança em Cuba", admite seu biógrafo Jorge Castañeda.[11] Até hoje um mural de Che, medindo dez andares de altura, adorna o prédio do Ministerio Del Interior. Ele de fato está vivo: é a cara da polícia secreta de Cuba.

---

[9] "The Legacy of Che Guevara". *PBS*, 20 de novembro de 1997.

[10] Dariel Alarcón, *Benigno: Memorias de un Soldado Cubano*. Barcelona, Tusquets Editores, 1997, p. 253.

[11] Castañeda, *Compañero*, op. cit., p. 146

CARLOS SANTANA ADORA CHE GUEVARA

A entrada triunfal de Carlos Santana na cerimônia do Oscar de 2005 teve sem dúvida um grande impacto sobre os cubano-americanos. O famoso guitarrista pousou para os fotógrafos com um sorriso tresloucado e jaqueta aberta. Eureca! Lá estava ele: o rosto de Che Guevara elegantemente estampava a camiseta do roqueiro. Metade de Miami, então, bem que gostaria de poder dizer: "Se liga, Carlos, o cara da sua camiseta mandou construir campos de concentração para todos que se parecessem com você lá em Cuba, inclusive para simples fãs de rock que eventualmente comprassem os seus discos." Era considerado pária todo jovem indefeso que tentasse ouvir música "imperialista" em Cuba. Será que Carlos Santana continuaria a sorrir se soubesse que *Cuba criminalizava Carlos Santana e outros astros do rock?*

"As coisas por que tivemos de passar!" – lembra a roqueira cubana Carmen Cartaya. "Se soubessem que você tinha discos de rock, se você usasse *blue jeans*, se fosse um garoto de cabelos compridos, a polícia estaria sempre na sua sola. Meu amigo Juan Miguel Sánchez sempre conseguia pôr as mãos nos mais recentes álbuns dos Beatles. Isto não era fácil em Cuba, acreditem, mas ele era um cara de meios. Geralmente, as únicas pessoas com acesso a discos de rock naquela época eram os filhos dos membros do partido, os caras do governo, que viajavam para fora. Juan Miguel não era um deles."

Um belo dia de 1965, Juan Miguel desapareceu. "Eles o pegaram no chamado 'arrebanhamento', quando uma frota de caminhões e soldados cercava um lugar que sabidamente servia de refúgio aos párias e arrebanhava todo mundo ante a mira das metralhadoras", relata Carmen.

"Nós ainda tínhamos um piano em casa em 1965, um amigo tinha uma guitarra, outro uma bateria. Nem é preciso dizer que todos esses instrumentos eram artefatos pré-revolucionários. Como quer que fosse, nós costumávamos nos reunir e tocar algumas canções dos Beatles: 'A Hard Day's Night' era uma das favoritas. Certa vez minha mãe entrou no cômodo onde tocávamos e disse: 'Parem! Vocês estão loucos? Fulano e sicrano, pertencentes a *El Comité* (grupos de delatores espalhados por todos os bairros da cidade), vão acabar ouvindo! Já temos problemas demais!' Meu pai estava num campo de concentração naquela época. Minha mãe, como de costume, estava certa. Ouvir *rock and roll* era muito mal visto. Ouvir *e também* tocar era um modo muito rápido de entrar em sérios conflitos com a polícia. Nossa bandinha não durou muito."[12]

Na verdade, Santana não fez grande sucesso antes do festival de Woodstock em 1969, ano este em que Che já tinha recebido uma dose cavalar do mesmo remédio que administrara a centenas de homens e garotos amarrados e amordaçados. Com isso queremos dizer que os primeiros internos de seus campos de concentração eram provavelmente culpados do hediondo crime de ouvir Beatles, Rolling Stones, Kinks e coisas do gênero. Mas o regime coestabelecido por ele manteve a prática de prender os roqueiros até bem depois que Santana havia ascendido à suprema constelação do rock.

Ainda assim, a ignorância continua. O Rage Against the Machine põe a estampa de Che em suas camisetas, guitarras e amplificadores. "Consideramos que Che é o quinto membro da banda e esperemos que assim permaneça por muito tempo", vomita Tom Morello, guitarrista e líder da banda. "Che foi um exemplo maravilhoso."

Morello, cuja música inspira o comportamento característico de muitos metaleiros, talvez se maravilhasse ao saber que depois de tomar a cidade de Santa Clara, a primeira ordem oficial de Che (depois de executar sumariamente vinte e sete "criminosos de guerra", participantes ativos de uma batalha de incríveis QUATRO baixas) foi banir a bebida, o jogo e os bailes como "frivolidades burguesas". "Eu não tenho casa, nem mulher, nem pais, nem irmãos, nem amigos", escreveu Che Guevara. "Meus amigos o são enquanto concordem politicamente comigo".[13] Em suma, Che, o quinto membro do Rage Against the Machine, tomou

---

[12] Autor entrevista Carmen Cartaya, 21 de fevereiro de 2006.

[13] Victor Llano, "El carnicerito de la Cabaña". *Libertad Digital*, Madrid, 22 de novembro de 2004.

um dos países culturalmente mais vigorosos do mundo e o transformou numa fazenda de formigas-humanas.

"Carlos Santana sorriu de um jeito indolente e me fez o sinal de paz e amor", lembra um jovem cubano-americano chamado Henry Gómez acerca de um encontro com o super-guitarrista em São Francisco logo depois da cerimônia do Oscar de 2005. Henry usava uma camiseta feita por ele mesmo dizendo "Che está morto – Supere esse trauma!" quando passou diante do famoso astro, então sentado num café. Santana imediatamente notou aquela camiseta e foi atrás dele.

"Che pode estar morto para você", ele disse com aquela clássica (e lenta) dicção hippie, "mas ele vive nos nossos corações. Che é antes de tudo amor e compreensão."[14]

"Mas ele matou muita gente", disse Henry. "Está tudo documentado. Ele pregava o *oposto* do amor – o *ódio* como motor da luta. 'Nós devemos manter vivo o nosso *ódio* e cultuá-lo até o paroxismo. Ódio... '". Mas Santana não ouvia Henry Gómez quando este citava palavras de Guevara. "Che lutou por negros, mulheres e índios", continuou o hipponga. "Antes da revolução cubana, as mulheres eram proibidas de entrar nos cassinos."

Então o próprio Henry Gómez olhou de um jeito indolente e perguntou: "De onde você tirou essa viagem de astronauta-mirim? Em 1958, Cuba tinha proporcionalmente mais mulheres graduadas em curso superior do que os Estados Unidos. E elas iam ao cassino quando bem entendessem. Se muitas não iam, não era porque estivessem proibidas."

Mas concedamos a Che o devido crédito. Ele realmente abriu alguns estabelecimentos cubanos às mulheres – prisões políticas e o paredão.

Santana ignorava inclusive o famoso racismo de Guevara, seus comentários depreciativos sobre negros e mexicanos. "Como se fosse um imbecil", diz Henry, "eu prossegui, tentando explicar umas poucas coisas a Carlos Santana, que ainda se incomodava com minha camiseta."

---

[14] Autor entrevista Carmen Cartaya, 22 de fevereiro de 2006.

"Você se limita aos fatos, bicho", o roqueiro irrompeu de repente. "Nós só conseguimos nos libertar se libertamos o nosso coração."

"Santana tinha razão", conta Henry. "Eu *definitivamente* me limitava aos fatos. Então, enquanto eu lhe expunha fatos, ele me vinha com chavões de paz e amor. Eu devia ter imaginado. Minha mulher estava sentada ali perto, se divertindo muito com tudo isso, porém sem faltar com o respeito àquele senhor, apenas rindo o riso que Santana e sua mulher costumavam receber dos fãs. Na verdade, ela tinha muito trabalho para segurar as gargalhadas que certamente soariam como grosseria."[15]

"WE GOTTA GET OUT OF THIS PLACE"[16]

Quando Eric Burdon apresentou o especial "The 60's Experience" na PBS, sua camisa de Che Guevara conseguiu deixar até mesmo as de Carlos Santana e Johnny Depp no chinelo. Pois se tratava realmente de uma camisa, não de uma simples camiseta: com gola e corte elegante, estampando na frente e atrás o retrato do sujeito que criminalizava o rock.

Eric se esgoelava ao tentar cantar um clássico dos Animals no programa. Ele cantou o incomparável "We Gotta Get Out of This Place" sem se fazer de rogado – exatamente o desesperado refrão dos cubanos quando Fidel e Che assumiram.

Sem dúvida a frase "the last thing we ever do"[17] soa natural para as famílias de um terço de todos os que desesperadamente tentaram escapar do regime castrista: pois um a cada três não chegou ao lado de lá. Segundo o estudioso cubano-americano Armando Lago, a terrível aritmética se traduz em setenta e sete mil mortes no mar durante os últimos quarenta e seis anos – famílias morrendo como os antigos cativos dos

---

[15] Ibidem.

[16] Trata-se de um uso irônico de um sucesso dos *Animals*, em português: Nós temos que sair deste lugar. (N. T.)

[17] Nem que seja a última coisa que façamos. (N. T.)

apaches, amarrados ao sol e morrendo lentamente de calor e sede, ou engasgando e afogando depois que seus membros finalmente desistiram de se debater. Outros ainda foram devorados vivos – pelos tubarões--cabeça-de-martelo e tubarões-tigre. Quem sabe estes últimos tiveram melhor sorte que os primeiros: tubarões não se demoram nas refeições.

Todo ano no sul da Flórida, a Guarda Costeira e o INS atualizam suas estatísticas. (Se a causa desses horrores fosse mais politicamente correta – isto é, se eles pudessem chamar a atenção de George Bush –, os livros e filmes e documentários certamente não teriam fim.)

Um item previsivelmente quente no mercado negro cubano é o óleo de motores usados. Por quê? É o repelente de tubarões do homem pobre, eles dizem por lá. Pessoas desesperadas se apegam a qualquer coisa.

"Eu odeio o mar" é o título de um ensaio visceral do dissidente cubano Rafael Contreras. O ensaio trata de alguns jovens que Rafael conheceu numa praia perto de Havana. Para a maioria das pessoas, o mar embala, atrai, inspira. É um símbolo de libertação, viagem, férias. "A água é vista como proteção em toda a parte" escreve o antropólogo Lionel Tiger, tentando explicar nossa fascinação. "Como espécie, nós amamos o mar". Esses jovens que Rafael encontrou olhavam para o mar e o amaldiçoavam, cuspiam nele. "O mar nos encarcera, é pior que uma prisão", eles diziam.

Sendo assim, talvez Che Guevara tenha sido bem sucedido na sua tentativa de criar um "Novo Homem". Em Cuba, o sonho totalitário de Guevara criou deficientes mentais além da imaginação de um George Orwell ou um Aldous Huxley: gente que odeia olhar o mar.

O NETO ROQUEIRO DEIXA CUBA

"Che exemplifica a integridade e os ideais revolucionários a que aspiramos", se gabava Tom Morello, líder do Rage Against the Machine, numa entrevista para a *Guitar World*. "Ele foi um exemplo incrível, um cara com ideais humanitários e força de vontade para os colocar em prática. Ele mostrou que havia injustiça por toda a parte. Isto resume sua atitude."[18]

Tom Morello talvez tivesse muito a ganhar com uma conversa com Canek Sánchez Guevara – guitarrista de heavy metal, como Morello, e neto do próprio Che. Talvez ele aprendesse algumas coisas sobre o regime que o "quinto membro" de sua banda ajudou a fundar, e do qual Canek Guevara, horrorizado e perplexo, foi obrigado a fugir. Dentre os motivos de tal fuga destaca-se o desejo de tocar exatamente o mesmo tipo de música que Morello sem sofrer as pressões do sistema penal e policial instituído pelo seu avô, "o quinto membro" do Rage Against the Machine. Você está me ouvindo, Tom Morello? E você, Carlos Santana? Madonna? Eric Burdon?

"Em Cuba, liberdade não existe", disse Canek em entrevista à revista mexicana *Proceso*. "O regime exige submissão e obediência... o regime persegue hippies, homossexuais, livre-pensadores e poetas... Eles estão em *constante* vigilância, controle e repressão."[19]

Certo dia, o escritor esquerdista Marc Cooper, visitante assíduo de Cuba, estava sentado num café de Havana conversando com os membros da *Nomenklatura* cubana que lhe faziam sala. De repente, eles ouviram passos agitados. Viraram-se e viram o neto de Che e um seu colega de banda tropeçando, tossindo, ofegando e lacrimejando. Depois de finalmente se acalmar um pouco, Canek lhes disse que sua banda de rock tinha agendado para tocar num lugar público qualquer, mas assim que começou o show a polícia apareceu com bombas de gás lacrimogêneo e cassetetes.

"Mas eu sou neto de Che!",[20] Canek protestou aos guardas que o tentavam prender.

Há uma deliciosa ironia neste episódio. O avô do roqueiro tinha pulso firme no treinamento e doutrinação da força policial cubana.

---

[18] Guitar World, fevereiro de 1997.

[19] Proceso, México, 17 de outubro de 2004.

[20] Marc Cooper, "Che's Grandson: Fidel's an 'Aged Tyrant'". Marccooper.com, 19 de outubro de 2004.

No que lhes diz respeito, os policiais estavam rigorosamente cumprindo o seu dever ao executar os mandamentos revolucionários do avô de Canek. Além da sua afinidade com o rock, o neto de Che cutucou as autoridades quando pintou sua guitarra como uma nota de cem dólares. E ele ainda se pergunta por que os discípulos do seu avô tiveram tanta alegria em lhe aplicar uma surra.

Em outras circunstâncias, o cabeludo meio punk foi removido de uma fila de cinema e então sujeito a um humilhante exame retal por policiais que hipoteticamente procuravam drogas. Mas, feitas as contas, Canek teve muitíssimo mais sorte que a maioria dos "párias" e "delinquentes" de Cuba. A notória lei de *periculosidade pré-delitiva* nunca o colocou num campo de trabalho forçado.

Como quer que seja, Canek Sánchez Guevara vive hoje no México e se considera um anarquista oprimido pelos ianques, não um conservador. Ele é inflexível quanto a manter-se longe dos insuportáveis "cubanos de Miami", gente muito cafona. Ele acredita que Fidel traiu a "pura" revolução cubana do início dos anos sessenta, inaugurada pelo avô idealista e heroico e substituída por uma ditadura pessoal intolerante e autocrática.

Talvez se devesse desculpar a Canek, nascido em 1974, por não saber que nunca, nem antes nem depois, sua pátria foi tanto um estado policial stalinista quanto nos anos sessenta. Seu avô, na verdade, era ideologicamente *mais* rígido e *mais* stalinista que o próprio Fidel – porém, para seu eventual infortúnio, era muito *menos* perspicaz.

Os párias que hoje estão em Cuba ainda sabem muito bem quem foi Che Guevara. Um certo Hector Navarro, antigo membro do Partido Comunista Argentino e então repórter de TV e professor de Direito, esteve em Cuba em 1998 para cobrir a visita do papa João Paulo II. "Um grupo de jovens músicos cubanos tocava para nós turistas na praia em Santa Maria", lembra Navarro. "Então eu fui até eles e disse com orgulho que eu era um argentino *como Che!*".

Os músicos olharam feio para Navarro. Ele tentou novamente: "Eu tenho até mesmo um *retrato de Che* pendurado no meu escritório!", ele continuou. Mais olhares de desprezo. E Navarro então foi além. "Venho da própria cidade de Rosario – *terra natal de Che!*".

Os músicos passaram de um olhar de desprezo para o cenho franzido. "Eu certamente não esperava esse tipo de coisa", diz Navarro. "Mas eu continuei, pedindo-lhes que tocassem uma canção muito popular na Argentina, chamada 'A sua amada presença, comandante Che Guevara' – e todos me olharam com uma cara de cu. Somente depois de lhes dar uma nota de dez dólares eles começaram a tocar a canção, mas de um modo muito insultante, e ainda de cenho franzido." Dia após dia, as antigas fantasias de Hector Navarro sobre a vida em Cuba iam colidindo com os cubanos reais. "Eu estive em Cuba durante um mês e meio", diz ele. Mas, sendo ele próprio comunista na época, pôde aventurar-se além das áreas reservadas aos turistas comuns.

"Esta foi a viagem mais importante da minha vida – não fosse por ela, eu teria quem sabe continuado a acreditar em socialismo e em Che Guevara. Eu finalmente vi com meus próprios olhos e aprendi que a versão de Fidel e Che não era diferente da de Stálin e a de Ceausescu".[21]

HIPPIES STALINISTAS

Quase uma década antes do "verão do amor", Fidel, Che e seus comparsas ostentavam barba, cabelo comprido e roupa esgarçada. Sua antiga popularidade nos Estados Unidos se deveu claramente a esta afinidade superficial e cabeluda com os precursores dos hippies – a chamada geração *beat*. Em abril de 1959, Fidel Castro discursou em Harvard na mesma semana que Alan Ginsberg, o igualmente barbado poeta-ícone dos *beats*. Oito anos antes de pontificar em Woodstock, Abbie Hoffman pontificava em Havana, observando a atuação de Fidel no palanque e louvando-o como a "um poderoso pênis que ganha vida!" (A propósito, muita gente em Miami e em Cuba concordaria de bom grado com tal afirmação.)

---

[21] Hector Navarro, "Un Viaje a Cuba". ContactoCuba.com, 22 de janeiro de 2006.

Qualquer foto de Fidel, Che, Raúl, Camilo Cienfuegos e *tutti quantti* entrando em Havana em janeiro de 1959, depois de uma guerrilha de araque, mostra como eles anteciparam em uma década o visual hipponga. Jean Paul Sartre os aclamava como *les enfant au pouvoir*(Os jovens no poder).[22] Raúl Castro fazia do louro cabelo comprido um rabo-de-cavalo naquela época. A barba cerrada e negra de Camilo Cienfuegos era idêntica à de Jerry García dez anos depois. Exceto por seu uniforme verde-oliva, Ramiro Valdez de cavanhaque parecia Carlos Santana ao tempo de Woodstock.

E o próprio Che, enfim, com sua barba falha, foi um estímulo para Jim Morrison – que também tinha, como sabemos, aquele "olhar perdido no horizonte": tique comum em pacientes limítrofes.

Em todo o caso, em meados dos anos sessenta o *rock and roll* estava associado aos Estados Unidos e era considerado subversivo na Cuba de Fidel e Che – ainda que os músicos vivessem na Inglaterra. "O governo estava sempre alerta com cabelos compridos", lembra Miguel Forcelledo, antigo pária e delinquente cubano. "Nós chamávamos o rock de 'som da meia-noite', porque este era o horário mais seguro para tentar ouvi-lo. Mesmo os espiões do governo tinham que dormir, especialmente porque esses porcos costumavam acordar bem cedo para xeretar a vida alheia. Nós costumávamos montar associações clandestinas e sintonizávamos em estações de rádio norte-americanas com um aparelho russo que alguém 'emprestava' de um amigo que eventualmente tivesse relações com gente do governo. Mas nunca estávamos completamente seguros. Eu tinha então quinze anos e tive muita sorte de escapar da polícia secreta depois de simples safanões e uns dias na cadeia. Muitos de meus amigos mais velhos acabaram em campos de trabalho forçado".

David Sandison, antigo agente publicitário dos Rolling Stones, escreveu um livro intitulado *Rock & Roll People*, o qual contém entrevistas que são verdadeiras reverências a ícones do porte de Bob Dylan, John Lennon, Paul McCartney, Mick Jagger, Keith Richards, David Bowie,

---

[22] Sauvage, *Che Guevara*, op. cit., p. 70.

Bruce Springsteen e os Sex Pistols. Ele escreveu também outro livro, intitulado simplesmente *Che Guevara*, que consegue fazer ainda mais reverência ao seu objeto do que o primeiro. Para Sandison isto deve parecer perfeitamente consistente, um livro sendo quase a extensão do outro. "Uma lenda!" irrompe o autor na própria capa de *Che Guevara*, "um herói para a juventude radical até hoje". Numa entrevista, Sandison se orgulha de possuir "um grande detector de sucessos de venda".

"Em toda Cuba", continua ele, "retratos de Che lembram o povo cubano de sua dívida para com este homem extraordinário!".[23]

Sandison tem razão. Pergunte-se àqueles músicos que fizeram cara de cu para o Sr. Navarro, por exemplo, ou a Canek, sujeito a um ignominioso exame retal, sobre a "dívida" que têm com ele. Pergunte-se também aos *beats*, aos psicodélicos e outros "párias" cubanos de cabelos compridos, que pisotearam e rasgaram todo retrato de Che em que conseguiram pôr as mãos.

---

[23] David Sandison, *Che Guevara*. New York, St. Martin's Griffin, 1998, p. 152

3
Bon Vivant, Queridinho da Mamãe e Esnobe

> Nada poderia ser mais desinteressadamente gratificante do que o desdém de Che Guevara pelo conforto material e necessidades do dia a dia.
> – Ariel Dorfman, Professor da Uneversidade de Duke,
>   na Revista *Time*.

> O impacto emblemático de Ernesto Guevara é inconcebível sem a dimensão do sacrifício. Che renuncia ao bem-estar em prol de uma ideia.
> – Jorge Castañeda, Biógrafo de Che e Articulista da *Newsweek*.

> Che foi auxiliado... por uma completa liberdade em relação às convenções e às aspirações materiais.
> – Philip Bennett, *Boston Globe*.

"**Tal como os épicos**", **começa a** sentença inicial da edição da *Times* que honra Che como um Herói e Ícone do Século Vinte, "a história do obscuro médico argentino que abandonou sua profissão e seu país para lutar pela emancipação dos pobres..." – vamos parar por aqui.

De modo muito característico quando se trata do tópico Che Guevara, antes da metade da *primeira frase* da matéria em questão já nos deparamos com duas mentiras. Ernesto Che Guevara *não* era médico. Conquanto assim o descrevam seus "eruditos" biógrafos (Castañeda, Anderson, Taibo, Kalfon *et caterva*), sua graduação em Medicina não se encontra em nenhum registro. Quando o pesquisador cubano-americano Enrique Ros pediu ao reitor da Universidade de Buenos Aires e chefe do setor de registros acadêmicos alguma cópia ou documento que comprovasse o suposto grau, foi-lhe dito de modo muito suspeito que os registros se haviam perdido ou, quem sabe, teriam sido roubados.

E se o jovem Ernesto Guevara deixou a Argentina decidido a "emancipar os pobres", tal como se diz, ele tampouco nos deixou qualquer registro deste sonho. Guevara originalmente rumou para a Venezuela, planejando quem sabe chegar aos Estados Unidos, porque, tal como ele próprio escreve numa carta a seu pai, "estes eram os melhores lugares para ganhar dinheiro".[1]

E depois da revolução? Após um dia de trabalho árduo no escritório assinando sentenças de morte, Che se recolhia em sua nova mansão em Tarara, a vinte e poucos quilômetros de Havana, à beira-mar de uma praia deserta – um local hoje reservado exclusivamente a turistas e membros de elite do Partido. "A casa estava entre as mais luxuosas de Cuba", escreve o jornalista cubano Antonio Llano Montes a respeito da mansão cujas regalias futuristas já mencionamos acima. "Até algumas semanas antes, a casa tinha pertencido ao mais bem sucedido empreiteiro de Cuba. Ela possuía um ancoradouro para iates, uma grande piscina, sete banheiros, uma sauna, uma sala de massagem, e muitas salas de televisão... O jardim da mansão era quase uma selva de plantas importadas, piscina natural com cachoeira, tanques cheios de peixes exóticos e viveiros das aves mais diversas. O lugar parecia saído das páginas d'*As mil e Uma Noites*".[2]

Llano Montes escreveu esta singela descrição estando já no exílio. Em janeiro de 1959, ele não entrou em tantos detalhes num artigo saído na revista cubana *Carteles*. Ele simplesmente escreveu que "O comandante Che Guevara fixou residência numa das mais luxuosas casas da praia de Tarara".

---

[1] Enrique Ros, *Che: Mito y Realidad*. Miami, Ediciones Universal, 2002, p. 35.

[2] Marcos Bravo, *La Otra Cara del Che*. Bogotá, Colômbia, Editorial Solar, 2004, p. 97.

Dois dias depois da sua publicação, enquanto almoçava no restaurante *El Carmelo* em Havana, Llano Montes olhou para cima e viu três soldados rebeldes fortemente armados que lhe ordenavam que os acompanhasse. Pouco depois, ele se viu no escritório de Che Guevara na antiga fortaleza espanhola La Cabaña, então já convertida em prisão, e sentou-se a pouca distância de sua mesa, cheia de papéis.

Depois de meia hora, ele finalmente apareceu, fazendo a costumeira entrada triunfal "e com seu costumeiro mau-cheiro", lembra Llano Montes. "Sem sequer me dirigir o olhar, ele se pôs a mexer nos papéis de sua mesa e a assinar um a um apenas com 'Che'. Seu assistente entrou e ele então lhe disse: 'Estou assinando essas vinte e seis execuções, de modo que podemos cuidar disso à noite.'"

"Então ele se levantou e andou um pouco. Meia hora depois, voltou à sua mesa e assinou outros papéis. Finalmente, ele pegou um livro e começou a ler – tudo isso sem me olhar. Depois de mais meia hora, ele fechou o livro e disse: 'Ora, então você é Llano montes', ele sorria, 'e diz que me apropriei de uma casa luxuosa.'"

"Eu apenas escrevi que o Sr. se mudou para uma casa luxuosa, o que é realmente verdade", disse o jornalista.

"Eu conheço os seus métodos!", Guevara respondeu. "Vocês da imprensa injetam veneno nos seus artigos para prejudicar a revolução. Ou vocês estão conosco, ou contra nós. Não permitiremos toda aquela loucura jornalística que Batista permitiu. Posso mandar executá-lo hoje mesmo. E então?"

"O Sr. precisaria de alguma prova de que infringi a lei", respondeu Montes.

"'Não precisamos de prova nenhuma. Nós é que fabricamos as provas', Guevara disse enquanto jogava seu cabelo comprido para trás – outro dos seus costumes. Eis senão que um dos promotores a serviço da revolução, carinhosamente apelidado de 'poça de sangue', entrou na sala e se dirigiu a Che. 'Não permita que o blábláblá dos advogados de defesa atrase as execuções!' Gritou Guevara. 'Ameace-os com a própria execução. Acuse-os de serem cúmplices dos partidários de Batista' – e então tomou os papéis que lhe estendia o promotor e se pôs a assiná-los."

"Isto durou do meio-dia às dezoito e trinta, quando Che finalmente se virou para seus assistentes e lhes disse: 'Tirem esse homem daqui. Eu não o quero em minha presença'."[3]

As inumeráveis vítimas de Che costumam lembrá-lo como alguém que adorava reduzir as pessoas a mais completa impotência – fazendo com que se humilhassem para tentar salvar a própria vida. Contudo, em seu artigo para a revista *Time* Ariel Dorfman o descreve como "um santo secular pronto para morrer por não suportar um mundo onde os pobres e miseráveis, deslocados e apartados da história, estariam sempre relegados à periferia". Entre os principais hóspedes de Che em sua mansão em Tarara estava um alto oficial soviético do diretório de inteligência chamado Ángel Ciutat, amigo próximo de Ramón Mercader, o assassino de Trotski. Ciutat era na verdade um comunista espanhol e veterano da Guerra Civil Espanhola que fugiu para o regaço dos soviéticos quando Franco derrotou o exército vermelho da Espanha. A polícia secreta de Stálin ficou impressionada com o maravilhoso currículo de Ángel Ciutat, assassino e representante soviético durante a Guerra Civil Espanhola, e prontamente o contratou.

Enquanto aproveitava a luxuosa mansão de Che em Tarara, Ciutat o aconselhava sobre os pontos principais na formação da polícia secreta cubana. De mais a mais, Ciutat estudara com o próprio mestre do assunto – Lavrenty Beria, o chefe da polícia secreta de Stálin. E Che, tal como antes fizera diante do general Bayo, outro comunista espanhol que o treinara no México, era todo ouvidos, como um estudante de medicina.

As instruções de Ángel Ciutat acerca dos pelotões de fuzilamento foram particularmente úteis para Che. Tais pelotões eram formados por dez homens, e *todos* atiravam com balas reais, quebrando a norma geralmente aceita de utilizar balas de festim em alguns rifles, de modo a aliviar a consciência dos atiradores. Este alívio contradiria um dos

---

[3] Ibidem.

principais propósitos dos pelotões de fuzilamento de Cuba, chamado secretamente de "o pacto sangrento".[4]

O ponto era fazer com que os assassinos se sentissem intimamente ligados com o regime assassino a que serviam. Quanto mais atiradores, tanto mais assassinos. Quanto mais assassinos, mais cúmplices, mais resistentes a qualquer tentativa de derrubar o regime. A resistência fanática e suicida das tropas de Hitler contra o exército vermelho funcionava da mesma maneira. Essas tropas sabiam que lutavam contra pais e filhos de gente assassinada por elas mesmas.

Sob as ordens de Ciutat, todos os cadetes da academia militar de Cuba eram forçados a servir no pelotão de fuzilamento. Tal prática se tornou pré-requisito para a formatura. Pode-se imaginar Che exultando de alegria, batendo na testa e dizendo: "Ora, por que *eu mesmo* não pensei nisso?" Essa política autofágica – cubanos matando cubanos –, ditada por um oficial soviético e implementada por um andarilho argentino, tornou-se oficial na nova Cuba "nacionalista" em fevereiro de 1959.

CHE GUEVARA E A TRADIÇÃO DE FAMÍLIA

Para um Novo Homem comunista como ele, Che se ateve a preconceitos excessivamente tradicionais, comuns a muitos de seus compatriotas argentinos. Tudo o que fosse "ianque" seria, em suma, asqueroso, repugnante. Mesmo hoje em dia pesquisas mostram que dois terços dos argentinos têm opiniões desfavoráveis acerca dos Estados Unidos – o maior índice de desaprovação do hemisfério. Em relação aos Estados Unidos, a Argentina foi sempre a França da América do Sul: eminentemente crítica.

Guevara possuía ainda mais preconceitos. Muitos argentos se imaginam europeus num continente majoritariamente índio ou mestiço. O esnobismo da elite argentina é, contudo, mais cultural do que racial,

---

[4] Tito Rodríguez Oltmans, "El compromiso Sangriento". *Revista Guaracabuya*, fevereiro de 2006.

e imita de muito perto o esnobismo dos franceses (assim como o dos estados da costa leste em relação aos "caipiras" nos Estados Unidos). Com efeito, uma pesquisa recente mostrou que quanto maior o grau de instrução de um latino-americano, mais pronunciado é o seu antiamericanismo.[5] Sobretudo em Buenos Aires, portanto, uma educação "humanista" é certamente antiamericana. De ambos os lados, os ancestrais de Che descendiam dos grandes de Espanha e dos antigos vice-reis espanhóis da América do Sul. Ele também possuía ascendência irlandesa. E mesmo neste caso, seu ancestral Lynch era considerado um nobre. Dolores Mayona Martin, amiga de infância de Che, escreveu um artigo para a revista do *New York Times* em 1968 no qual lembrava como o jovem Ernesto Guevara frequentemente se gabava de ser descendente do vice-rei do Rio da Prata, "algo como o equivalente argentino de possuir um ancestral em *Mayflower*", ela continuava.[6]

A mãe de Che, Celia, que herdou dos pais uma pequena fortuna e um latifúndio, era uma versão primitiva da mais estereotipada megera feminista. Sua herança, evidentemente, facilitou as coisas. Celia era uma completa marxista e uma conhecida debatedora política sempre pronta a atacar o imperialismo norte-americano.[7] Ela vivia mimando o seu primogênito, o pequeno *Ernestico*.

O pai de Guevara, Ernesto como ele, continuamente perdia seus bens em negócios mal sucedidos, que iam de tentar plantar erva-mate e processá-la a aventuras no ramo da construção civil. Ele acabou por dizimar a maior parte da herança da família e no final vendeu as terras para sobreviver.

Nada como falhar no mundo imundo dos negócios para transformar alguém em anticapitalista que se sente culturalmente superior por isto. As famílias Lynch e Guevara de La Serna eram exemplos perfeitos de esquerdistas chiques: afetados, livrescos, pretensiosos, ressentidos e

---

[5] Andres Oppenheimer, "How Latin American Elite View the World". *Miami Herald*, 25 de setembro de 2005.

[6] Martin Ebon, *Che: The Making of a Legend*. New York, Universe Books, 1969, p. 13.

[7] Sandison, *Che Guevara*, op. cit., p. 15.

soberbos. O jovem *Ernestico* era tudo, menos um rebelde. Ele era um clássico queridinho da mamãe, dando zelosa continuidade ao mesquinho esnobismo e preconceito ideológico de seus pais.

David Sandison escreve que os irmãos Guevara possuíam "permanente admiração" pelos pais. A maioria das pessoas passa ao menos por um breve período de rebelião adolescente contra os pais. Deixemos que Che Guevara, ícone mundial da juventude rebelde, fuja, neste caso, ao que seria de esperar.

"No quartel ele nunca tirava aquele sorrisinho irritante da cara – o que nos deixava malucos!", lembra Miguel Sánchez, instrutor e veterano da Guerra da Coreia. "Um dia eu simplesmente me cansei de olhar aquele sorrisinho de merda e disse: 'Pague vinte e cinco, Ernesto Guevara!' E gritei, a centímetros do seu ouvido, 'E chega!' Ele arregalou os olhos, abaixou-se e pagou as vinte e cinco flexões."[8]

Os que conhecem Che Guevara por meio de pôsteres e camisetas se impressionam com seu olhar de aparentemente "indomável rebeldia". Os que realmente o conheceram se lembram de um *poseur*, com um sorriso de Eddie Haskell para Fidel, o cenho de um Charlie Rose para Jean-Paul Sartre e Simone de Beauvoir, a risada de bruxa malvada para as vítimas do paredão e suas famílias, e um *sex appeal* de Marlon Brando para a câmera de Alberto Korda.

No final da vida, os homens que o capturaram na Bolívia se espantaram ao abrir sua mochila. Os outros guerrilheiros capturados com ele, todos maltrapilhos e famintos, não tinham outra coisa senão armas. Che Guevara tinha tesoura, pente, escova e até um pequeno espelho. Como veremos em breve, ele parecia que se preparava para o evento social do outono de 67 – o julgamento de uma celebridade acompanhado de um clamor mundial por sua libertação. Ele estava certo de que o evento começaria logo depois de sua rendição triunfal.[9]

---

[8] Pedro Corzo, entrevista com Miguel Sanchez para o documentário *Guevara: Anatomia de un Mito.*

[9] Ortega, *Yo Soy El Che!*, op. cit., p. 191.

O exilado cubano Frank Fernández lembra um encontro entre sua tia e Che Guevara em Havana no início de 1959. "Naquele tempo, Che visitava muitos lugares, se mostrava e se fazia presente, tentando intimidar o 'povinho cubano', segundo ele mesmo dizia. Ele apareceu no escritório onde minha tia trabalhava e bufou dizendo que ela era 'uma velha burguesa'."

"'Errado', respondeu ela. 'Eu não sou burguesa – sou uma *aristocrata*. Essa resposta deixou Che Guevara atônito e ele ficou lá tentando fazer pose."

"Então minha tia continuou: 'E você não é nada além de um delinquente atrevido e insolente'".[10] Ela viveu para contar a história. Por quê? Será que Che teve uma repentina admiração por ela porque o homem com quem ela falava também se considerava um aristocrata?

O libertário cubano Tony Navarro conta uma história similar, cuja família possuía uma tecelagem em Cuba.

Logo depois que se tornou presidente do banco nacional de Cuba, Che mandou capangas armados confiscar a dita tecelagem, *Textileras*, que sempre fora eficiente e lucrativa, empregando centenas de pessoas e contribuindo muito para as exportações cubanas no setor. Navarro marcou um encontro com Guevara para explicar essas coisas e tentar fazê-lo recobrar a razão. Por que motivo confiscar um tal empreendimento, despedindo gerentes eficientes e os substituindo por revolucionários ineptos, levando o negócio à falência?

Um assistente disse: "Comandante Guevara vai recebê-lo agora". Então Navarro entrou no escritório e falou o melhor que pôde enquanto o grande homem mordia os lábios e parecia às vezes adormecer. "Tony, você já leu *O Processo* de Kafka?"

"Não comandante", Navarro respondeu atônito. "Eu li *A Metamorfose* e *Na Colônia Penal*, mas não *O Processo*."

"Então leia", disse Che. "O livro vai lhe explicar muita coisa". E o chofer de Guevara levou Tony de volta para casa.[11]

---

[10] O autor entrevista Frank Fernandez, 19 de janeiro de 2006.

[11] Antonio Navarro, *Tocayo: A Cuban Resistance Leader's True Story*. Westport, Conn., Sandown Books, 1981, p. 99.

"Sem que tivesse feito nada de errado, num belo dia ele foi preso", diz a primeira frase do livro recomendado por Guevara. "Uma terrível viagem psicológica pela vida de um certo Joseph K., um homem comum que um belo dia se vê acusado de um crime que não cometeu, um crime cuja própria natureza jamais lhe é revelada" – eis como um resenhista resume o argumento do livro. Um outro diz: "Uma história sobre a prisão, julgamento, condenação e execução de alguém que nunca chega a saber o motivo de tudo isto."[12]

Tony Navarro logo se juntou à marginal luta anticastrista e diariamente arriscava a própria vida. Se Che iria matá-lo – bem, neste caso, Navarro morreria lutando. Certo dia, depois de um tiroteio com a polícia de Che, Navarro foi preso, mas não foi corretamente identificado e conseguiu fugir para a embaixada da Venezuela, e depois para a dos Estados Unidos.

Assim como no caso da tia aristocrata, aqui também a estirpe de Guevara superou sua sede de sangue. Ele poderia ter assistido à execução de Tony Navarro da janela do seu escritório em La Cabaña, entre visitantes e durante o almoço, como gostava de fazer. Em vez disso, diante de um homem polido como Navarro, Che se sentiu impelido a ostentar seus gostos elevados e sua erudição. A vaidade de Che permitiu que Tony Navarro escapasse de suas garras.

Diz-se que Che nunca teve um amigo cubano genuíno. Mesmo os comunistas cubanos o achavam insuportável. Apesar de todo o seu desprezo pelos costumes "burgueses", comunistas cubanos de velha cepa, como Aníbal Escalante e Carlos Rafael Rodríguez, secretamente se queixavam das opiniões "pequeno-burguesas" de Guevara; de como ele preferia festinhas com intelectuais franceses à companhia mestiça de membros do partido comunista cubano. Um famoso oficial comunista cubano chamado Francisco Brito, corpulento e mal vestido, se indignava ante o hábito que Guevara tinha de trazer comunistas argentinos e chilenos, imaculadamente vestidos e penteados, para ocupar alguns

---

[12] "Franz Kafka's Trial as a Symbol in Judicial Opinions". *Legals Studies, Forum*, vol. 12, n. 1, 1988.

cargos na burocracia cubana. Brito finalmente deixou escapar que a melhor coisa que Guevara tinha a fazer era "dar o fora de Cuba!", porque as suas ordens como ministro das indústrias "não passavam de um monte de merda!".[13]

CHE SE ENCONTRA COM O TIO HEMINGWAY

Mais ou menos na época em que Alberto Korda bateu a famosa foto de Che – que agora ajuda a vender *snowboards*, relógios e sandálias –, ele também fotografou Fidel e o mesmo Che na maior intimidade com Ernest Hemingway. Isto foi em 15 de maio de 1960, durante o campeonato anual de pesca que leva o nome do famoso escritor. E este trio, pode-se imaginar, era pura admiração entre si.

"A revolução cubana", escreveu Hemingway em 1960, é "totalmente pura e bela... Ela me encoraja... O povo cubano tem agora pela primeira vez uma chance real".[14]

O romancista John Dos Passos, autor de *Manhattan Transfer* e eventual amigo de tio Hemingway, disse uma vez acerca deste último que ele "possuía uma das mentes mais perspicazes que conheci para desmascarar intenções políticas".[15]

Alberto Diaz Gutierrez (o verdadeiro nome de Korda) era um antigo amigo de copo de Ernest Hemingway. De modo que a piedosa objeção que mais tarde fez contra os planos da Smirnoff, que pretendia usar o rosto de Che numa garrafa de vodca, a muita gente soa como hipocrisia. "Sou categoricamente contra a exploração da imagem de Che para promover produtos como bebidas alcoólicas, ou com qualquer intuito que possa denegrir sua reputação", disse Korda ao jornal britânico *The Guardian*. "Usar a imagem de Che para vender vodca é um insulto ao

---

[13] Sauvage, *Che Guevara*, op. cit., p. 112.

[14] "We're Number One". Lewrockwell.com, 11 de agosto de 2001.

[15] Paul Johnson, *Intellectuals*. New York, Weidenfeld & Nicolson, 1988, p. 155. [Em português: *Os Intelectuais*. Rio de Janeiro, Imago, 1990].

seu nome e à sua memória".[16] (Com Hemingway e Korda na mesa, insulto e vodca talvez fossem as palavras certas. Ao que tudo indica, porém, a Smirnoff não considerava um insulto estampar a imagem de um assassino em massa no rótulo do seu produto.)

Mas Korda processou a Smirnoff por *difamar* Che e venceu, a sentença alegando uso indevido e não-autorizado de sua fotografia. A propósito, depois que a tirou, Korda aceitou o cargo de fotógrafo pessoal de Fidel Castro – cargo no qual rastejou vergonhosamente, como um eunuco da corte castrista, até sua em morte em 2001, devida a um ataque cardíaco.

Em certo sentido, John Dos Passos acertou no que disse sobre Hemingway. Ambos viajaram para a Espanha durante a Guerra Civil Espanhola, mas, diferentemente deste último, o primeiro se recusou a fechar os olhos quando os comunistas massacraram a esquerda não-stalinista em Madri e em Barcelona – coisa que a Herbert Matthews, articulista do *New York Times* e membro da patota, assim como a Ernest Hemingway, era muito difícil de fazer. Dos Passos finalmente deixou a Espanha desapontado e desiludido – ruptura que começou quando de uma visita à União Soviética alguns anos antes. No que concerne à Espanha, Stálin fez tudo de caso pensado. Ele adiantava o trabalho do que considerava ser uma vitória certa e iminente contra as forças de Franco.

Quando Dos Passos se preparava para cruzar a fronteira francesa fugindo ao caldeirão de assassinatos e traições conhecido como a "Espanha republicana", a perspicácia de Hemingway (que em matéria profissional é inegável) se manifestou: "Olha, Dos", o titio lhe avisou. "Se você escrever contra os comunistas, os críticos te arruinarão para sempre".[17]

Hemingway estava certo. A carreira literária de Dos Passos naufragou e afundou depois que voltou para casa. E isto independentemente de ter escrito a verdade, e o ter feito da maneira mais eloquente possível.

---

[16] "The Guevara Photographer Series". *BBC News*, 7 de agosto de 2000.

[17] Johnson, *Intellectuals*, op. cit.

Há indícios de que pouco antes de seu suicídio, a empolgação de Hemingway com Fidel e Che vinha ficando cada vez menor. Será que isto teve que ver com um fato então ocorrido na província onde residia, quando milhares de cubanos foram tirados de suas casas e aprisionados, e outros tantos levados ao paredão? Em *Por quem os Sinos Dobram*, Hemingway parece justificar os massacres comunistas como "um mal necessário". Não, sua queda pelos galantes revolucionários começou a acabar quando o titio percebeu que "a bela e pura" revolução tornava o conserto da bomba da enorme piscina em sua mansão cubana um tanto difícil.

Hemingway podia ter agradecido ao ministro das indústrias de então – Che Guevara – pela escassez de peças de bombas de piscina (embora a maioria dos cubanos já lhe viesse agradecendo pela escassez de outros itens, como comida, por exemplo). Então o titio se queimou pelo próprio fogo que ajudara a acender. Sua mansão nos arredores de Havana – possivelmente paga com royalties que ganhou elogiando os comunistas espanhóis no livro recém-citado – foi finalmente confiscada pelos comunistas cubanos, seus parceiros de pesca.

Se alguém alguma vez se encaixou na descrição do estéril latifundiário burguês que Che dizia desprezar (e que bem descrevia sua família), esse alguém foi Ernest Hemingway. Se o titio não tivesse exercido uma profissão que lhe deixasse em tamanha evidência, teria sido rapidamente exterminado por Che.

4

De Idiota Militar a Herói de Guerrilha

Che empreendeu uma campanha de guerrilha em que demonstrou inteligência e coragem extraordinárias.
– Revista *Time*, em Louvor dos "Heróis e Ícones do Século Vinte".

O livro mais famoso de Che se chama *Tática de Guerrilha*. Sua famosa fotografia, *Guerrilha Heroica*. O filme de Hollywood sobre sua vida, *Guerrilha*. E seu fracasso mais estrondoso foi precisamente como guerrilheiro. Não há registro nenhum de qualquer façanha sua em batalhas de verdade. E há pouquíssimos e valiosos testemunhos de que ele realmente *lutou* em algo que se possa realmente descrever como uma batalha.

Se Ernesto Guevara de la Serna y Lynch não tivesse feito contato com um exilado cubano chamado Nico López – que mais tarde o introduziria aos irmãos Raúl e Fidel Castro na Cidade do México –, ele provavelmente teria levado a vida como literal vagabundo que era, alguém que gostava de mendigar às mulheres, dormir em lupanares e escrevinhar poesia ilegível. Che foi um Ringo Starr revolucionário, alguém que por pura sorte topou com a turma certa e foi na mesma onda rumo à fama mundial. Mesmo o seu apelido, "Che", lhe foi conferido por cubanos que vagabundeavam com ele no México. Os argentinos usam o termo "Che" assim como os cubanos usam "chico" ou os fãs de Michael Moore usam "dude".

A palavra parece ter antes procedência italiana do que propriamente espanhola. Os cubanos a ouviram da boca de Ernesto Guevara, e então o apelido pegou. Fidel Castro recrutou seu novo amigo para servir como médico no exército rebelde (fiando-se na autenticidade de suas credenciais) antes de "invadirem" Cuba. No difícil trajeto de barco da província de Yucatán à de Oriente, através de mares turbulentos e utilizando um velho iate – o *Granma* – como veículo, um rebelde encontrou Guevara em estado letárgico na cabine. Ele correu até o comandante e disse: "Fidel, parece que Che está morto!".

"Bem, se ele está morto, então o jogue no mar", respondeu Fidel Castro[1]. Mas Guevara, que sofria ao mesmo tempo um ataque de asma e uma crise de enjoo, permaneceu a bordo.

O BATISMO DE FOGO

O estado de Che não melhorou imediatamente após o desembarque. A certa altura, ele declarou: "Doutor! Acho que estou morrendo!".[2] Isto foi o que um "médico" disse a um companheiro rebelde (e médico sem aspas) chamado Faustino Pérez durante o batismo de fogo de ambos em Cuba. Os rebeldes castristas desembarcaram em Cuba havia três dias, saídos do México no já citado *Granma*. O exército cubano, alertado por um camponês que aparentemente não reconheceu os que se diziam libertadores do campesinato, atacou-os de emboscada num lugar chamado Alegría Del Pio, próximo a uma plantação de cana.

Nos diários que publicou em Havana (fonte primária da maioria de seus biógrafos e histórias que circulam na imprensa), Che usa termos ligeiramente diferentes para relatar o ocorrido. Quase como John Wayne em *Sands of Iwo Jima*, ele se lembra de ter dito: "Fui atingido!". Mas longe de parar por aí, ele continua e oficialmente proclama: "Faustino,

---

[1] Bravo, *La Otra Cara Del Che*, op. cit., p. 90.

[2] Ibidem, p. 97.

que ainda atirava contra os inimigos, olhou para mim... mas eu pude ler nos seus olhos que ele me julgava morto... Imediatamente, eu comecei a pensar na melhor maneira de morrer, já que tudo parecia perdido. Lembrei-me então de uma velha história de Jack London em que o herói, ciente de que vai congelar de frio nas imensidões do Alasca, se encosta placidamente numa árvore e se prepara para morrer de uma maneira digna. Esta foi a única coisa que me ocorreu naquele momento."

Na verdade, Faustino Pérez depois revelou que ele próprio, sim, foi efetivamente ferido – não por balas, senão por uma hérnia enquanto tentava conter o riso que lhe provocava a cara de Che, especialmente depois de verificar a natureza do seu "ferimento". "É um arranhão!", Pérez disse. "Vai, levanta!".[3] Uma bala havia passado de raspão pelo pescoço de Che.

E quanto a Fidel? Ao ouvir os primeiros tiros retaliando sua gloriosa rebelião, este ativo comandante-em-chefe sumiu, deixando que seus homens se virassem sozinhos. A rápida retirada do futuro Líder Supremo do campo de batalha, através de plantações de cana-de-açúcar, arbustos e árvores espinhosas, foi tão rápida, e sua velocidade tão impressionante, que até se poderia pensar se ele não errou de profissão, podendo, com tais dotes, dar-se muito bem no beisebol.

Nenhum dos seus homens, incluindo Che, pôde encontrar Fidel Castro até o final deste dia. Mas no meio da noite, depois de andar muitos quilômetros, Faustino Pérez ouviu uma voz hesitante "Faustino?... Faustino?" E Fidel Castro surgiu de uma lavoura de cana acompanhado por Universo Sánchez, seu guarda-costas.[4] "Depois eu soube que Fidel tentara em vão reunir todo mundo na lavoura de cana mais próxima", é o que o sempre-fiel Che Guevara escreve em seu diário sobre a atuação do Líder. Considerando as dimensões das lavouras de cana naquela região, o adjetivo "mais próxima" descreve com relativa precisão a distância de cinco quilômetros.

---

[3] Ibidem.

[4] Ibidem.

Algumas semanas depois do entrevero, quando a única coisa que Fidel Castro comandava era uma enraivecida dúzia de "rebeldes" nas montanhas de Sierra Maestra, alguns de seus ricos patrocinadores que viviam na cidade foram até ele e disseram: "O que podemos fazer? Como podemos ajudar a gloriosa revolução contra aquele arrogante salafrário mestiço chamado Batista? Podemos lhe dar alguns cheques. Comprar-lhe algumas armas. Recrutar mais homens. Diga, Fidel: o que podemos fazer para ajudar?"

"Por ora", respondeu Fidel Castro, "tragam-me um repórter do *New York Times*."

E o resto todo mundo sabe. A eficiente e bem equipada rede de comunicações do movimento castrista de 26 de Julho cumpriu sua missão. Começaram as conexões entre Havana e Nova Iorque. Em poucas semanas, o respeitado perito em América Latina Herbert Matthews, que trabalhava no New York Times, foi escoltado ao acampamento rebelde de Fidel com seu caderninho de anotações, câmeras e gravadores. Castro era louvado como o Robin Hood da América Latina na capa dos mais prestigiosos jornais do planeta. No mês seguinte, a CBS mandou um grupo de cinegrafistas. Em dois anos, Fidel era o ditador de Cuba, executava centenas de presos políticos por semana e ia prendendo milhares – e ainda assim era louvado como o "George Washington cubano" por todo o mundo da laia de Jack Paar, Walter Lippmann, Ed Sullivan e Hary Truman.

Se Fidel Castro e Che Guevara falharam na invasão militar, foram muitíssimo bem sucedidos na invasão de papel e tinta.

REAGINDO CONTRA CHE GUEVARA

Avançando de Sierra Maestra, ao leste de Cuba, à província de Las Villas, no centro do país, durante o outono de 1958, a "coluna" de Che topou com uns vinte membros da Guarda Rural, que então começaram a atirar. Che e seu bando se dispersaram de maneira histérica, atônitos e espantados ao ouvir fogo inimigo. Ante esta insana escaramuça, eles fugiram de um bando de caipiras que superavam na proporção de quatro para um. Durante a fuga, os galantes guerrilheiros abandonaram dois caminhões roubados cheios de armas e documentos.

"Nós encontramos os cadernos e diários do próprio Che num dos caminhões", lembra o lugar-tenente da força aérea cubana, Carlos Lazo, que fizera um voo de reconhecimento sobre a área e informou a Guarda Rural acerca da coluna de Che.[5] A visão do avião de Lazo sobre suas cabeças contribuiu imensamente para o ataque de pânico da coluna e a incitou a uma fuga desvairada. Os imensos volumes que tratam da "guerrilha heroica" e as imensas biografias de algum modo se esqueceram deste hilariante entrevero militar.

Estranhamente, os cadernos e diários encontrados por Lazo diferem drasticamente dos "Diários", "Papéis Secretos" e "Reminiscências" ulteriormente publicados pelo governo de Fidel Castro sob a rubrica de Che Guevara, prefaciados pelo próprio Líder. É diante de fatos como este que se vê como a pesquisa histórica foi em geral envenenada, e o mito de Che e sua guerrilha heroica construído. De um lado, os historiadores tiveram acesso a um grande volume de memorandos confidenciais de um Che em fuga desvairada. Do outro, um regime stalinista publicou – acompanhado de ensurdecedora fanfarra – os "Diários" e "Reminiscências" oficiais. E qual o grupo de escritos que se tornou matéria-prima para todos aqueles severos repórteres do *New York Times*, todos aqueles diligentes biógrafos de Che e eruditos professores da aclamada *Ivy League*?[6] A propaganda, claro.

"Os cadernos e diários confidenciais que encontramos no caminhão de Che confirmaram tudo o que já dizíamos sobre ele", diz Lazo. "Para começar, Guevara reclamava que a gente do campo não lhe oferecia ajuda nenhuma, gente essa que ele classificava de latifundiários. A primeira parte era verdade: a gente do campo em geral

---

[5] O autor entrevista Carlos Lazo, 20 de fevereiro de 2006.

[6] A chamada *Ivy League* é formada pelas mais antigas e tradicionais universidades dos EUA, a saber: Brown, Columbia, Cornell, Dartmouth, Harvard, Princeton, Pennsylvania e Yale. (N. T.)

desprezava sua coluna. A segunda parte era evidentemente falsa: eles não eram grandes proprietários de terra, eram simplesmente anticomunistas. Isto foi o suficiente para que Che os marcasse, ansiando por retaliação. Eu vi o lugar em seu diário em que nomeava vários garotos, um de dezessete, outro de dezoito anos, marcados para morrer. Absolutamente, eles não eram 'criminosos de guerra'. Eram apenas garotos do campo que se recusaram a colaborar com ele. Acho que eles realmente, de uma maneira ou de outra, acabaram por perturbá-lo. logo depois da vitória dos rebeldes eles foram presos e executados como 'criminosos de guerra'."

O *New York Times*, a *Look* e a CBS não foram atrás desses assassinatos. Mesmo aqueles que os rebeldes chamavam de "criminosos de guerra" não passavam de militares cubanos que reagiram. Se eles tivessem realmente cumprido seu juramento e seu dever, se realmente tivessem perseguido, lutado e eliminado muitos rebeldes de Che, então os sequazes deste último os teriam procurado com zelo particular. O lugar-tenente Orlando Enrizo foi um desses. "Eles nos chamavam de criminosos de guerra partidários de Batista", diz o militar que vive hoje em Miami. "Em primeiro lugar, eu não tinha nada que ver com Batista, nem sequer simpatizava com ele. Não era ele que assinava os meus cheques. Eu e a maioria de meus colegas militares nos considerávamos membros de Exército Cubano constitucional."

"Os rebeldes de Fidel Castro que sabíamos serem comunistas – ainda que muitos não fossem nada senão tolos – começaram a armar tocaias contra nós, a matar os homens que dormiam em barracas, destruir estradas e pontes, e aterrorizar o interior do país: por tudo isso, nós devíamos recebê-los com beijos? Não eu", diz Enrizo. "Eu lutei contra eles. Depois, vim a conhecer no exílio um ex-rebelde que me disse de chofre que o pessoal de Guevara matava os camponeses que não cooperassem, ou que fossem supostos informantes, ou algo assim. E depois atribuíam o assassinato a nós militares constitucionais."

Sem sombra de dúvida, a imprensa, tanto nos Estados Unidos quanto em Cuba, costumava então aceitar as palavras dos rebeldes como se fosse um evangelho e culpava o exército cubano pelos assassinatos. Fidel Castro e seus rebeldes tiveram sempre a imprensa a seu favor.

"Bem, eu tenho que admitir", continua Enrizo. "Eu fui duro com os rebeldes. Respondi fogo com fogo. Persegui. E me orgulho da minha atuação. Deixemos que os biógrafos de Che e quem quer que queira me chamem de criminoso de guerra. Eu não assassinei ninguém. Quantos dos rebeldes – e sobretudo Che Guevara – podem afirmar uma tal coisa?".

Che nunca esqueceu o ataque do lugar-tenente Enrizo à sua própria "coluna". "Depois da vitória dos rebeldes, eu sabia que seríamos procurados e fugi para Miami", ele diz. Como a maioria dos exilados cubanos de então, também Enrizo esperava que o exílio fosse curto. Um dia depois de chegar a Miami, o lugar-tenente Enrizo encontrou num restaurante dois homens que sabia serem rebeldes partidários de Fidel. "Eis o homem que procurávamos!", disseram eles ao se aproximar do militar. O próprio Che Guevara os tinha enviado a Miami com a missão de raptar Orlando Enrizo e o levar de volta a Cuba para um espetaculoso julgamento de fachada e pública execução no paredão, bem nos moldes do famoso julgamento do comandante Jesús Sosa Blanco, membro do exército constitucional, em fevereiro de 1959, para o qual a imprensa internacional foi devidamente convidada. Os raptores ficaram exultantes com a missão que lhes fora entregue e expressaram seu entusiasmo para o próprio Che.

"É claro que ficaram entusiasmados com a missão", diz Enrizo, "porque ela finalmente lhes permitiu dar o fora de Cuba, algo que vinham planejando há já algum tempo, mas não conseguiam pôr em prática. Esses caras ainda vivem aqui em Miami. Somos amigos".[7]

O lugar-tenente Lazo, já mencionado aqui, que como Enrizo lutou contra os rebeldes castristas, descobriu muita coisa interessante nos papéis pessoais de Guevara. "Todos os contatos citados por Che nos seus cadernos eram membros muito conhecidos do partido comunista cubano". Este partido era rigidamente stalinista e seguia cegamente as

---

[7] O autor entrevista Enrique Enrizo, 21 de fevereiro de 2006.

ordens de Moscou. Contudo, até mesmo hoje em dia, experimente dizer que os rebeldes castristas, ou tinham apoio dos comunistas, ou eram comunistas eles próprios, e você será tachado de maluco pelo *status quo* acadêmico.

Todos os estudiosos sérios dirão apenas que foi a "ameaça ianque" que levou um Fidel Castro e um Che Guevara relutantes aos braços da União Soviética. Esta resistência pétrea contra a verdade se mostrou mais duradoura do que as pedras do próprio muro de Berlim. Manteve-se imune a meio século de evidência contrária, incluindo documentos soviéticos que citam Raúl Castro como um confiável contato da KGB desde pelo menos 1953. Este mito persiste em face de inumeráveis e eloquentes detalhes, como, por exemplo, o fato de que, tendo sido preso na Cidade do México em 1956, Che Guevara levava consigo o cartão de Nikolai Leonov, agente da KGB que vivia naquela cidade.

Em suma, os documentos de Lazo são a versão cubana dos papéis de Verona. Descobertos em 1995, o projeto Verona foi uma ação da inteligência norte-americana que decifrou os códigos soviéticos e revelou a presença de espiões russos em território americano. Não faz a mínima diferença para a academia, a grande imprensa, e *tutti quantti*. "A guerra contra os Estados Unidos é o meu destino", escreveu Castro a um confidente no início de 1958.

O governo de Batista repassou todas as informações encontradas nos papéis pessoais de Che Guevara ao governo dos Estados Unidos. Não adiantou em nada. O governo norte-americano se manteve firme no embargo contra o fornecimento de armas a Batista, enquanto a imprensa do mesmo país tratava Fidel Castro como celebridade.

A BATALHA DE SANTA CLARA

O mais famoso feito bélico de Che Guevara foi a batalha de Santa Clara em dezembro de 1958, confronto que tirou as esperanças de Batista, que logo depois fugiu do país. "Mais de mil mortos em cinco dias de confronto ininterrupto nas ruas", dizia a chamada do *New York Times* em 4 de janeiro de 1959. "O comandante Che Guevara pediu uma trégua às tropas de Batista para remover as baixas das ruas", o artigo continuava. "Guevara virou o jogo da sangrenta batalha e bateu a força inimiga de mais de 3000 homens". "Santa Clara se tornou um sangrento campo de batalha", escreve John Lee Anderson. "Batalhas intensas foram travadas nas ruas. Tanques atiravam, aviões bombardeavam... Tanto baixas de civis quanto de guerrilheiros se amontoavam nos hospitais".

Exilados que estiveram em santa Clara contam uma história bem diferente. "Eu estava lá", lembra Manuel Cereijo. "Eu vivia em Santa Clara. É verdade que houve algum tiroteio, mas as pessoas chegavam a sair de casa para ver o espetáculo. Feitas as contas, morreu um total de impressionantes dois civis e uns três rebeldes".

Com efeito, a batalha de Santa Clara – a despeito da reportagem dos sensacionalistas de então – foi um entrevero pueril. O *New York Times* ainda estava em transe com Fidel Castro e noticiou a batalha neste estado de espírito, ainda que nenhum repórter estivesse no local. Ora, então quem foram as incontestáveis testemunhas de Anderson? A viúva de Che e o regime de Fidel, trinta anos *ex post facto*. O diário *do próprio Che* menciona que sua coluna sofreu exatamente *uma baixa* – a de um soldado conhecido como *El Vaquerito* – na ferocíssima batalha. Outros testemunhos colocam o total de baixas entre os rebeldes na casa dos três ou no máximo cinco homens. Muitos dos soldados de Batista não encontravam motivação para lutar por um regime torto, muito impopular e com os dias claramente contados, pelo que nem sequer pegaram em armas, quando menos no suposto "trem blindado" que Guevara atacou e capturou.

"Che atingiu todas as posições inimigas, mas se concentrou no trem blindado", escreve o incorrigível baba-ovo John Anderson, o qual logo em seguida se põe a citar os diários de Che publicados por Fidel. "Os homens foram forçados a deixar o trem por conta dos coquetéis Molotov... o trem se transformou num verdadeiro forno para os soldados", sustenta.

Na verdade, os homens foram "forçados a deixar o trem" porque Guevara subornou o comandante inimigo antes de qualquer tiroteio – e muito menos antes de qualquer "coquetel Molotov"...

Hoje, este trem blindado figura como uma das grandes atrações turísticas de Santa Clara. O trem, carregado com 373 soldados e 4 milhões de dólares em munição, fora enviado de Havana para Santa Clara por um alto comandante de Batista já no final de dezembro: era a última tentativa de conter os rebeldes. Mas eles desviaram os trilhos e o trem foi parar fora da cidade.

Então alguns rebeldes atiraram no trem, e alguns soldados responderam. Ninguém foi ferido. Logo os rebeldes se aproximaram brandindo bandeira de trégua, pelo que um dos oficiais, Enrique Gómez, saiu para ir a seu encontro, sendo então levado à presença do comandante Guevara.

"O que está acontecendo aqui?" Che gritou. "Não foi isto o que combinamos!"

Gómez estava perplexo. "Mas qual foi o combinado?" ele perguntou. Carregado, o trem tinha simplesmente sido vendido para Guevara – sem que as tropas o soubessem – por seu comandante, o coronel Florentino Rossell, que já tinha se mandado para Miami. O preço varia de 350 mil a 1 milhão de dólares, dependendo da fonte.[8]

"Todo o episódio foi montado para as câmeras", diz Manuel Cereijo. "O trem já tinha sido vendido para Guevara antes de um tiro sequer de qualquer uma das partes. Então Che mandou que o trem voltasse um pouco, para que pudessem desviar os trilhos, e só então seguisse direto ao lugar preparado para o espetacular 'desembarque' diante das câmeras."[9]

Parece que Che finalmente aprendera com Fidel como se faz uma "guerrilha". E ele tinha todo motivo para estar zangado: afinal, uns poucos tiros *de verdade* foram disparados contra as suas tropas.

---

[8] Francisco Rodriguez Tamayo, "Como Ganaron los Rebeldes Cubanos". *El Diario de Nueva York*, 25 de de junho de 1959.

[9] O autor entrevista Manuel Cereijo, 21 de março de 2006.

Eis aqui outra testemunha ocular da famosa "invasão" de Las Villas por Che e sua coluna pouco antes da "batalha" de Santa Clara.

"A coluna de Guevara marchou direto para a estação agrícola experimental dos Estados Unidos em Camaguey. Guevara perguntou ao encarregado Joe McGuire se este podia enviar um homem para a cidade com um pacote endereçado ao comandante militar de Batista. O pacote continha cem mil dólares e um bilhete. Os homens de Che se moviam pela província quase que diante dos olhos das desinteressadas tropas de Batista".[10]

Francisco Rodríguez Tamayo era um capitão rebelde que presenciava muitas dessas transações, e desertou apenas alguns meses depois da vitória dos seus. Num artigo para *El Diario de Nueva York* em 25 de Junho de 1959, ele sustentava que Fidel ainda tinha uma reserva de 4, 5 milhões de dólares à época da vitória rebelde. "Eu não sei o que possa ter acontecido a este dinheiro", acrescenta.

"Fidel Castro guardava o dinheiro em sacos de estopa no seu acampamento", lembra o antigo rebelde José Benítez. "Eu vi os sacos cheios de dinheiro".[11]

Em janeiro de 1959, os homens de Che prenderam um coronel do exército de Batista chamado Duenas. Ele estava em seu escritório, em Camaguey. "O que está acontecendo aqui", protestou o indignado coronel. "Vocês me devem respeito! Fui eu quem os deixou passar por esta província sem um tiro sequer! Perguntem a Fidel! Ele confirmará tudo!".[12]

Não obstante, logo depois do suborno e do entrevero em Santa Clara, Che ordenou a execução de vinte e sete soldados de Batista, alegando "crimes de guerra". A gratidão, com efeito, nunca foi o seu forte. O Dr. Serafín Ruiz trabalhava para Fidel Castro em Santa Clara naquele período – e ao que parece era um homem decente. "Mas, comandante",

---

[10] Paul Bethel, *The Losers*. New Rochelle, N. Y., Arlington House, 1969, p. 51.
[11] Bravo, *La Otra Cara del Che*, op. cit., p. 167.
[12] Ortega, *Yo Soy El Che!*, op. cit., p. 31.

ele respondeu à ordem de Che, "nossa revolução promete não executar sem julgamento, sem provas. Como é que podemos...?".

"Olhe, Serafín", respondeu Guevara, "se os seus preconceitos burgueses não lhe permitirão cumprir minhas ordens, tudo bem. Amanhã você pode os pôr à prova – mas execute esses homens *agora*!".[13] É bem possível que Che conhecesse Lewis Carrol tão bem quanto Kafka, lembrando, com tal procedimento, um famoso bordão de *Alice no País das Maravilhas*: "Primeiro a sentença, depois o veredicto!".

"Cercado pela morte, é normal que um ser humano lute pela vida e nem mesmo Che esteve imune a um tal instinto",[14] escreve o hagiógrafo a articulista do *New Yorker* John Anderson, referindo-se às ações de Guevara na batalha de Santa Clara – um entrevero comparável, a crer no que dizem tipos como Anderson, ao próprio cerco de Stalingrado.

Na verdade, a única morte que o cercou então foram as execuções sem julgamento que ele ordenou contra os futuros inimigos. "Droga, mas Che inundou a cidade de sangue!", exclamou seu camarada Camilo Cienfuegos ao passar por Santa Clara. "Parece que em cada esquina há o corpo de alguém fuzilado!".[15]

E aquela "luta pela vida" não passou de um repúdio à sua primeira mulher, uma peruana baixinha e gordinha chamada Hilda Gadea, por conta de um caso com a linda loira cubana Aleida March, sua nova (e ilícita) paixão. Oficiais da embaixada cubana nos Estados Unidos estavam céticos sobre toda aquela carnificina campal e todo o heroísmo noticiado pelo *New York Times*, CBS, *Look* e *Boy's Life* (honestamente, eles também enfrentaram uma "guerra de propinas" dos que desejavam uma entrevista com Fidel). Oficiais americanos menoscabaram todas as testemunhas oculares daquilo que o *New York Times* continuava chamando de sangrenta guerra civil com milhares de mortos a cada batalha. Eles descobriram que em todo o interior do país, durante os dois anos de

---

[13] Ros, *Che*, op. cit., p. 194.

[14] Anderson, *Che*, op. cit., p. 368.

[15] Pedro Corzo, entrevista com Jaime Costas para o documentário *Guevara: Anatomia de un Mito*.

"ferozes" batalhas entre as forças rebeldes e as tropas de Batista, o total de baixas de *ambos* os lados chegou, na verdade, a 182.[16]

O próprio diário de Che anota que o total de baixas durante os dois anos de "guerra civil" em Cuba chegou à cifra de vinte rebeldes, mais ou menos o mesmo número de mortos no carnaval do Rio de Janeiro todos os anos. Em suma, o exército de Batista não chegou a lutar.

ASSASSINO STALINISTA

Durante a Guerra Civil Espanhola, os stalinistas tentaram garantir o seu futuro eliminando seus aliados esquerdistas. Esta carnificina começou muito antes que pudessem prever qualquer vitória contra o inimigo direitista comum, o general Franco. Depois de um ano de guerra civil, os stalinistas já formavam pilhas de corpos de anarquistas, trotskistas e grevistas em geral, cada um com um buraco de bala no pescoço. Esta turba de esquerdistas tinha sido temporariamente útil como bala de canhão disparada contra o general Franco. Mas em 1937 tinha chegado o tempo de pôr a casa em ordem.

Um esquerdista que escapou por um triz foi George Orwell, que se alistara voluntariamente para a milícia anarquista anti-Franco e fora ferido em batalha. Diferentemente do resto dos bem-pensantes (a imagem de Ernest Hemingway e sua fala raivosa é impossível que não ocorra neste contexto), Orwell se alistou de fato nas forças republicanas e lutou – longa, penosa e corajosamente. Seu livro *Homage to Catalonia* conta a história toda. Orwell saiu da Espanha disfarçado e no momento preciso – com esquadrões stalinistas fervendo no seu encalço.

Há ampla evidência de que Ernesto "Che" Guevara foi uma ferramenta muito útil na carnificina promovida pelos stalinistas cubanos contra anticomunistas e não-comunistas durante a rebelião anti-Batista. "Por alguma razão", lembra o rebelde anti-Batista Larry Daley, "eram

---

[16] Bethel, *The Losers*, op. cit., p. 51.

sempre os anticomunistas notórios que desapareciam sem parar de nossas fileiras. A marcha de Guevara, de Sierra Maestra a Las Villas e Santa Clara, envolveu pouco ou nenhum confronto direto com o inimigo. O caminho havia sido aberto por outra coluna rebelde, comandada esta por Jaime Vega, que era um notório não-comunista. As forças de Vega sofriam emboscadas contínuas do exército e da força aérea constitucionais, e teve, portanto, comparativamente, muitas baixas. Suspeita-se que os camaradas de Fidel e Che os tenham delatado".

De Havana a Santiago, os castristas eram tradicionalmente conhecidos por este tipo de traição. Alguns dos anticomunistas notórios entre os rebeldes foram executados pelos próprios rebeldes, mas outros, como Frank Pais e René Latour, continuaram a topar com o exército e a polícia de Batista e foram, ou surpreendidos, ou abandonados para morrer em batalhas de que a maioria dos comunistas escapou. Toda uma tripulação de oitenta rebeldes, que aportou na província de Oriente num iate saído da Flórida e conhecido como *Corinthia*, foi prontamente derrotada e capturada pelas forças de Batista. Deus sabe que uma tal eficiência não era normal ao grosso dessas forças. A tripulação do *Corinthia* era notoriamente não-comunista e não possuía nenhum tipo de ligação com Castro – que certamente tinha agentes infiltrados no meio dela. Mais uma delação? Muita gente que então lutava contra Batista tem motivos de sobra para suspeitar que sim.

Um pouco antes, em Sierra Maestra, um bravo e notório anticomunista chamado Armando Cañizarez teve uma famosa querela com Che Guevara em seu acampamento. Eles pareciam não estar de acordo acerca da recente invasão soviética à Hungria. "Che era totalmente a favor da invasão", lembra Julio, irmão de Armando e rebelde que testemunhou a discussão. "'Os soviéticos tinham todo o direito – e até o dever – de invadir a Hungria', dizia Che sem rodeios. 'Os rebeldes húngaros eram fascistas, agentes da CIA' – aquela história. Ele parecia ler notas oficiais do governo soviético. Nós ficamos boquiabertos."

"Sem dúvida, ouvir que Che Guevara repetia propaganda comunista oficial pode não soar estranho *hoje*", diz Julio. "Mas lembremos que, em

1957, Fidel Castro e todos os líderes rebeldes se diziam anticomunistas, democratas etc. E muitos de nós éramos de fato anticomunistas."

"De modo que a atitude de Guevara nos colocou de orelha em pé. Armando ficava cada vez mais inflamado na sua discussão com Che. Eu podia vê-lo no seu olhar. Ele não podia acreditar que este argentino – lembremos que a revolução estava no início e Che ainda não era o famoso comandante que viria a ser – defendia aquela agressão nua e crua e aquele massacre de cidadãos húngaros que apenas lutavam por sua liberdade e pela independência do seu país – o mesmo que pensávamos fazer naquela época. Armando deu um passo para trás e eu o vi cerrar o punho. Ele iria dar um soco em Guevara, iria nocauteá-lo."

"Então eu me adiantei e pedi que Armando viesse até mim. Mas ele estava tão decidido que eu tive de pegá-lo pelo braço e o tirar da discussão. Pouco tempo depois, quando já estávamos de cabeça fria, um soldado rebelde veio até nós e sussurrou que era melhor que déssemos o fora dali – e rápido. Nós deixamos Guevara para trás, mas continuamos na luta anti-Batista".[17]

Depois da vitória, os irmãos Cañizarez assistiram furiosos à implementação do comunismo em Cuba, segundo o insidioso plano de Fidel e Che. Ambos vieram para os Estados Unidos e prontamente voltaram para a Baía dos Porcos em Cuba empunhando armas, onde Armando perdeu a vida lutando pela liberdade de seu país. Até hoje, sua família não sabe onde está enterrado.

"Temos que criar um *único* comando unificado, com um *único* comandante-em-chefe". Che estabeleceu esta regra de procedência stalinista diante de embasbacados guerrilheiros pouco antes de entrar na Bolívia para dar início à sua última guerrilha. "Foi assim que fizemos em Cuba. O chefe da guerrilha tem de tomar todas as medidas que hão de lhe assegurar seu futuro poder *total*. Começamos logo pela destruição de todo e qualquer grupo revolucionário que eventualmente esteja fora do nosso controle. Depois, podemos usar outros grupos para a

---

[17] O autor entrevista Julio Cañierez, 7 de fevereiro de 2004.

destruição do principal inimigo. Mas isso não quer dizer que dividiremos o poder com tais grupos depois da vitória. A experiência cubana é válida para todo o continente."[18]

FIDEL CASTRO E A BARRACA DA IMPRENSA

A certa altura, quando parecia haver mais jornalistas nas montanhas de Cuba do que guerrilhas ou soldados, a coisa chegou a tal ponto que colocaram uma placa em que se lia "Barraca da Imprensa" numa das barracas do "acampamento guerrilheiro" de Fidel Castro em Sierra Maestra: era preciso acomodar a multidão de jornalistas norte-americanos e suas câmeras, luzes, som, estojos de maquiagem e cestas de piquenique.[19]

Em março de 1957, a CBS mandou dois repórteres, Robert Taber e Wendell Hoffman, para a Sierra Maestra com o fito de entrevistar Fidel e seus "guerreiros" rebeldes. O resultado foi "The Story of Cuba's Jungle Fighters", um alentado (e melodramático) documentário que foi transmitido no horário nobre da TV americana.

A propósito: em termos botânicos, Cuba não possui "selva" (*jungle*), os "guerreiros" (*fighters*) não chegavam a duas dúzias naquele tempo – embora tanto o New York Times e a CBS mencionassem centenas – e a própria "luta", até então, não passara de poucas emboscadas e assassinatos de soldados constitucionais, no mais das vezes enquanto dormiam em suas barracas.

Mas os serviços que o correspondente da CBS Robert Taber prestaria a Fidel Castro tinham apenas começado. Alguns anos depois ele foi um dos fundadores do Fair Play for Cuba Comitee, uma associação cujos quinze minutos de fama vieram em novembro de 1963, quando Lee Harvey Oswald, outro cofundador da associação,

---

[18] Ortega, *Yo Soy El Che!*, op. cit., p. 266.

[19] Georgie Ann Geyer, *Guerrilla Prince*. Boston, Little, Brown & Co., 1991, p. 70.

realmente conseguiu algumas manchetes. Dan Rather logo pegaria a tocha do "imparcial" Robert Taber.[20]

Richard Cushing, secretário de relações públicas da embaixada norte-americana em Havana, chegou a servir de guia turístico extraoficial para a multidão de jornalistas norte-americanos que acorria às montanhas de Cuba para entrevistar os rebeldes. E um rebelde que não via Fidel Castro desde os dias de exílio mexicano comum disse: *"Pero, chico! Como você este gordo! Quantos quilos você engordou?"*.

Será que ele não se dava conta? A "guerrilha" de Castro, que tanto lhe enchia a pança, não passava de uma festa itinerante.

Como de hábito, Che Guevara nem sequer merece o crédito pelo esquema incrivelmente inteligente de suborno do exército inimigo, seguido de pequenas batalhas pintadas para a imprensa internacional como reedições caribenhas de Stalingrado. E o que dizer das fontes desses recursos? Eles vinham, como vimos acima, da peça que Fidel pregou nos ricos oponentes de Batista. Como ele conseguiu convencer estes pragmáticos homens de negócio a custear o movimento de 26 de julho? Falando a língua da prosperidade e da democracia.

No final de 1957, Castro assinou um acordo chamado "o pacto de Miami" com muitos políticos e ex-ministros cubanos que se opunham a Batista e então viviam no exílio. Che Guevara, sempre inepto para compreender as sutilezas de Fidel e seus esquemas, foi bombástico a respeito do pacto, denunciando-o como um trato vergonhoso com elementos "burgueses". "Eu me recuso a emprestar meu nome a este crime!", ele escreveu. "Nós rebeldes demos a bunda no mais desprezível ato de sodomia da história de Cuba!".[21] Che subestimava a esperteza de Fidel, confundindo os sodomitas ativos com os passivos.

Pretender que a guerrilha castrista tenha vencido o inimigo com o apoio de camponeses e trabalhadores é uma das fábulas acadêmicas mais difundidas e persistentes do século vinte. Mas nenhum castrista

---

[20] Warren Commission, Volume XXVI: *CE 3081 – FBI Report on Fair Play for Cuba Committee*.

[21] Castañeda, *Compañero*, op. cit., p. 110.

realmente atuante acreditava nisso – exceto, claro, Che Guevara. As missivas da grande imprensa americana sobre a guerrilha de Fidel e Che foram criadas e escritas pelo próprio agente do primeiro em Nova Iorque, Mario Llerena, que o admite em seu livro *The Unsuspected Revolution*. Llerena também estava em contato com Herbert Matthews, segundo revelou a famosa tira da *National Review* em 1960, na qual um radiante Castro diz "Sou o que sou devido ao *New York Times*!".

A lhes dar o devido crédito, a maioria dos comandantes de Fidel sabia que a guerra anti-Batista não passava de um elaborado artifício. Depois da vitória gloriosa, eles ficaram contentes com a procura e execução dos poucos homens pró-Batista suficientemente motivados para responder aos ataques rebeldes (homens em sua maioria de proveniência humilde), o confisco de mansões e o enorme benefício do restante das pilhagens.

O historiador britânico Hugh Thomas, embora membro do partido trabalhista e antigo simpatizante da Revolução Cubana, estudou montanhas de registros (fora de Cuba) e simplesmente não pôde fugir da verdade. Seu volumoso e respeitado estudo chamado *Cuba, or The Pursuit of Freedom* condensa-a de modo bem sucinto: "Em todos os pontos essenciais, a luta de Fidel foi uma campanha de relações públicas travada em Nova Iorque e Washington".

"A guerrilha cubana se notabilizou por marcada ausência de estratégia militar ou espírito guerreiro nos soldados de ambos os lados", escreve o historiador militar Arthur Campbell em seu respeitado *Guerrillas: A History and Analysis*. "Os castristas eram completamente estranhos à instrução militar mais básica ou a qualquer experiência de guerra, entendida esta como esforço coordenado. Sua tática... se limitava a tocaias que raramente chegavam a um combate corpo a corpo, e a patrulhas cujo único propósito era atirar nalgum alvo muito distante das principais artérias de comunicação... Os partidários de Batista sofriam de uma quase-paralisia da vontade de lutar... Fidel Castro lutou contra um regime fraco e ineficiente que havia virtualmente preparado sua própria deposição antes mesmo que as guerrilhas tivessem começado... Esta pequena campanha notabilizou-se pelo pequeno número de baixas".

Segundo veremos, Che Guevara possuía uma enorme capacidade de se autoenganar quanto à guerrilha, o que ajudou a preparar o terreno para a sua danação na Bolívia. Em Cuba, foram poucos os que lutaram contra ele. No Congo, poucos os que lutaram a seu favor. Na Bolívia, Che começou a sentir o gostinho de prós e contras. E seria traído pelos mesmos camponeses que pretendia "libertar".

O PROFESSOR DE GUERRILHA

Estudiosos de esquerda tendem a justificar o radicalismo de Guevara como uma resposta ao ataque à Baía dos Porcos em abril de 1961, dirigido contra uma inocente revolução nacionalista que apenas desejava ficar em paz consigo mesma. Eles ignoram o fato de que todos os invasores, incluindo os comandantes, eram cubanos. Quando menos, as evidências documentais mostram que Fidel e Che despacharam cinco versões da invasão da Baía dos Porcos antes que os Estados Unidos sequer tivessem começado a planejar uma eventual invasão.

Logo depois de entrar em Havana, Che já instituíra o "Departamento da Libertação", subordinado ao de Segurança Nacional, e começara a doutrinar, equipar e enviar forças guerrilheiras à República Dominicana, Haiti, Panamá e Nicarágua, com o intuito de reproduzir a Revolução Cubana, tal como ela lhe parecia. Todas essas forças guerrilheiras, recrutadas e comandadas por comunistas cubanos, foram dizimadas em pouco tempo, via de regra até o último homem. Rafael Trujillo na República Dominicana e Luis Somoza na Nicarágua não estavam propensos a seguir o exemplo de Batista e evitar o confronto maciço e direto com as guerrilhas. Alguns anos depois, Che equipou, doutrinou e mandou outras guerrilhas para a Argentina e a Guatemala. E mais uma vez, elas foram destroçadas quase até o último homem. Essas expedições custaram a vida de dois dos amigos mais fatalmente crédulos de Che: o guatemalteco Julio Cáceres e o argentino Jorge Massetti. Vale a pena lembrar a história deste último. Logo depois que Che se tornara o homem das prisões e execuções em La Cabaña, mandou buscar seus lacaios argentinos, colocando-os em mansões confiscadas e transportando-os em carros confiscados. Seus patrícios ficaram muito impressionados com o garotão local que tinha se dado bem. Entre esses argentinos estava um jornalista desempregado, o malfadado Jorge Massetti, que Che trouxera a Cuba para dar início à agência de imprensa; um advogado desempregado chamado Ricardo Rojo, que mais tarde escreveria o famoso *Meu Amigo Che*; e um caricaturista desempregado – além de artesão especializado em cerâmica – chamado Ciro Bustos, que se tornaria andarilho e autoproclamado perito em inteligência secreta.

Certa feita, em 1962, enquanto meditava em seu escritório em Havana, Guevara teve uma visão: as "condições objetivas para a revolução"[22] haviam brotado de repente em sua terra natal e, pois, era preciso bolar um plano. Ele decidiu que seus amigos argentinos, homens intrépidos e durões, poderiam formar a vanguarda revolucionária que abriria caminho até o norte selvático do país, estabeleceria um foco guerrilheiro e dirigiria as massas para assaltar o palácio presidencial em Buenos Aires tão corajosamente quanto os *vainqueurs* assaltaram a bastilha em Paris.

Logo os amigos de Che se formaram na academia cubana de guerrilha dirigida por ele e se proclamaram "O Exército Guerrilheiro do Povo". Semanas depois, com a ajuda de oficiais cubanos, eles passaram pela Bolívia até o norte da Argentina, onde haviam estabelecido um inteligente "submundo" de rudes investigadores e atiradores revolucionários formado principalmente por professores e funcionários da Faculdade de Filosofia e Letras da Universidade de Córdoba. Alguns estudantes de filosofia e entediados caixas de banco também aderiram à causa, chegando ao foco guerrilheiro com os pés severamente comprometidos pela quantidade de bolhas e muitas pulgas nas pernas –

---

[22] Anderson, *Che*, op. cit., p. 553.

mas impulsionando as fileiras do "Exército Guerrilheiro do Povo" à cifra de quase duas dúzias.

Logo todos os guerrilheiros começaram a enviar ameaçadores "comunicados de guerra" de seu acampamento infestado de insetos e cobras, os quais suspenderam para pôr em prática a derrubada do governo argentino, eleito democraticamente.

Os únicos membros do "povo" que os guerrilheiros chegaram a recrutar foram mais alguns estudantes e desajustados profissionais como eles mesmos. Um mês depois, eles estavam passando fome, sofrendo com mais bolhas e calcanhares torcidos, e coçando-se feito loucos devido a picadas de mosquito e carrapato – sem contar as brigas e traições. Em dois meses, antes de um tiro sequer contra as forças argentinas, Massetti ordenou a execução de três guerrilheiros negligentes pelo pelotão de fuzilamento. Che o ensinara direitinho.

Os camponeses locais finalmente se cansaram de todos esses pálidos "intelectuais" que viviam se escondendo na região. Algumas patrulhas foram enviadas de Buenos Aires e os "guerrilheiros" expulsos em poucos dias.

Che nunca teve chance de conduzir uma triunfal entrada de guerrilheiros em seu país, e Bustos, sempre perspicaz, no fim das contas, fugira para a Bolívia antes que as coisas esquentassem pra valer. (Nós o veremos mais tarde precisamente na Bolívia.)

Um homem que escapou de uma das "escolas" de guerrilha de Che, Juan de Dios Marín, conta uma história horripilante.

Juan era um recruta venezuelano de um acampamento localizado na vasta propriedade da luxuosa mansão à beira-mar confiscada por Che – ou, oficialmente, "requisitada" por ele por motivos de saúde. "Estou doente", ele escreveu no jornal *Revolución*. "Os médicos recomendaram uma casa distante dos afazeres e visitas do dia-a-dia". Ao que tudo indica, eles também prescreveram um ancoradouro para iates, como também a enorme piscina com cachoeira e, é claro, a gigantesca televisão.

"A escola de guerrilha possuía cento e cinquenta recrutas", lembra Marín. "Nós treinávamos dezesseis horas por dia, sete dias por semana.

O treinamento durava quatro meses e seis mil guerrilheiros comunistas se formavam por ano. O programa era dirigido por Alberto Bayo, veterano da Guerra Civil Espanhola. Nossos instrutores eram na sua maioria russos e checos... Os treinadores e guias nos vigiavam constantemente. Dois garotos que tentaram dar o fora foram levados ao pelotão de fuzilamento e executados. O principal manual se chamava *Cento e Cinquenta Princípios que Todo Guerrilheiro Deve Saber*, de autoria de Alberto Bayo". Che não dava instruções, e os russos sabiam mais do que aquilo que estava no *seu* manual.

Juan de Dios Marín finalmente se desiludiu e tentou escapar. Ele foi pego, cruelmente espancado e colocado, enfim, diante do pelotão de fuzilamento. "A parede estava manchada de sangue seco, e já que não estava vendado eu olhava para os seis rifles à minha frente", lembra. "Os carrascos dispararam e eu pensei que estava perdido. Em poucos segundos, me dei conta de que as balas eram de festim". [23]

Esta era uma das técnicas prediletas da polícia de Che, usada para interrogatório. Um tipo de "bem-me-quer, mal-me-quer" muito eficaz quando o aturdido prisioneiro de repente notava que estava vivo.

O único francamente cético em relação a esses núcleos revolucionários era Fidel Castro: "Esses estrangeiros não passam de uns encrenqueiros", disse ele a um rebelde cubano chamado Lázaro Ascencio logo depois do triunfo da revolução. "Sabe o que vou fazer com Che Guevara? Vou mandá-lo a Santo Domingo e ver se Trujillo acaba com ele".[24]

É sério, ou foi mais uma brincadeira de Fidel? A nós cabe apenas imaginar. A solução imediata que ele encontrou foi encarregar Guevara do comando de La Cabaña, uma nomeação inteligentemente à altura de suas aptidões e habilidades.

---

[23] Juan de Dios Marin, "Estuve en una Escuela de Terrorismo en Cuba". *Reader's Digest*, janeiro de 1965.

[24] Geyer, *Guerrilla Prince*.

CHE E "A PRIMEIRA DERROTA DO IMPERIALISMO" (A BAÍA DOS PORCOS)

Fidel Castro e seus escribas declaram a invasão da Baía dos Porcos "A Primeira Derrota do Imperialismo". Tal como ocorreu, este deve ter sido o momento de coroação de Che Guevara, o ápice da sua carreira. Não obstante, a maioria dos mil e quatrocentos guerreiros que lutavam pela liberdade e foram cercados naquela praia sangrenta viu mais combate em três dias do que a "Guerrilha Heroica" em toda a sua existência – talvez até duas vezes mais.

O plano de invasão previa que um esquadrão da CIA mandasse três barcos para a costa de Pinar Del Río a oeste de Cuba, a quinhentos quilômetros de distância da verdadeira invasão. Os barcos estavam carregados de antigas velas de igreja, rojões, espelhos, e uma fita cassete que reproduzia o som de uma batalha. Esta é a parte de Cuba mais próxima dos Estados Unidos, o que a tornava o lugar supostamente ideal para aportar. De sorte que a armadilha fazia muito sentido, assim como na Segunda Guerra Mundial Hitler foi levado a crer que a principal invasão aliada aportaria em Calais, enquanto, na verdade, o alvo era a Normandia.

Castro, assim como Che, decidiu que a ação na Baía dos porcos era claramente uma armadilha. A *verdadeira* invasão seria em Pinar Del Río a oeste da ilha, bem na porta da casa dos ianques e – afortunadamente, como não? – na área sob o comando de Che Guevara.

Che marchou com milhares de soldados, construiu trincheiras, posicionou-se, carregou as armas e esperou pelo ataque mercenário dos ianques. Eles aguentaram firmemente enquanto os fogos de artifício, bombas de fumaça e espelhos davam um show junto à costa.

Mas tarde ficou-se sabendo que, durante o show, Guevara quase se matou com um tiro de raspão que ele mesmo proferiu contra si. A bala roçou o queixo de Che e passou por cima de sua têmpora, quase atingindo sua cabeça. A cicatriz é visível em todos os seus retratos depois de abril de 1961. Os hagiógrafos John Lee Anderson, Jorge Castañeda e Paco Taibo admitem que o revólver *do próprio Guevara* disparou e quase o atingiu.

A circunstância de que Che não desempenhou nenhuma função direta na derrota do imperialismo aborrece os seus hagiógrafos quase tanto quanto o aborreceu. O luminar da *Ivy League*, o político mexicano e articulista da *Newsweek* Jorge Castañeda, explica em seu *Che Guevara: A Vida em Vermelho* que "A contribuição de Che foi crucial para a vitória". Diz também que "Os duzentos mil milicianos de Cuba tiveram um papel igualmente central. Eles permitiram a Fidel que organizasse forças munidas de armamento leve e móveis o bastante para cobrir todos os possíveis pontos em que o inimigo pudesse aportar, formando uma enorme rede de prevenção. O treinamento das milícias estava a cargo do Departamento de Instrução das Forças Armadas Rebeldes, *chefiado por Che* desde 1960. Sua contribuição para a vitória, portanto, foi crucial. Sem as milícias, a estratégia militar de Fidel não teria sido viável; sem Che, as milícias não teriam sido confiáveis".[25]

Eis uma mentira que faria Alan Dershowitz e o velho Johnnie Cochran morrerem de inveja.

Com efeito, todos os que estavam na praia da Baía dos Porcos e agora são livres para se pronunciar poderiam corrigir Castañeda sobre a prontidão militar das milícias treinadas por Che. Alguns voos rasantes de um dos jatos Skyhawks presentes no porta-aviões *Essex*, que a marinha americana mantinha a pouca distância dali, teria feito as forças castristas treinadas por Che rastejar ainda mais freneticamente do que em todo o caso fizeram, quando pensaram enfrentar uma invasão *realmente* apoiada pelos Estados Unidos. Na verdade, *qualquer* demonstração de força dos "aliados" dos invasores – uma salva dos destróieres que patrulhavam a região ou, na verdade, *qualquer coisa* – provavelmente teria servido.

"Assim que desembarcamos na praia e começamos a atirar, os milicianos se rendiam aos borbotões", lembra Nilo Messer, sobrevivente da batalha. "Um batalhão inteiro de milicianos se redeu em massa –

---

[25] Castañeda, *Compañero*, op. cit., p. 200.

de modo que dois ou três dos nossos homens tomavam conta de centenas! Mas logo chegaram as tropas de Fidel. Elas perceberam que tínhamos sido abandonados, que ninguém nem nada nos viria ajudar, e que éramos muito menos do que haviam superestimado".

Sem cobertura aérea ou naval – negada pelos seus "aliados" –, a brigada 2506 teve proporcionalmente mais baixas em seu primeiro dia no litoral do que as forças norte-americanas que atacaram a Normandia em 6 de junho de 1944. Mas eles assimilaram as perdas e avançaram contra as forças de Fidel e Che com uma ferocidade que espantou seus instrutores norte-americanos, homens que se haviam distinguido em batalhas como a das Ardenas e a de Iwo Jima.

As forças comunistas de Fidel e Che excediam o número de invasores numa proporção de cinquenta para um – e quase perderam a batalha, sofrendo vinte baixas para cada uma do inimigo. Os voluntários, na sua maioria civis, não tinham tempo para exames de consciência do tipo "por que eles nos odeiam?". Nem precisavam que Frank Capra lhes explicasse, em brilhantes documentários, "Por que Lutamos?". Eles viram o comunismo à queima-roupa: roubando, mentindo, prendendo, distorcendo, assassinando. Eles viram batidas policiais no meio da noite e julgamentos ao toque do tambor. Eles ouviram o horripilante "*Fogo!*" enquanto os pelotões de fuzilamento de Guevara assassinavam milhares de seus bravos compatriotas. E o mais importante, ouviram também o "*Viva Cuba Livre*" e o "*Viva Cristo Rei*" dos patrícios amarrados e vendados, antes de serem atingidos pelas balas.

"Eles lutaram como tigres", escreveu Grayston Lynch, instrutor norte-americano e camarada de guerra dos "invasores", o qual já havia aportado em Omaha, ajudado a fazer recuar os pânzeres de Hitler na Batalha das Ardenas seis meses depois, e combatido ataques de "ondas humanas" na Coreia na década de cinquenta.[26] "Eles combateram com vigor e eficácia, infligindo terríveis baixas ao oponente", escreve outro instrutor, o coronel Jack Hawkins, da Fuzilaria Naval, que também pode

---

[26] Grayston Lynch, *Decision for Disaster*. Washington, D. C., Brassey's, 1998, Dedication, p. 1.

ser considerado uma autoridade no assunto. Hawkins é um condecorado veterano de Bataan, Iwo Jima e Inchon. "Eles não foram derrotados", continua ele, referindo-se à Brigada 2506, "apenas ficaram sem munição e não tiveram outra saída a não ser a rendição. Isto, a propósito, não foi culpa deles – que lutaram maravilhosamente, mas foram abandonados na praia sem os suprimentos, proteção e apoio que o governo dos Estados Unidos lhes havia prometido".[27]

"Pela primeira vez em minha vida eu tive vergonha do meu país", admite Grayston Lynch sobre o ocorrido na Baía dos Porcos. "Meus olhos se encheram de lágrimas".[28]

Um dos invasores abandonados, Manuel Pérez-García, que caiu de paraquedas naquele inferno cheio de artilharia soviética conhecido como a Baía dos Porcos, resume a amplitude desta traição. Logo depois de Pearl Harbor, ele se alistara voluntariamente no exército norte-americano e se tornara paraquedista da famosa octogésima segunda divisão aérea. "O palco de operações militares conhecido como as Filipinas é o lugar da vitória ou da derrota", disse o general Douglas MacArthur. E foi exatamente neste lugar que o cubano Manuel Pérez-García desceu de paraquedas depois de lutar na Nova Guiné.

Ao fim da guerra, a octogésima segunda divisão conferiu um troféu especial ao soldado americano que mais baixas havia infligido ao inimigo no palco do Pacífico. Hoje este troféu se encontra em destaque no museu da Baía dos porcos em Miami, doado pelo homem que o recebeu: Manuel Pérez-García, veterano da Baía dos Porcos. Ao lado do troféu, jazem as condecorações e medalhas recebidas por ele naquele mesmo palco.

Quando o feroz general japonês Tomoyuki Yamashita, o infame "tigre de Malaia", finalmente deixou o quartel-general para apresentar sua pistola, espada de samurai e bandeira como sinal de rendição, o primeiro soldado americano que viu e a quem entregou todos esses itens foi

---

[27] Jack Hawkins, "Classified Disaster". *National Review*, 31 de dezembro de 1996.
[28] Lynch, *Decision for Disaster*, op. cit., p. 112.

Manuel Pérez-García. "Manuel sempre estava na linha de frente", lembra seu irmão de armas José M. Juara Silverio, igualmente paraquedista na Baía dos Porcos.²⁹

"A ponta de lança" é como o historiador militar John Keegan chama o lugar que Pérez-García sempre costumava ocupar. Com efeito, Pérez-García está logo atrás de Audie Murphy no número de baixas infligidas ao inimigo por um soldado americano apenas durante a Segunda Grande Guerra, contando oitenta e três soldados japoneses abatidos em combate (A propósito, a bandeira e a espada do general Yamashita também estão expostas no museu da Baía dos Porcos.).

Quando Kim Il Sung atacou a Coreia do Sul em junho de 1950, Manuel Pérez-García quis se unir às forças norte-americanas novamente, alistando-se como voluntário aos quarenta e um anos. Recebeu uma bela carta do próprio presidente Harry Truman explicando-lhe que, pela lei norte-americana, Pérez-García estava um pouco acima da idade, "O Sr. já serviu esta nação muitíssimo além do que era o seu dever... e escreveu, servindo-a, uma brilhante página da sua história".

O seu filho Jorge, contudo, estava na idade correta. Ele se alistou no exército, tornou-se sargento e morreu de uma saraivada de balas enquanto liderava seus homens na Coreia em 4 de maio de 1952. Para combater os inimigos da nação, Pérez-García e seu filho foram transportados por milhares de quilômetros a continentes longínquos. Quando ele tentou combater um tirano tão irascível e homicida quanto Tojo ou Kim Il Sung, mas a apenas cento e quarenta quilômetros de distância, foi abandonado.

Eis um sumário da batalha da Baía dos Porcos e do desempenho da milícia doutrinada por Che: quarenta e um mil soldados e milicianos castristas, armados com artilharia soviética praticamente ilimitada (incluindo tanques, aviões e baterias aéreas), defrontaram-se com mil e quatrocentos guerreiros exilados que lutavam pela liberdade, na sua maioria civis com menos de um mês de treinamento militar. Estes últimos portavam

---

²⁹ *Revista Girón: Órgano Oficial de La Asociación de Combatientes de Bahia de Cochinos Brigada 2506*, julho de 2005.

apenas armas leves e munição para um dia. A milícia de Che foi contida imediatamente, antes de fugir em debandada histérica.

Os invasores mandaram-nos retroceder, atacaram-nos, atiraram-nos de novo, e os milicianos bateram em retirada. Estes últimos retrocederam *mais uma vez*, pois muitos ainda estavam sob a mira do inimigo, e enfim se esbaldaram em bateria atrás de bateria de canhões soviéticos de 122 mm. Eles dispararam duas mil rodadas de artilharia pesada em homens levemente armados cujo número excediam numa proporção de vinte para um ("O *Afrika Korps* de Rommel cedeu e se dispersou sob um bombardeio similar", escreve Haynes Johnson, historiador da batalha da Baía dos Porcos.). Então a força aérea de Fidel, livre para agir, metralhou os invasores à vontade, muitas e muitas vezes.

Estes, porém, mantiveram suas posições, e a milícia foi forçada a atacar de novo, mas com grossos reforços (a proporção de vinte para um não era o bastante). Por fim os milicianos dispararam outra rodada de artilharia num inimigo, ao fim e ao cabo, abandonado, sem contingente nem esperança.

A última manobra das forças castristas foi avançar e finalmente subjugar o inimigo – isto depois de três dias de batalha, e apenas depois que os invasores, que estavam todo esse tempo sem dormir nem comer, ficaram *completamente sem munição e sem previsão de suprimento*. Quando, pois, a poeira baixou e acabou-se a munição; quando jaziam cem mortos e centenas de feridos dentre os seus; depois que o cano de seus morteiros e metralhadoras havia literalmente derretido de tanto dispararem contra o inimigo; depois de três dias de batalha ininterrupta – viu-se que mil e quatrocentos "invasores" haviam lutado contra cinquenta e um mil soldados amparados por tanques e aviões, e treinados pelo departamento de instrução das forças armadas rebeldes, chefiado por Guevara. Feitas as contas, as baixas dos castristas chegaram a 3 100; a dos invasores a 114[30] – os quais infligiram tantas baixas a despeito

---

[30] Todas as informações nesta seção fazem parte da entrevista do autor com os membros da Associação dos Veteranos da Baía dos Porcos, incluindo o presidente Felix Rodriguez e o vice-presidente Nilo Messer.

da falta de suporte aéreo e de cobertura que lhes fora prometido pelo governo Kennedy.

Nilo Messer, Jose Castaño e Manuel Pérez-García, juntamente com seus mais de mil irmãos sobreviventes da Brigada 2506, não julgaram conveniente escrever um livro de instrução militar que tratasse da estratégia anfíbia. Pérez-García, em particular, talvez soubesse alguma coisinha sobre o assunto. Os poucos rebeldes de Escambray que, depois de lutar longa e obstinadamente, conseguiram sobreviver aos massacres castristas, também se escusaram de transformar suas experiências em livro.

Mas é claro que Che Guevara – caracterizado como "modesto" por seus biógrafos –, depois de umas quantas pelejas, daria à prensa o seu famoso *Guerrilla Warfare*, cujo primeiro capítulo se intitula "Estratégia de Guerrilha: Um Método". "O livro é realmente ridículo", diz Mario Riverón, oficial aposentado da CIA e sobrevivente da Baía dos Porcos, cujo trabalho foi estudar, rastrear e finalmente capturar Che Guevara na Bolívia. "O nome de Che certamente está na capa desse livro. Mas ninguém que tenha realmente lutado contra ele acredita que aquelas ideias eram *suas*. O homem era um completo fracasso como guerrilheiro. Ele se perdia constantemente. Não possuía mapas confiáveis. Dividiu as próprias forças em duas e *ambas* se perderam, sem qualquer contato uma com a outra por vários meses, embora costumassem circunvagar a um quilômetro de distância entre si. Ele abandonava os acampamentos e sem qualquer cuidado deixava documentos, fotografias e suprimentos em lugares onde facilmente os poderíamos encontrar. Ele nada sabia sobre o uso de helicópteros e reconhecimento aéreo contra guerrilhas, o que reforça a suspeita de que tenha tirado suas ideias diretamente de Mao. Mas, sobretudo, ele era incapaz de recrutar *um único camponês* para suas fileiras. E estas eram as pessoas que ele pretendia 'libertar'."[31]

Muitos dos que lutaram *ao lado* de Che Guevara ficaram atônitos diante de sua retumbante inépcia militar. "Quando cheguei a Sierra

---

[31] O autor entrevista Mario Riveron, 7 de fevereiro de 2006.

Maestra", lembra o antigo comandante rebelde Huber Matos em entrevista a Pedro Corzo para o documentário *Anatomía de un Mito*, "Che estava lutando havia mais de um ano. Ele comandava uma coluna, e eu fui encarregado de formar uma linha de defesa – uma linha de fortificações – na área sob seu comando. Então eu o consultei a respeito disso, pedi-lhe que me ajudasse com o plano".

"'Olha, Huber', ele respondeu me olhando nos olhos, 'eu não sei nada sobre esse tipo de coisa'. 'Mas não é *você* o comandante aqui?', retorqui eu. 'Ora, nós temos que organizar esse negócio, temos de chegar a um plano estratégico. Fui encarregado disto e então gostaria de saber quantos homens posso usar, onde posso posicioná-los, e ter certeza de que minha linha de defesa está de acordo com o seu plano para defender essa área'. 'Mas eu não tenho plano *nenhum*', disse ele. E em muitas ocasiões desde então ele me confessou nada saber sobre estratégia militar".[32]

Che efetivamente apareceu no palco da batalha da Baía dos Porcos – no dia em que o tiroteio acabou. Ele andou até um prédio cheio de "invasores" capturados e feridos e olhou em volta com o aquele perverso sorriso argentino na cara. "Nós vamos executar todos vocês", gritou. Então ele se virou de maneira abrupta e saiu do prédio[33] (Como de costume, Fidel tinha um plano muito mais perspicaz para esses prisioneiros. Ao devolvê-los, seu regime se beneficiou de maciça propaganda, assim como do resgate de 62 milhões de dólares pago pelo governo Kennedy.). John Lee Anderson descreve com um humor mórbido a cena da chegada de Che: "Reconhecendo Guevara, um dos invasores ficou tão petrificado que mijou nas calças".[34] Uma das principais fontes de Anderson para o seu livro foi o governo do próprio Fidel, de modo que se deve suspeitar da história. Nenhum brigadista que entrevistei se lembrava dela. Assumamos, contudo, à guisa de hipótese, que o

---

[32] Pedro Corzo, entrevista com Huber Matos para o documentário: *Guevara: Anatomia de un Mito*.

[33] O autor entrevista o vice-presidente da Associação dos Veteranos da Baía dos Porcos, Nilo Messer, 30 de maio de 2005.

[34] Anderson, *Che*, op. cit., p. 505.

incidente do prisioneiro "petrificado" realmente tenha ocorrido. O que um tal prisioneiro temia era o conhecido tratamento dispensado por Guevara a homens *indefesos*. Com efeito, Anderson tem um incrível senso de humor.

Juntamente com os demais prisioneiros da Brigada 2506, Manuel Pérez-García viveu por quase dois anos sob constante ameaça de morte nas masmorras de Fidel. Tentar fugir seria assinar a confissão que quase diariamente os captores comunistas lhes apresentavam. O papel denunciava os Estados Unidos, justamente a nação que os deixara morrer.

Nem Manuel, José, Nilo ou qualquer de seus irmãos de armas assinaram o documento. Muitos cuspiram neles, imaginando que, com isso, assinavam sua sentença de morte. Com efeito, os pelotões de fuzilamento do regime de Fidel e Che assassinavam centenas de cubanos por semana devido a ofensas triviais. E estes homens eram inimigos confessos deste regime.

"Nós vamos morrer com dignidade!", proferia dia após dia Erneido Oliva, segundo homem no comando da Brigada 2506, aos furiosos comunistas. Uma atitude como esta não só irrita senão desconcerta a tipos como Castro e, evidentemente, segundo veremos por seu comportamento na Bolívia, Che.

Os companheiros de Manuel Pérez-García se lembram de sua particular hostilidade e desprezo pelos afetados captores castristas, os quais, terminado o tiroteio, se assenhorearam dos cativos com redobrada coragem. Depois de observar o desempenho desses homens – treinados por Che – em batalha, Pérez-García, partindo de sua própria experiência, deve ter achado irresistível fazer piadas e se comportar com maior desdém. O próprio general Yamashita, depois de conquistar metade do território asiático dominado pelos ingleses apenas com a fração das forças inglesas na Ásia, nunca fez os ares de superioridade comuns a Fidel e Che quando brincavam com seus prisioneiros.

Jorge Castaño recorda uma manhã na prisão de El Príncipe em Havana, quando Manuel Pérez-García fez um comentário particularmente sarcástico a um dos captores. "Aquele comuna tinha mais ou menos vinte e cinco anos, e empunhava uma metralhadora checa carregada", diz. "Ele *ainda assim* tinha medo de Manuel, um prisioneiro faminto de cinquenta e um anos! Então ele chamou alguns comparsas seus, e todos foram na direção do dito prisioneiro – que rapidamente tirou o cinto e o prendeu no próprio pulso. Ele os provocava: 'Podem vir!', dizia, e batia o cinto como se fosse um chicote. Logo chega um oficial e sussurra algo no ouvido dos guardas. E o grupo se dispersou sem nada fazer. Ao que parece, os oficiais castristas conheciam muito bem o histórico de Manuel".[35]

Em particular, Castro soltava fumaça ante o desempenho de sua milícia. Uma semana depois da batalha, ele visitou alguns dos "invasores" em suas celas em havana. Havia um que era um antigo conhecido seu dos tempos de faculdade. "*Hombre*, se eu tivesse vinte e mil homens como os seus, toda a América latina estaria agora nas minhas mãos", disse Fidel a seu antigo amigo.[36]

CHE AGRADECE AOS BEM-PENSANTES

Quatro meses depois da invasão da Baía dos Porcos, a Organização de Estados Americanos promoveu uma conferência em Punta del Este, no Uruguai. Neste evento, representou os Estados Unidos Richard Goodwin, conselheiro para assuntos especiais e autor dos discursos do presidente John Fitzgerald Kennedy, com quem Ernesto "Che" Guevara, o representante cubano, teve uma longa e amigável conversa.

"Atrás da barba, suas feições são muito suaves, quase femininas", escreveu Goodwin a JFK, num memorando descoberto em 1999. Guevara "tem bom senso de humor, e a brincadeira corria solta durante o encontro... sua conversa estava isenta de agressividade nem caía na propaganda. Ele falava calmamente, de maneira direta, e aparentando isenção e

---

[35] O autor entrevista Jose Castaño, 18 de janeiro de 2006.
[36] Todas as informações nesta seção fazem parte da entrevista do autor com os membros da Associação dos Veteranos da Baía dos Porcos, incluindo o presidente Felix Rodriguez e o vice-presidente Nilo Messer.

objetividade... chegou mesmo a dizer que gostaria de nos agradecer pela invasão [da Baía dos Porcos] – que ela fora uma grande vitória política para o regime, que ajudou a consolidar. Ao fim e ao cabo, disse que não diria a ninguém o conteúdo desta conversa, a não ser o próprio Fidel Castro. Eu então disse que também não o tornaria público".

"Depois que a conversa terminou, eu saí para tomar nota do que havia sido dito. [Che] ficou para a festa, e falou com os representantes do Brasil e da Argentina. O representante argentino – Laretta – me chamou na manhã seguinte para dizer que na opinião de Guevara a conversa havia sido muito produtiva, e que este último considerava muito mais fácil – nas palavras de Laretta – conversar com gente da 'nova geração'".[37]

Neste documento, recentemente descoberto, Goodwin não revelava qualquer desconforto ou ceticismo em relação às afirmações de Che. E não lhe ofereceu a menor resistência. Ao que tudo indica, todos estavam muito ocupados com a "brincadeira que corria solta". Com efeito, Che tinha razões de sobra para estar agradecido aos bem-pensantes do governo Kennedy. Tal como Fidel costumava observar na década de sessenta: "Esperemos que Kennedy vença a eleição. Se Nixon vencer, a revolução não vai durar".[38] Quanto a Goodwin, graduado em Direito pela Universidade de Harvard, tinha a típica atitude indulgente de muitos jovens da chamada nova esquerda para com Fidel Castro. "Acredito que essa conversa [com Guevara] – juntamente com outras evidências que vêm se acumulando – indica que a União Soviética não está preparada para empreender o grande esforço necessário para colocar Cuba a seus pés", escreveu Goodwin, "e que Cuba deseja um entendimento com os Estados Unidos. Eles terão eleições livres – mas apenas depois de completar--se o período de institucionalização da revolução... Eles podem assinar um acordo e comprometer-se a não fazer qualquer aliança política com o Leste Europeu. Che disse que eles não têm a intenção de construir uma cortina de ferro ao redor de Cuba... Os Estados Unidos deveriam

---

[37] *Foreign Relations of the United States 1961-1963*. Volume X, Cuba, 1961-1962, Departament of State.

[38] O autor entrevista Alberto Quiroga, 24 de novembro de 2006.

procurar uma maneira de continuar o diálogo por trás dos bastidores a que Che deu início. Assim, podemos deixar claro que queremos e iremos ajudar Cuba se o país desatar os laços comunistas e começar a se democratizar".[39]

Evidentemente, passaram a perna em Goodwin. Concomitante àquele encontro, Che Guevara era o principal defensor de uma aliança entre o regime de Cuba e a União Soviética – "cria da União Soviética", chamou-lhe seu biógrafo Jorge Castañeda. Che era "um laço vital" com os soviéticos, nas palavras de Anderson. Alexander Alexiev, embaixador soviético em Cuba naquele tempo, relata que, enquanto planejavam a secreta instalação de mísseis nucleares em Cuba, Che era coerentemente o mais entusiasmado – "o mais ativo" é como Alexiev descreve o ansioso Guevara durante as reuniões.

A CRISE DOS MÍSSEIS

Durante a transmissão de um programa de domingo chamado *Issues and Answers* em 14 de outubro de 1962, McGeorge Bundy, conselheiro de segurança nacional do presidente Kennedy, disse para toda a nação e em tom de desdém que não havia mísseis soviéticos em Cuba. "Rumores espalhados pelos refugiados", era como classificava os testemunhos oculares dos exilados cubanos sobre aqueles mísseis – testemunhos que há meses eram encaminhados ao Departamento de Estado e à CIA, feitos por gente que havia arriscado a própria vida para comprová-los.

"Nada em Cuba apresenta qualquer ameaça aos Estados Unidos", continuava Bundy, mal-disfarçando o próprio desdém. "Não há possibilidade de que os soviéticos ou os cubanos possam instalar forças com real capacidade ofensiva em Cuba".[40] De mais a mais, no encontro de Punta del Este, Che Guevara havia confiado uma valiosa quantidade

---

[39] *Foreign Relations of the United States 1961-1963*. Volume X, Cuba, 1961-1962, Departament of State.

[40] Fontova, *Fidel*, op. cit., p. 28.

de informação ao colega de Bundy, Richard Goodwin. E entre aqueles insuportáveis refugiados cubanos e um "progressista" Che Guevara, os bem-pensantes escolheram confiar no segundo.

O próprio presidente Kennedy foi taxativo no dia seguinte. "Há mais de cinquenta mil refugiados cubanos neste país", disse ele em tom de escárnio, "todos esperando o dia em que iremos à guerra com Cuba. São eles que espalham este tipo de coisa".[41]

Exatamente dois dias depois, JFK recebeu fotografias tiradas por um avião-espião U2 que confirmavam os "rumores espalhados pelos refugiados". Elas mostravam mísseis armados com ogivas nucleares, apontados para as cidades norte-americanas. A resposta de Kennedy e sua cúpula à Crise dos Mísseis tem dado azo a muita especulação, além de ter sido contada e recontada em filmes como uma vitória da inteligência e da pressão política sobre a violência propriamente dita. Na verdade, a solução dos bem-pensantes foi fazer um conluio com soviéticos e assegurar ao regime comunista cubano uma como que dupla proteção.

"Os norte-americanos fizeram muitas concessões sem proferir uma palavra sequer", disse o próprio Fidel. "Talvez um dia as tornem públicas".[42]

"Nada podemos divulgar sobre esse acordo", disse Robert F. Kennedy ao embaixador soviético Anatoly Dobrynin ao selar o pacto que pôs fim à chamada crise. "Seria politicamente muito embaraçoso para nós".[43] A parte do acordo Kennedy-Kruschev que (secretamente) competia ao governo americano era não se opor ao regime de Fidel em Cuba.

Em 28 de outubro de 1962, quando se noticiou que parte da "resolução" da Crise dos Mísseis era remover as ogivas de Cuba, milhares de soldados cubanos cercaram as instalações que as abrigavam. Um aturdido ministro de relações internacionais da União Soviética, Anastas

---

[41] Michael Beschloss, *The Crisis Years: Kennedy and Krushchev 1960-1963*. New York, Harper-Collins, 1991, p. 538.

[42] Bethel, *The Losers*, op. cit.

[43] Peter Schweizer, "Cuban Missile Crisis: Kennedy's Mistakes". *History News Network*, 4 de novembro de 2002.

Mikoyan, correu para Havana e se encontrou com Castro. A própria KGB temia que os comandos cubanos atacassem, se apoderassem dos mísseis e dessem início à Terceira Guerra Mundial.

Mikoyan acalmou de algum modo a situação em seu encontro com Fidel, sem dúvida explicando-lhe que o seu regime saíra do acordo mais firme e mais forte. "Dupla proteção", é o nome que podemos dar a um tal pacto, com o regime de Fidel e Che protegido tanto pela União Soviética *quanto* pelos Estados Unidos. Fiel à sua parte no acordo, os Estados Unidos imediatamente começaram a prender os exilados cubanos que mandavam esquadrões contra Fidel do sul da Flórida.

O governo Kennedy se lançou com prazer a essa tarefa, dotando a Guarda Costeira dos Estados Unidos de seis novos aviões e doze barcos novos, além de aumentar seu contingente em vinte por cento. JFK entrou em contato com o primeiro ministro britânico Harold Macmillan e informou-lhe que uma parte daqueles cubanos tresloucados havia mudado o centro de suas operações do sul da Flórida para as Bahamas. A marinha real ficou feliz em poder ajudar. Sendo assim, os mesmos exilados cubanos treinados e armados pela CIA apenas uma semana antes eram agora procurados e presos por forças anglo-americanas.[44]

O que dizer de Goodwin e sua crença de que a linguagem de Che não era "agressiva" nem fazia "propaganda"? Um mês depois – pensando que falava sem ser gravado ao *London Daily Worker* – Che Guevara explicava: "se os mísseis tivessem permanecido conosco, *tê-los-íamos utilizado contra o próprio coração dos Estados Unidos, incluindo Nova Iorque*. Nunca havemos de estabelecer uma coexistência pacífica. Havemos de trilhar o caminho da vitória mesmo que custe milhões de vítimas atômicas!".[45]

É claro que Che Guevara, ao que lhe pudesse dizer respeito, não queria ser uma das vítimas da guerra nuclear que estava ansioso para começar. Ele e Fidel tinham lugar de reservado no abrigo antibomba

---

[44] Fontova, *Fidel*, op. cit., p. 23.

[45] William Breuer, *Vendetta! Fidel Castro and Kennedy Brothers*. New York, John Wiley & Sons, 1998.

que os soviéticos construíram fora de Havana. Alexander Alexeiev, o embaixador soviético de então, relata que ambos tinham absolutamente se certificado disso.[46]

Já em 1955, Ernesto Guevara escrevera para a mamãe-provedora que a luta contra os Estados Unidos era o seu "verdadeiro destino". "Devemos aprender a lição da aversão absoluta ao imperialismo. Contra esse tipo de hiena não há outro meio senão o extermínio!".[47] Em outubro de 1962, Che chegou assustadoramente perto do seu desígnio.

Richard Nixon resumiu melhor a "resolução" da Crise dos Mísseis. "Primeiro, fizemos papel de bobos na invasão – agora concedemos direitos sobre nosso próprio quintal aos invasores soviéticos".[48]

Protegida pelo governo dos Estados Unidos e esbanjando armas soviéticas, a revolução comunista em Cuba tinha uma base segura para promover e espalhar guerrilhas em busca do sonho de "libertar o continente". Todas as vantagens estavam do seu lado. Se tivessem um líder guerrilheiro medianamente competente à frente do Departamento de Libertação, provavelmente teriam conseguido. Mas em vez disso eles tinham Ernesto "Che" Guevara.

---

[46] Fontova, *Fidel*, op. cit., p. 27.
[47] Castañeda, *Compañero*, op. cit., p. 274.
[48] Richard Nixon, "Cuba, Castro, and John F. Kennedy". *Reader's Digest*, 5 de novembro de 1964.

5

O Executor Favorito de Fidel

[Che possuía] feições semelhantes à de Cristo... com seu olhar fúnebre, é como se Guevara olhasse para seus assassinos e os perdoasse.
— Jorge Castañeda, Articulista da Newsweek e Biógrafo de Che.

[A feição de Che] é pura linguagem visual... e também faz referência a uma conduta clássica que lembra a de Cristo.
— Trisha Ziff, Curadora do Museu Guggenheim.

Foi por amor, como um perfeito cavaleiro, que Che deu início à sua jornada. Nesse sentido ele foi como um dos antigos santos.
— I. F. Stone, Colunista do *The Nation*, Depois de Conhecer Che Guevara.

Che prescrevia que o revolucionário ideal devia ser tão "eficaz, violento e *frio* como uma máquina de matar" — o que implica um certo distanciamento ou indiferença em relação ao ato assassino. Com efeito, Che deu muitas provas de desempenhá-lo com prazer. A não ser em batalha, Che foi sempre uma máquina de matar muito *inflamada*. "Louco de fúria eu tingirei meu rifle de vermelho ao matar o inimigo que cai em minhas mãos!

Minhas narinas se dilatam ao sentir o odor acre de pólvora e sangue. Matando meus inimigos eu preparo meu ser para a luta sagrada e me junto ao triunfante proletariado com um uivo bestial!". Eis uma passagem dos famosos *Diários de Motocicleta* de Che Guevara omitida por Robert Redford – não se sabe bem por que – de seu tocante filme. O "odor acre de pólvora e sangue" raramente chegou às narinas de Guevara saído de um verdadeiro campo de batalha. Chegou-lhes sempre, contudo, saído do assassinato de garotos e homens amarrados, amordaçados e vendados.

SEDENTO DE SANGUE

No final de Janeiro de 1957, poucas semanas antes de seu destemido batismo de fogo – quando tudo parecia perdido e Che se preparava estoicamente para uma "morte digna" (por conta de uma ferida que não precisou sequer de um ponto) –, ele mandou uma carta para Hilda Gadea, a esposa que havia repudiado. "Cara *vieja*, estou agora nas montanhas de Cuba, vivo e *sedento de sangue*".[1] Sua sede logo seria aplacada.

Ainda no mesmo mês de 1957, Fidel Castro ordenou a execução de um guerrilheiro camponês chamado Eutimio Guerra, acusado de ser um informante infiltrado das forças de Batista. Castro encarregou seu próprio guarda-costas, Universo Sánchez, do assassinato. Para surpresa de todos, Che Guevara – um soldado rebelde de rasa patente que atuava como médico naquele tempo, não um comandante – se ofereceu para acompanhar Sánchez e outro soldado ao local da execução. Os dois rebeldes cubanos estavam taciturnos enquanto iam vagarosamente pela trilha, sob uma tempestade torrencial. Finalmente, o pequeno grupo parou numa clareira.

Sánchez estava hesitante, olhando em volta, talvez, em busca de um motivo para adiar ou abortar a execução. Normalmente, muitos estariam presentes para assistir, mas esta era a primeira execução de um rebelde

---

[1] Ros, *Che*, op. cit., p. 140.

castrista realizada por eles mesmos. De repente, Che deu um passo à frente e descarregou seu revólver na cabeça de Guerra. "Ele esteve convulso por um tempo, depois finalmente ficou imóvel. Agora seus pertences eram meus", escreveu Guevara em seus diários.

O pai de Che em Buenos Aires recebeu uma carta de seu filho pródigo. "Papai, eu queria confessar que agora eu descobri que realmente gosto de matar".[2]

Esta atitude afirmativa chamou a atenção de Fidel Castro. Muitas execuções de supostos "desertores", "informantes" e "criminosos de guerra" se seguiram rapidamente, todas com a entusiasmada participação de Che. Houve uma, em especial, de um soldado constitucional capturado que não passava dos dezessete anos – um garoto totalmente inexperiente nos assuntos de guerra, daí sua fácil captura.

"Eu não matei ninguém, comandante!", dizia o garoto aterrorizado, respondendo a uma pergunta de Che. "Eu acabei de chegar aqui! Sou filho único, minha mãe é viúva, e eu ingressei no exército por conta do soldo, para lhe mandar o dinheiro todo santo mês... não me mate! Por favor, não me mate!".[3]

Che gritou para seus lacaios e o garoto foi amarrado, arrastado para perto da cova recém-cavada e assassinado. E o homem que o ordenou foi o mesmo que Ariel Dorfman descreveu na revista *Time* como "o generoso Che que cuidava de soldados inimigos feridos".

Castro considerava incrivelmente estúpido executar os soldados de Batista capturados por eles, se comparado com a força propagandística de sua possível libertação. Mas ele também reconhecia o valor de Guevara com um executor apaixonado. Na verdade, Fidel já pensava no futuro golpe de estado, planejando sua própria versão do massacre stalinista de Katyn, e se valendo do mesmo expediente racional: a decapitação – literal e metafórica – de todos os possíveis contrarrevolucionários e contras que futuramente houvesse. Então, lá pelos idos do verão de 1957, Che

---

[2] Bravo, *La Otra Cara del Che*, op. cit., p. 136.

[3] Ibidem, p. 142.

fora promovido a major de primeira classe ou comandante, a maior patente do exército revolucionário. A sua fama estava se espalhando.

Mas nem todo mundo teve uma boa impressão. Em meados de 1958, um soldado rebelde chamado Reynaldo Morfa foi ferido e encaminhado para o Dr. Hector Meruelo nas cercanias da cidade de Cienfuegos. O bom médico cuidou dele muito bem e em poucas semanas fê-lo saber que estava saudável o bastante para retornar à coluna de Che.

"Não, doutor", Reynaldo respondeu. "Por favor, seja discreto a respeito desse assunto, porque pode custar minha vida: mas eu soube que Che não passa de um assassino. Sou revolucionário, mas também sou cristão. Eu me juntaria de bom grado à coluna de Camilo – mas nunca à de Che".[4]

Agustín Soberón foi o primeiro repórter cubano a visitar Guevara no acampamento de Sierra Maestra para entrevistá-lo. "Eu era repórter da revista cubana *Bohemia* e visitei Guevara em março de 1958 no seu acampamento em La Plata", lembra. "Era impossível quebrar o gelo com ele, nunca conheci ninguém com uma natureza tão despótica e arrogante. Primeiramente, eu lhe perguntei sobre Hilda, sua esposa, que ele deixara no México para vir a Cuba com Fidel no famoso iate *Granma*. 'Eu não sei nada sobre ela desde que deixei o México – e não dou a mínima para isso', ele respondeu. Tudo bem, então eu lhe perguntei sobre sua profissão de médico. 'Eu não tenho nenhum interesse em medicina' diz ele. 'Eu não gosto de medicina'. Naquela noite, depois da entrevista e tudo o mais, eu dormi numa barraca lá no acampamento. Um jovem rebelde, que dormia a meu lado, parecia ter um horrível pesadelo. Ele se debatia de um lado para outro, murmurando: 'Executem-no, executem-no, executem-no'. Na manhã seguinte eu lhe indaguei sobre o pesadelo. Eu nunca vou me esquecer disso, o nome do rebelde era Humberto Rodríguez e ele me explicou que tinha sido encarregado dos pelotões de fuzilamento. O que ele disse durante a noite eram as constantes ordens de Che, que não saíam da sua cabeça. Ao que parece, tudo isso o incomodava muito. Um pouco

---

[4] Ros, *Che*, op. cit., p. 187.

mais tarde, chega o próprio Che e anuncia que os soldados estavam amarrando uma vítima no poste. Eu gostaria de ir e assistir ao fuzilamento? Não, obrigado. Eu já tinha visto e ouvido o suficiente. Deixei o acampamento em seguida".[5]

Todas as vítimas eram trabalhadores rurais, cuja "cooperação", Che Guevara escreveu, "é consequência do nosso terrorismo".[6]

Dez meses depois da visita do repórter ao seu acampamento em Sierra Maestra, Che Guevara entrava em Havana e prontamente se dirigia à infame fortaleza espanhola, a antiga La Cabaña. "Os gritos de *Viva Cuba Libre!* e *Viva Cristo Rey!* seguidos de tiros de fuzil fizeram tremer as paredes da antiga fortaleza", lembra Armando Valladares, que trabalhou durante vinte e dois anos nas prisões de Fidel Castro.

Naqueles meses sangrentos, a revista *Time* estampou o comandante revolucionário Ernesto "Che" Guevara na sua capa, coroando-o como o "Cérebro da Revolução Cubana" (Fidel Castro era "o coração", e seu irmão Raúl "o pulso"). "Com um sorriso de doce melancolia que muitas mulheres acham devastador", a matéria babava, "Che Guevara dirige Cuba com a frieza do cálculo, vasta competência, inteligência superior e agudo senso de humor".

O tom do artigo da *Time* estava em perfeita consonância com o do resto da grande imprensa – e estava errado. Guevara tanto era o cérebro da Revolução Cubana quanto Félix Zerjínski tinha sido o da Revolução Bolchevique ou Himmler o do Nacional Socialismo alemão ou Beria o que se discernia por trás do stalinismo. Guevara era para Fidel o mesmo que os outros, respectivamente, eram para Lênin, Hitler e Stálin: o carrasco colérico, o principal executor do regime.

Sob a administração de Che, a fortaleza de La Cabaña havia se transformado numa espécie de Lubyanka em pleno Caribe. Seu método era o mesmo da polícia secreta bolchevique: "Sempre interroguem os

---

[5] Pedro Corzo, entrevista com Agustin Soberon para o documentário *Guevara: Anatomia de um Mito*.

[6] Sauvage, *Che Guevara*, op. cit., p. 157.

prisioneiros à noite", Guevara prescrevia a seus lacaios; "é mais fácil intimidar um homem à noite, sua resistência mental é sempre menor".[7]

Nunca se conhecerão os números exatos, mas não se pode pôr seriamente em dúvida a magnitude desses assassinatos. José Vilasuso, um promotor cubano que logo desertou tomado de horror e repugnância, estima que Che assinou quatrocentas sentenças de morte durante os primeiros três meses de chefia em La Cabaña. Um padre basco chamado Iòaki de Aspiazu, frequentemente disponível para ouvir a confissão e dar a última bênção aos condenados, afirma que Che ordenou pessoalmente setecentas execuções no paredão durante o mesmo período. O jornalista cubano Luis Ortega, que conheceu Guevara já em 1956, diz no seu livro *Yo Soy Che!* que este último mandou nada menos do que mil oitocentos e noventa e dois homens para o paredão.

No seu livro *Che Guevara: A Biography*, Daniel James afirma que o próprio Che admitiu ter ordenado "alguns milhares" de execuções durante o primeiro ano do regime castrista. Felix Rodríguez, o investigador da CIA que ajudou a localizar Che Guevara na Bolívia e foi o último homem a interrogá-lo, diz que em sua última conversa Che admitiu ter ordenado "umas duas mil" execuções. Mas ele deu de ombros e acreditou que destratava a todos os seus captores chamando-os de "espiões imperialistas e agentes da CIA!".

O verdadeiro banho de sangue promovido por Guevara nos primeiros meses de 1959 não foi levada a efeito nem por sentimento de vingança, nem de justiça. Como o massacre da unidade de oficiais poloneses na floresta de Katyn e o Grande Terror contra os próprios oficiais alguns anos antes – obras de Stálin –, as maratonas perpetradas pelo pelotão de fuzilamento de Guevara eram um exercício perfeitamente racional, executado a sangue frio.

Cinco anos antes, quando era um vagabundo comunista na Guatemala, Che tinha visto o comando de oficiais do país, ajudado pelo CIA, se insurgir contra o regime de Jacobo Arbenz, o que resultou no exílio

---

[7] Ortega, *Yo Soy El Che!*, op. cit., p. 180.

deste último e todos os seus lacaios comunistas (Para os estudiosos de esquerda que ainda asseveram que Jacobo Arbenz foi um inocente "nacionalista" sacrificado pela maligna United Fruit Company e seus representantes da CIA, note-se: Arbenz não procurou asilo na França ou na Espanha ou mesmo no México, refúgios tradicionais para políticos latino-americanos destituídos de seus cargos, mas na Checoslováquia, no próprio seio do bloco soviético. Ademais, o golpe que o depôs teve início, não quando da nacionalização de propriedades da United Fruit, mas quando chegou ao país um carregamento de armas de proveniência soviética.). "Arbenz não executou gente suficiente", palavras de Guevara explicando o sucesso do golpe na Guatemala.[8]

Fidel e Che não queriam que o golpe guatemalteco se repetisse em Cuba. Seus massacres enchiam a todos de terror e medo. Julgamentos abertos ao público reforçavam o recado. E as execuções, que chegavam, eventualmente, a ter um "tiro de misericórdia" disparado por uma pistola calibre 45 a poucos passos do executado – o que despedaçava o seu crânio –, eram também, via de regra, públicas. Todos os que visitavam La Cabaña, inclusive a família dos prisioneiros, tinham de passar na frente do paredão manchada de sangue. E isso não era mera coincidência.

"Tratava-se de uma parede pintada de sangue", lembra Margot Menéndez, que lá entrou com o intuito de convencer Guevara da inocência do irmão. "Era impossível não notar aquela parede horrível. Ela parecia anunciar que entrávamos no inferno".

"Seu irmão usou o uniforme errado", disse Che a uma Margot já de joelhos. Naquela mesma noite, o pelotão de fuzilamento assassinou o garoto. Outro sujeito preso por Che em La Cabaña logo nos primeiros meses da revolução foi o cavalheiro Pierre San Martín. "Dezesseis de nós ficavam de pé, enquanto os outros dezesseis tentavam dormir naquele chão frio e imundo", lembrava San Martín em 1997. "Fazíamos turno, portanto. Dezenas de presos eram diariamente levados para o paredão.

---

[8] Ros, *Che*, op. cit., p. 118.

As saraivadas nos mantinham acordados. Sentíamos que qualquer minuto podia ser o último".

"Certa manhã, o som horripilante daquela porta de aço enferrujado quando abria nos pôs de pé, e os guardas de Che empurraram um novo prisioneiro para dentro da cela. Era um menino, talvez tivesse uns catorze anos. Seu rosto estava machucado manchado de sangue. 'O que você fez?', perguntamos-lhe, horrorizados. 'Tentei defender o meu pai', balbuciou o menino sujo de sangue. Mas eles o mandaram para o paredão'".

Logo os guardas de Che retornaram. A porta enferrujada se abriu e eles arrancaram o garoto da cela. "Todos corremos para a janela donde se avistava o pavilhão de execução", lembra San Martín. "Simplesmente não podíamos acreditar que eles matariam o garoto".

"Então começamos a insultá-lo – ao homem que, mãos na cintura, andava de um lado para outro do sangrento pavilhão de execução e cuspia suas ordens: o próprio Che Guevara! 'Ajoelhe!' Dizia ele ao menino".

"'Assassinos!' gritávamos da janela".

"'Eu disse para se ajoelhar!', vociferou de novo".

"O garoto encarava-o resolutamente. 'Se vocês vão me matar', disse ele, 'vão ter de fazê-lo enquanto ainda estou de pé. Homens morrem de pé!'.

"'Assassinos!', os homens, desesperados, gritavam de suas celas. Então vimos Guevara sacar sua pistola. Ele encostou o cano atrás do pescoço do garoto e disparou. O tiro quase arrancou sua cabeça".

"Nós nos inflamamos: 'Assassinos, assassinos!'. Che finalmente olhou para cima, em nossa direção, apontou-nos o revólver e esvaziou o pente. Muitos de nós foram feridos por aqueles tiros".[9]

"O garoto de cabelos loiros não podia ter muito mais de quinze anos", lembra Edward Scott, correspondente da NBC, acerca de outra execução que ele testemunhou em La Cabaña em fevereiro de 1959. "Enquanto os soldados o amarravam ao poste, ele dizia repetidas vezes, clara e convincentemente, que era inocente". Isto pareceu confundir os membros do pelotão de fuzilamento, e quando Herman Marks gritou

---

[9] "Como Asesinado El Che Guevara". *El Nuevo Herald*, 28 de dezembro de 1997.

"*Fuego!*" apenas uma bala atingiu o garoto. Marks ficou furioso, andou até o menino e explodiu o crânio dele com dois balaços do seu 45. Então ele chamou seus guarda-costas e mandou prender todos os membros daquele pelotão. Aparentemente, eles tinham falhado no serviço.[10] Quem era Herman Marks? Um criminoso norte-americano, mentalmente perturbado, desertor da Fuzilaria Naval e procurado pela lei em 1957. Aos trinta anos, fora condenado por estuprar uma adolescente e mandado para prisão estadual de Waupun, em Wisconsin, para cumprir pena de três anos e meio.[11] Era também uma das poucas pessoas realmente próximas de Che.

O criminoso fugiu para Cuba, uniu-se aos rebeldes de Che em Sierra Maestra, tornou-se um decidido "revolucionário" e foi rapidamente promovido a "capitão" (ao que tudo indica, roubo e estupro não constituíam "crime contra a moral revolucionária"). Já nos entreveros que tiveram lugar em Sierra Maestra, a especialidade de Marks era correr até as covas recém-cavadas e dar o "tiro de misericórdia" nos fuzilados semimortos, explodindo-lhes o crânio com balaços de seu 45. Mais tarde, durante as maratonas de fuzilamento chefiadas por Che em La Cabaña, Marks realmente começou a ganhar o pão de cada dia. Ele chamou La Cabaña de sua "*Cabaña* em temporada de caça" pessoal, e seu 45 mal tinha tempo de esfriar entre um serviço e outro.

O QUARTO COM VISTA PARA O MAR

Em La Cabaña, Marks costumava trazer seu cãozinho de estimação para trabalhar consigo. "Um cão enorme", lembra Roberto Martín-Pérez, que sofreu por vinte e oito anos no Gulag castrista (mais de três vezes o período que Alexander Soljenítsin e Natan Sharansky passaram no Gulag soviético) e hoje está casado com a estrela do rádio Ninoska Pérez em

---

[10] Mario Lazo, *Dagger in the Heart: American Policy Failures in Cuba*. New York, Funk & Wagnalls, 1968, p. 180.

[11] "A Man Without a Country". *Milwaukee Journal Sentinel*, 4 de julho de 2004.

Miami. "O cachorro parecia um cruzamento de pastor alemão com algo indefinido. Ele seguia o dono por todos os cantos".

Qualquer que fosse a sua raça, sua especialidade era pular de alegria depois da saraivada do pelotão de fuzilamento e lamber o sangue que escorria dos crânios e corpos em frangalhos dos fuzilados. Pode-se muito bem imaginar que Che assistisse e se regozijasse com a cena da janela de seu escritório. De mais a mais, uma das primeiras ações de Guevara depois de se tornar chefe de La Cabaña foi mandar abrir uma janela em seu escritório, de modo que pudesse assistir ao desempenho de seu querido pelotão.

Outro dos deleites de Marks era vagar pelos cômodos úmidos e sombrios da fortaleza rindo feito louco e "tocando" as barras de ferro das celas como se fossem instrumentos musicais. Depois de atrair a atenção dos homens e garotos condenados, ele costumava lhes perguntar em que orelha gostariam de receber o tiro de misericórdia de seu calibre 45. Um grande gozador, este Herman Marks. "Marks era como um açougueiro no abatedouro", escreveu finalmente (logo ele!) Herbert Matthews do *New York Times*.

"Costumávamos ouvir o som de botas descendo as escadas e tentávamos imaginar quem seria o próximo", lembra Roberto Martín-Pérez. "Às vezes, era Marks que parava diante de uma cela e apontava. Daí, ele se dirigia para outra e apontava de novo. Os homens eram arrancados da cela e um pouco depois se ouvia uma saraivada de tiros. Era difícil dormir em tais condições. Você nunca sabia quando seria a sua vez. Houve uma semana em 1962 em que o pelotão, segundo nossas contas, foi acionado quatrocentas vezes".

Tecnicamente, Che Guevara não estava mais no comando de La Cabaña depois de setembro de 1959. Mas o sistema vigente era ainda o *seu*, os pelotões de fuzilamento fazendo pilhas de corpos por todo o país. Guevara o estabelecera, sob ordens de Fidel, pusera-o para funcionar a todo o vapor, e sempre se gabava dele, orgulhoso, como vimos no famoso discurso na assembleia da ONU: "Execuções? Nós sem dúvida executamos!".

"Havia alguma coisa de errado, algo muito sério, com Che Guevara", diz Roberto Martín-Pérez. "Castro matava e mandava matar – *com certeza* ele matava. Mas ele o fazia, segundo nos queria parecer, motivado por sua sede de poder, para manter-se no poder, para eliminar inimigos e rivais – inclusive os rivais e inimigos *em potencial*. Para Fidel, o assassinato estava subordinado à utilidade que traria – isto é tudo. Mas Guevara, por outro lado, parecia *regozijar-se com a matança*. Parecia deleitar-se com a carnificina em si e por si mesma. Podíamos de algum modo ver isso em seu rosto quando assistia aos guardas que arrancavam os prisioneiros das celas".

Roberto Martín-Pérez era amigo de infância de Aleida March, viúva de Che Guevara. Os castristas certamente consideram útil tê-lo preso. "Mais do que odiar Castro, Che e seus bajuladores, eu os desprezava a todos", confessa. "Sabendo como eles haviam tomado o poder, eu sentia desprezo. Tudo aquilo de guerrilha e coisa e tal era uma mentira deslavada. Foi uma gigantesca fraude. Houve uns tiros aqui e acolá, alguns confrontos, e é tudo. Não há nada de errado em tomar o poder sem derramar muito sangue. Mas daí a pavonear-se pra cima e pra baixo como heróis de batalha e "poderosos guerrilheiros" é de matar de rir. Quando era criança, eu conheci um sujeito que faria parte dessa laia. Chamava-se Efigenio Ameijeiras, e depois da vitória foi logo promovido a 'chefe da polícia revolucionária nacional', em cujo cargo começou imediatamente a prender e torturar as pessoas".

"Poucos meses antes, Ameijeiras era um ladrão de bolsas e calotas de carro. Ele chegou a querer vender calotas e relógios roubados pra mim, ora bolas! E então eu tenho que ver gente dessa laia aclamada como 'heróis' e 'idealistas' pelo *New York Times*? Se me tivessem soltado, em um minuto eu teria arranjado uma arma e ido lutar contra eles de novo", diz Martín-Pérez.[12]

Ele era incapaz de esconder o seu desprezo, e na prisão sofreu imensamente por causa disso. Já aos dezenove anos, Martín-Pérez era

---

[12] O autor entrevista Roberto Martin-Perez, 19 de fevereiro de 2006.

conhecido entre os guardas da prisão como "o nervoso". "Certo dia, creio que estava particularmente desbocado", lembra. "Então eles me arrastaram para a sala de tortura, amarraram-me com os braços nas costas, e me prenderam alguns centímetros acima do chão, que eu conseguia tocar com os dedos mas não chegava a pisar: a altura perfeita. De mais a mais, o próprio Che chamara a KGB para treinar a polícia cubana. Eles me deixaram assim por dezessete dias — exatamente dezessete, eu me lembro bem".

Roberto Martín-Pérez foi removido de La Cabaña para outra prisão, aonde sua reputação já tinha chegado. "Ah, então você é *o nervoso*?", desdenhou o chefe da nova prisão. Logo depois sacou o revólver, mirou com cuidado, e atirou na perna de Roberto. "Ao levar o primeiro tiro, senti que fiz uma cara feia — e levei mais um tiro na outra perna, e mais outro num braço", lembra.

Feitas as contas, Roberto levou seis tiros. "O último tiro me atingiu na virilha", ele sorri. "Eu não sei de fato se ele estava tentando me matar, ou o quê. Mas ele acertou um dos meus testículos. Acho que é isso o que ele queria, levado por meu apelido na época. É típico desses 'peritos em guerrilha' — tal como o *New York Times* e até hoje muitos professores universitários denominam e aclamam esses idiotas — não conseguir acertar o alvo a não ser assim, à queima-roupa."

Aos sessenta e seis anos, Roberto Martín-Pérez é robusto, amável, caseiro e de boa índole. Ele ri constante e francamente. Incrivelmente, ele ri depois de quase trinta anos nas masmorras de Fidel. Ele sobreviveu a uma das mais longas sentenças de prisão política do século vinte.

Um jornalista romeno chamado Stefan Bacie foi a Cuba no início de 1959 e teve a sorte de conseguir uma audiência com o já famoso Che Guevara, que já havia conhecido na Cidade do México. O encontro entre Bacie e Guevara ocorreu no escritório deste em La Cabaña. Assim que entrou, Guevara chamou-o para perto da janela recém-construída.

E o que presenciou ao chegar perto dela foi ouvir o comando "Fuego!" e a saraivada do pelotão de fuzilamento, com a consequente — e convulsa – queda dos condenados. Stefan Bacie, estarrecido, deixou o local e imediatamente compôs um poema, intitulado "Eu não celebro Che Guevara mais".[13]

"Eu não celebro Che Guevara mais – tal como não celebraria Stálin": eis o primeiro verso.

Além do solicitante trabalho nos mortíferos porões de La Cabaña, Herman Marks também exercia o cargo de "diretor de segurança" na prisão de El Príncipe em Havana, apinhada de presos políticos até a asfixia. Em um ano, estádios, escolas e teatros por todo o país haviam se transformado em prisões "temporárias". O imenso rebanho de presos políticos o exigia.

Em 3 de junho de 1959, o capitão Herman Marks tirou uma folga de seu solicitante trabalho para ser testemunha do casamento entre Che e Aleida March. Ele fazia parte da nata revolucionária, o que causava muita inveja a seus camaradas. O casamento de Che foi o principal evento da vida social de Havana na época. Demorou até 1961 para que o insubmisso Marks se metesse em problemas com a revolução. Ele então voltou, incrivelmente, para o país que havia cassado sua cidadania (Considerando sua Castrofilia, é impressionante que não se tenha tornado professor do Institute for Policy Studies ou o correspondente da CNN na América Latina.). O homem que o substituiu como "diretor de segurança" da revolução – um humanista – também possuía um currículo invejável. Chamava-se Ramón Mercader, o assassino stalinista que cravara um machado na testa de Trotski em 1940.

A revolução apaixonadamente "nacionalista" de Fidel, largamente louvada como a que acabou com as humilhantes influências estrangeiras em Cuba, encheu o país de truculentos e malcheirosos comunistas russos. E os principais carrascos dos patriotas cubanos foram um andarilho argentino e um psicopata norte-americano.

---

[13] Mario Lazo, *Daga en el Corazon: Cuba Traicionada*. New York, Minerva, 1972, p. 254.

SANGUE CUBANO EM LIQUIDAÇÃO

O biógrafo Jorge Castañeda insiste que as ações de Che possuíam um intuito ético, *humanístico*. Dada a quantidade de execuções no paredão em Cuba durante os primeiros anos da Revolução, milhares de valiosos litros de sangue jorraram dos corpos de jovens e garotos, misturando-se incessantemente à lama, saturando as sarjetas ou acabando na língua do cachorro de Herman Marks. Que desperdício! – concluíram os novos senhores do país.

Deus sabe que Cuba, então como agora, dependia enormemente do comércio exterior. E aí estava um oceano de sangue fresco, rico em plasma, que as balas faziam manar dos confins do país e esguichar em torrentes todos os dias. Vamos colher o sangue e vendê-lo! – concluiu o regime comunista, ávido por dinheiro, que tinha em Che Guevara um de seus ministros.

Segue abaixo um pequeno extrato de um processo movido pela família de Howard Anderson, cidadão norte-americano, assassinado por um pelotão de fuzilamento em Cuba em 1961:

> *Anderson contra a República de Cuba. N º 01-28628 (Miami-Dade, 13 de abril de 2003): Numa última sessão de tortura, os agentes de Fidel drenaram o sangue de Howard Anderson antes de mandá-lo para o pelotão de fuzilamento.*

Depois da saraivada ante o literalmente sangrento paredão de La Cabaña, o pouco sangue que restava a Anderson escorreu pelo mesmo chão que o de Rogelio González, Virgilio Campaneria e Alberto Tapia – estudantes da Universidade de Havana e membros da Ação Católica. Tal como Anderson, também eles se recusaram a morrer vendados. Todos morreram gritando: "Viva Cristo Rei!".

Sob as ordens do camarada Fidel, amigão de Ted Turner, e do ídolo estampado no produto das Indústrias de Camisetas Burlington, quatorze mil jovens logo se juntariam a suas valas comuns.

O cachorro de Herman Marks deve ter encontrado menos sangue para lamber, mas os corvos de Havana se fartavam de carne. "As saraivadas do pelotão de fuzilamento soavam como um sino para os corvos, chamando-lhes para o jantar", lembra Hiram González, opositor ferrenho do governo de Castro e preso em La Cabaña ao tempo do assassinato de Anderson, no documentário *Yo Los He Visto Partir*. "Os pelotões de fuzilamento começaram a operar diariamente desde 7 de janeiro de 1959, dia em que Che Guevara entrou em Havana. Não demorou muito para que os corvos aprendessem. Bandos e bandos aprenderam a se empoleirar no alto das paredes da fortaleza de La Cabaña, ou nas árvores do entorno. Depois da saraivada eles mergulhavam em busca de nacos de carne, sangue e ossos espalhados pelo chão. Com certeza aqueles corvos engordaram".[14]

Paul Bethel era associado de imprensa da embaixada norte-americana em Cuba durante a rebelião anti-Batista e os primeiros anos da revolução. Mais tarde ele trabalhou como chefe da divisão latino-americana da agência de informação dos Estados Unidos, cargo no qual entrevistou centenas de refugiados cubanos que então aportavam ao sul da Flórida. Bethel também ouviu testemunhos sobre a extração do sangue das vítimas dos pelotões de fuzilamento. Finalmente, ele conseguiu entrevistar a Dra. Virginia Mirabal Quesada, que fugira de Cuba pelo México depois de testemunhar, horrorizada, uma dessas extrações. "É absolutamente verdade", ela disse à agência de informação dos Estados Unidos. "Antes de serem fuzilados, os homens são levados a uma pequena sala de primeiros socorros em La Cabaña, onde os comunistas lhes tiram mais ou menos um quarto do sangue – que, então, é armazenado num banco apropriado. Uma parte dele é enviada para o Vietnã do Norte. Às vezes, a vítima está tão fraca que tem de ser carregada até o paredão. Outros, com problemas de coração ou algo do gênero, morrem já durante a extração".[15]

---

[14] Hiram Gonzalez, entrevistado por Enrique Encinosa no documentário *Yo los He Visto Partir*. El Instituto de la Memoria Histórica Cubana Contra el Totalitarismo, 2002.

[15] Bethel, *The Losers*, op. cit., p. 383.

Em 7 de abril de 1967, a comissão de direitos humanos da OEA finalmente publicou um relatório detalhado sobre a longa prática de vampirismo da humanística Revolução Cubana. O relatório estava baseado em dúzias de testemunhas oculares que desertaram o país.

"Em 27 de maio de 1966, das seis da manhã às seis da tarde, o pelotão de fuzilamento executou sem parar os prisioneiros políticos da prisão de La Cabaña em Havana", diz o tal relatório. "Cento e sessenta e cinco homens foram executados naquele dia, e de cada um tiraram dois litros de sangue antes da execução. Perder tamanha quantidade de sangue quase sempre causa anemia cerebral e perda de consciência, de modo que as vítimas tinham de ser carregadas até o paredão. Depois, um caminhão levava os cadáveres a uma vala comum, num cemitério localizado fora do perímetro urbano do município de Marianao. Naquele dia, o caminhão teve que fazer sete viagens para conseguir levar todos os corpos. Na Rua 13 do distrito de Vedado, em Havana, um grupo de médicos soviéticos havia estabelecido um banco de sangue que armazenava e transportava o sangue das vítimas cubanas. Ele era vendido a um preço de 100 dólares o litro para a República do Vietnã do Norte".

O comércio de sangue da Cuba comunista – um programa realmente inovador – não recebeu qualquer atenção da grande imprensa e dos "estudiosos" em geral, embora a medicina cubana seja constantemente adulada nos noticiários. O Professor Dr. Juan Clark, que ensina sociologia na Faculdade Comunitária de Miami-Dade, é veterano da Baía dos Porcos e antigo preso político. É também uma das poucas exceções. Sua pesquisa inclui entrevistas com dezenas de ex-presos políticos de Castro e Che, e também com desertores do regime – e todos confirmam a prática. Nem é preciso dizer que nas milhares de páginas dedicadas a seu ídolo, nenhum "biógrafo" de Che menciona o mercado de sangue, ainda que realcem o seu papel como ministro das indústrias já no início de 1961 – *exatamente quando a comercialização de sangue teve início.*

Henry Butterfield Ryan, diplomata e estudioso, lamenta em particular que a brilhante atuação de Guevara como chefe das exportações naquele tempo tenha largamente passado sem o devido louvor. "Onde

Guevara brilhou", ele escreve no seu amplamente elogiado *The Fall of Che Guevara*, "foi no papel de diplomata, especialmente quando se tratava de questões econômicas. Ele conseguiu acordos de exportação e importação no interior do bloco comunista em termos superiores aos da maioria dos países, e isto foi de imensa ajuda para Cuba".[16]

Como veremos adiante, Che era um desastre econômico, e levou à falência todo vestígio do florescente capitalismo cubano pré-revolucionário. Mas a história não deve desprezar o brilhante feito econômico que conseguiu um pronto mercado e pagamento à vista para o sangue *cubano* nas repúblicas socialistas irmãs.

O cúmulo da ironia: este foi o mesmo homem que gostava de proclamar que ajudara Cuba a se libertar da sede dos "vampiros ianques, exploradores imperialistas!".

---

[16] Henry Butterfield Ryan, *The Fall of Che Guevara*. New York, Oxford University Press, 1998, p. 5.

6

Assassino de Mulheres e Crianças

> Com um sorriso de doce melancolia que muitas mulheres acham devastador, Che Guevara dirige Cuba com a frieza do cálculo, vasta competência, inteligência superior e agudo senso de humor.
> – Revista *Time*, 8 de Agosto de 1960.

Em 17 de abril de 1961, uma jovem contrarrevolucionária chamada Amelia Fernández García foi fuzilada pelo pelotão de Che.

Na véspera do natal daquele mesmo ano, Juana Diaz cuspiu na cara dos executores que a prendiam e amordaçavam. Ela havia sido condenada por esconder e alimentar alguns "bandidos" (termo com que a Revolução designava os fazendeiros cubanos que pegaram em armas para lutar contra a espoliação das suas terras). Quando as balas lhe estraçalharam o corpo todo – lembremos que todos os rifles traziam munição de verdade –, Juana estava grávida de seis meses.

O Dr. Armando Lago documentou exaustivamente o fuzilamento de onze mulheres cubanas durante os primeiros tempos do regime. E o total de sua minuciosa documentação chega à cifra de 219 mulheres oficialmente assassinadas – mais os casos "extrajudiciais" (nós já vimos o que uma execução "judicial" significava para Che: o veredicto estava dado de antemão).

Lydia Pérez também morreu "extrajudicialmente" em 7 de agosto de 1961, quando estava presa na prisão feminina de Guanajay. Grávida de oito meses, ela incomodou – não se sabe bem como – um jovem guarda, que a derrubou, chutou e abandonou. Ela e seu bebê sangraram até morrer. Olga Fernández e Marcial, seu marido, foram metralhados em 18 de abril de 1961, enquanto corriam até a embaixada da Argentina em busca de asilo político. Amalia Cora e mais cinco pessoas foram metralhadas pelo crime de tentar fugir do país num pequeno barco em 5 de fevereiro de 1965.

Teresita Saavedra, então com vinte e quatro anos, era uma líder católica (leiga) quando a milícia de Che a prendeu em Sancti-Spiritus, sua cidade natal, localizada no centro do país. A invasão da Baía dos Porcos acabara de ser rechaçada, de modo que o governo promoveu uma grande operação "malha fina" a fim de capturar os que haviam colaborado com essa invasão. Teresita, que certamente tinha o perfil de um "colaborador", foi levada por uma escolta armada de metralhadoras até o quartel-general da polícia local. Na sala de interrogatório, foi estuprada várias vezes por cinco milicianos, que depois a soltaram. Ela se suicidou na mesma noite. "Sem Che Guevara, as milícias não teriam sido confiáveis", escreve o biógrafo Jorge Castañeda. O recém-nomeado ministro dos negócios estrangeiros do México está certo. Os milicianos eram incrivelmente confiáveis. E diligentes também.

Duas freiras católicas engordam as estatísticas do massacre de mulheres promovido pelo regime. A irmã Aida Rosa Pérez vivia tirando as autoridades do sério com seus discursos anticomunistas. Finalmente, foi sentenciada a passar doze anos em regime de trabalho forçado, a despeito de ser cardíaca. Dois anos depois, labutando ao sol tropical do Gulag castrista, teve um ataque fulminante diante do olhar indiferente dos guardas. A imprensa está sempre a postos para noticiar atrocidades, como a matança de freiras em El Salvador, todas elas executadas por esquadrões da morte, digamos, "direitistas". Quando o bispo salvadorenho Romero foi assassinado, Hollywood chegou mesmo a lançar um filme a respeito do episódio. Afora esforços isolados, como o corajoso *A Cidade*

Perdida de Andy García, muito poucos diretores vão contar uma história que retrate diretamente as vítimas de Che.

Pode-se muito bem argumentar que Fidel e Che anteciparam o Taleban em bons quarenta anos. A sufocante condição econômica e social criada pela Revolução faz com que o índice de suicídio entre as mulheres cubanas esteja hoje entre os maiores do mundo. Mas isso, contudo, não inibe as Nações Unidas de indicar Cuba para a sua Comissão de Direitos Humanos. Como também o tratamento que o regime castrista dispensa às mulheres não inibe a UNICEF de instituir um prêmio em honra de Fidel e seu país.

Sem dúvida alguma, a revista *Time* não chegou a noticiar o quão "devastador" Guevara realmente foi para as mulheres cubanas.

Evelio Gil Diez tinha dezessete anos quando Che assinou a sua sentença de morte e Marks estourou os seus miolos no mortífero pátio de La Cabaña, cena a que provavelmente Guevara assistiu da janela do seu escritório. Luis Pérez Antúnez também tinha dezessete anos quando olhou os carrascos diretamente nos olhos, segundos antes de ser atingido por uma saraivada de tiros.

Calixto Valdés também tinha a mesma idade quando foi declarado culpado de "crimes contra a revolução", durante um julgamento em massa que igualmente condenou o seu pai Juan. Da sua cela em La Cabaña, Juan viu os guardas entrarem no corredor e se dirigirem à cela ao lado, onde o filho estava preso. Ouviu um tumulto, e então assistiu à luta do filho, chave de braço ao redor do pescoço, sendo retirado da cela. "Covardes!" gritou, chorando de raiva, agarrando e sacudindo as grades. "Assassinos miseráveis!". Enquanto um guarda amarrava o garoto com as mãos para trás, chegaram mais dois. Um deles o pegou pelos cabelos, tentando fazê-lo parar, já que o garoto ainda lutava. O outro o amordaçou (à esta altura, os pelotões de fuzilamento andavam aturdidos com os desafiadores gritos de "Viva Cuba Livre!", "Viva Cristo Rei!" e "Abaixo o Comunismo!").

Juan assistiu impotente à luta do filho. Três guardas conseguiram levá-lo para o pátio, e ele tentou ficar impassível. Pouco depois ele estremeceu com os tiros que atingiram o seu garoto. E estremeceu de novo com o tiro de misericórdia. A sentença de Juan Valdés fora de vinte e cinco anos de prisão. A sentença de morte seria pior que isso?

Rigoberto Hernández tinha dezessete anos quando os soldados de Guevara o arrancaram de sua cela em La Cabaña, amordaçaram-no e o arrastaram para o paredão. Ele alegou sua inocência até o fim. Mas seus apelos eram difíceis de entender – assim como era tímida sua luta, amarrado e amordaçado, contra os soldados que o arrastavam. O garoto havia sido porteiro de um colégio de Havana e era retardado mental. Sua mãe argumentara histericamente a seu favor. Havia implorado, rogado e finalmente provado à "promotoria" que se tratava de troca de identidades. Seu único filho, um garoto em tal estado de saúde mental, *não poderia jamais* ter "armado bombas".

Mas não havia como resistir à pedagogia guevarista do paredão.

"Fogo!" e as balas destruíram o corpo de um Rigoberto amordaçado e vendado, lutando timidamente contra os laços que o prendiam. As "cortes" revolucionárias seguiam as instruções de Che, segundo as quais "as provas são secundárias – são um arcaico detalhe burguês". Lembremo-nos disso, e também da ruidosa ovação que o honorável Fidel Castro, convidado da Universidade de Harvard, dela recebia enquanto, em Cuba, tinha lugar tamanho banho de sangue.

O ponto que em Harvard passou em branco foi o uso do terror para intimidar o público, para fazê-lo saber quem mandava agora, e que destino esperava a todos os que se opusessem. Quanto mais terríveis os assassinatos, mais eles serviam a um tal propósito.

Rosa Hernández, mãe de Rigoberto, lembra o quanto implorou por uma entrevista com Che na tentativa de salvar seu filho adolescente, condenado sumariamente a morrer no paredão de fuzilamento. Guevara graciosamente aquiesceu. "Entre, senhora", disse ele ao abrir a porta do escritório. "Sente-se". Ele, então, ouviu seus soluços e apelos, pegou o telefone que estava em cima da mesa e grunhiu: "Executem o jovem Hernández essa noite". Seus capachos, em seguida, arrancaram a Sra. Hernández dali, que gritava de maneira histérica. Fatos como este sucederam mais de uma vez. Essa gente sofrida ainda vive hoje em dia, a enxugar os olhos vermelhos quando percorrem as longas fileiras de cruzes brancas do Memorial Cubano no Tamiami Park, em Miami. É um cemitério como o de Arlington, só que em miniatura, em honra das vítimas assassinadas por Fidel e Che. Mas os jazigos são simbólicos. A maioria dos corpos ainda jaz em valas comuns em solo cubano.

Muitos dos que visitam o Memorial se ajoelham, outros andam devagar, procurando por um nome. Muitos levam terços nas mãos. E muitas mulheres se abraçam ao parente que as levou até lá, e que então lhes oferece colo. O sujeito de costume não choraria, mas os soluços de sua mãe, avó ou tia lhe parecem contagiosos. Todavia, no mais das vezes ele é muito jovem para se lembrar do rosto de seu tio, pai ou primo assassinado.

"Fuzilado", lê-se embaixo da cruz branca. Executado pelo pelotão de fuzilamento. A velha senhora ainda segura o lenço perto dos olhos e do nariz enquanto esperam o sinal para atravessar a rua, e seu neto a abraça ainda. Ela disse-lhe como o seu avô gritou "Viva Cristo Rei!" antes que a saraivada atingisse o seu corpo.

O neto ainda escolta a sua avó, e ambos cruzam vagarosamente a rua, em silêncio, e dão com um jovem de cabelos em *dreadlocks* saindo de uma loja de música. Sua camiseta estampa a face do assassino de seu marido. Avó e neto, enfurecidos, se voltam para a vitrine da loja. Bem, ali está de novo o rosto do assassino, estampado num pôster gigante; e abaixo do slogan do pôster – "Resista à opressão" –, lê-se US$ 19. 95.

A UNICEF concedeu um prêmio ao regime de Fidel. Sua justificativa era "a prioridade com que o Estado cubano assiste e protege as crianças".

"NÓS EXECUTAMOS POR CONVICÇÃO REVOLUCIONÁRIA!"

Segundo Jorge Castañeda, "Pessoas inocentes não foram executadas em grande número". E uma antiga mentira reza que "É surpreendente ter havido tão poucos abusos e execuções". Em abril de 1959, Dickey Chepelle dizia em matéria do *Reader's Digest* que "o país de Fidel Castro está hoje livre do terror. As liberdades civis foram restauradas" – observação que buscava consolar suas leitoras.

Na verdade, acontecia justamente o contrário. Os historiadores consideram que o decreto que deu plenos poderes a Hitler, sancionado em 23 de março de 1933, está entre os principais horrores praticados pela justiça ao longo do século vinte – decreto este que aboliu o parlamento e as garantias legais dos cidadãos, estabelecendo as bases para a ditadura. Em Cuba, uma lei quase idêntica foi aprovada em 10 de janeiro de 1959 pelo governo de Castro, segundo a qual os massacres dos pelotões de fuzilamento de Che Guevara receberam um estatuto legal. Este decreto foi logo recebido pela imprensa esquerdista como a restauração do império da lei. Castro possuía "uma profunda reverência pelo governo democrático, representativo e constitucional" – escreveu Jules Dubois na *Chicago Tribune* em janeiro de 1959.

"O rosto jovial, embora barbado, do Sr. Fidel Castro tornou-se um símbolo de rejeição da brutalidade e da mentira por parte dos latino-americanos; tudo indica que ele há de recusar o uso da violência e do mando pessoal", concluía o *London Observer* em 9 de janeiro de 1959.

"Castro chega a lembrar Jesus Cristo no cuidado e preocupação com o seu povo", Edwin Tetlow assegurava a seus leitores do *London Daily Telegraph*.

"Humanista" é o termo que o *New York Times* repete à exaustão para cada uma das inovações da Revolução de Fidel e Che. Entre elas, claro, estava a nova lei que *introduziu* a pena de morte em Cuba e possibilitou sua aplicação *retroativa*. Como arremate, esta nova lei – recém-aprovada por um governo que o mundo todo elogiava como modelo de justiça – simplesmente aboliu o habeas corpus.

Em poucos meses, as prisões cubanas tinham dez vezes o número de prisioneiros que tiveram no tempo do bestial governo de Batista.

Embora Che Guevara fosse o chefe supremo dos tribunais, muitos dos executados não receberam qualquer julgamento. Os poucos – e farsescos – julgamentos horripilavam e nauseavam os presentes, inclusive a alguns antigos defensores da revolução. O já citado Erwin Tetlow, correspondente do *London Daily Telegraph* em Havana, começou a reconsiderar sua opinião à medida que assistia às condenações e sentenças de morte anunciadas quase que mecanicamente. E ficou especialmente aturdido quando viu vários desses veredictos anunciados num quadro – *antes que os julgamentos começassem*.[1]

Certo dia, no início de 1959, uma das cortes revolucionárias de Che declarou que Pedro Morejón, capitão do exército cubano, era na verdade inocente. Isto levou o também comandante Camilo Cienfuegos a procurar por Che. "Se Morejón não for executado", gritou, "eu mesmo vou meter um balaço nos seus miolos!". A corte, frenética, se reuniu novamente e logo chegou a um novo veredicto. Morejón foi executado no dia seguinte.[2]

"Eu fui a um julgamento como repórter da NBC", lembra a lenda do rádio nova-iorquino Barry Farber. "O caso do réu Jesús Sosa Blanco me deixou especialmente horrorizado. Tive que sair daquele lugar. Depois um colega me disse que a promotoria – é simplesmente odioso ter de dar nomes legais a estes procedimentos – e apenas a promotoria pediu para que uma das testemunhas apontasse o culpado – e ela apontou *um revolucionário*! Ela não pôde reconhecer o suposto 'criminoso de guerra' que eles estavam julgando. Este tipo de coisa se prolongou por horas a fio. Não havia uma única testemunha de defesa. Eu estive entre os jovens idealistas que de início aplaudiram a revolução, mas logo em seguida, e relativamente cedo, percebi algo de muito errado – percebi que Cuba se encaminhava para uma situação muitíssimo mais problemática que a anterior".

"Foi uma cena sombria", escreveu Ruby Hart Philips, então correspondente do *New York Times* em Havana, sobre um julgamento a que assistiu no início de 1959. "O julgamento aconteceu à noite. As imensas paredes do prédio estavam descascando, e havia apenas uma luz baça. Nenhuma testemunha de defesa fora intimada... o advogado de defesa

---

[1] Lazo, *Daga en el Corazón*, op. cit.
[2] Fulgencio Batista, *Cuba Betrayed*. New York, Vantage Press, 1962, p. 300.

não apresentou defesa alguma... e se desculpava com a corte por ter de defender o prisioneiro. A coisa toda era nauseante. O prisioneiro foi fuzilado às duas da manhã".[3]

Alguns jovens advogados que engoliram a conversa rebelde sobre o caráter democrático, justo e "humanista" da revolução – e tomaram parte na organização legal do regime (chefiada por Che) – foram igualmente arrebatados pelo sentimento de náusea. "Que demora é essa?", gritou o enfurecido Che Guevara para um desses advogados, de nome José Vilasuso, em seu famoso escritório de La Cabaña. Vilasuso, um homem honrado, respondeu prontamente que estava reunindo evidência legal que comprovasse a culpa do réu. Che não teve dúvidas: "Deixe de conversa mole! O seu trabalho é muito simples. Evidência judicial é um detalhe burguês arcaico e secundário. Isto aqui é uma revolução! Nós executamos por convicção revolucionária". José Vilasuso logo fugiu do país.[4]

Um capitão rebelde chamado Duque de Estrada era o superior imediato de Vilasuso. "Vamos apressar as coisas!", disse-lhe Che Guevara certa vez. "Vocês têm de começar a trabalhar à noite. Interroguem os prisioneiros sempre à noite. A resistência mental de um homem é sempre mais baixa durante a noite".

"Certamente, comandante", respondeu-lhe Estrada.

"A propósito, para executar um homem, não precisamos de provas que o inculpem. Precisamos tão-só de provas de que *sua execução é necessária*. É simples".

"Com certeza, comandante".

"Nossa missão não é assegurar as garantias legais", Guevara explicou. "É levar a revolução adiante. Para tanto, é preciso instituir a pedagogia do paredão!".

"Sim, comandante".

"Sem dúvida você conhece o que Trotski disse a respeito, não é, Estrada?".

---

[3] Ruby Hart Philips, *The Cuban Dilemma*. New York, Ivan Obelenky, 1962, p. 62-63.

[4] Pedro Corzo, entrevista com Jose Vilasuso para o documentário *Guevara: Anatomia de un Mito*.

"Não, comandante, infelizmente não conheço".

"Ele disse que o terror é um instrumento político essencial, e que apenas os hipócritas se recusam a admiti-lo. Não se pode ensinar a massa dando-lhe bons exemplos, Estrada. Isso simplesmente não funciona".[5]

Outro respeitado advogado cubano, Oscar Alvarado, ingressou na equipe de Guevara logo no início de janeiro de 1959, nutrindo elevados sonhos humanistas. Já durante os primeiros "julgamentos" revolucionários, porém, havia uma senhora vestida de "mãe", em traje negro e véu de luto, que frequentemente determinava a culpa do acusado. Ela entrava no tribunal, apontava para este último e exclamava: "Sim, é ele! Este é o criminoso partidário de Batista que matou o meu filho!".

Alvarado começou a reparar no rosto que se ocultava sob o véu. Pareceu-lhe que todos os dias a mulher era a mesma. Certo dia, ele mandou que um dos seus assistentes fizesse a barba, se vestisse em trajes civis e sentasse no banco dos réus. "Não há dúvida!", gritou a mulher, que fingia estudar o rosto do acusado. "Eu o reconheceria em qualquer lugar! Este é o criminoso partidário de Batista que matou o meu filho!".[6]

Mas mesmo este procedimento era preciosa perda de tempo. Logo Alvarado percebeu pequenos xis ao lado dos nomes dos réus e perguntou ao assistente de Che quem seriam eles. "Por que você quer saber? Estes são os condenados à morte!", explicou, dando de ombros, como se a lógica falasse por si mesma.

"A execução é nosso instrumento de profilaxia social", é como Fernando 'Pudim de Sangue' Flores-Ibarra, um dos comparsas e promotores favoritos de Che, explicava o assunto tempos depois. Ele havia compreendido o programa muito mais rapidamente que Duque de Estrada.[7]

Não obstante, o erudito biógrafo de Che e articulista do New Yorker, John Lee Anderson, diz-nos que "a maioria dos executados foi sentenciada à morte honestamente, com advogados de defesa, testemunhas e

---

[5] Ortega, Yo Soy El Che!, op. cit., p. 179.

[6] Bravo, La Otra Cara Del Che, op. cit., p. 194.

[7] Armando Valladares, Contra Toda Esperanza. Barcelona, Plaza Janes Editores, 1985, p. 17.

promotores". Como ele pode estar tão certo disso? Ora, ele entrevistou os próprios promotores, enquanto ainda vivia em Cuba. "A cada caso, concedíamos a justa e devida consideração e não chegávamos a um veredicto leviano" – palavras do próprio Duque de Estrada que Anderson, cumprindo com o seu dever, não deixa de citar. "Che tinha sempre uma ideia muito clara sobre a necessidade de... fazer justiça em relação àqueles que fossem considerados culpados de crimes guerra".[8]

"Nossa principal preocupação... era que não se cometesse qualquer injustiça. Che era extremamente cioso disso", confessou a nosso biógrafo Orlando Borrego, antigo comparsa de Che que serviu como "juiz" e, depois, como ministro dos transportes de Fidel Castro.

Ademais, segundo Duque de Estrada (que ainda hoje vive em Cuba como ministro de Fidel Castro), a morte e seus encargos foram mínimos. "Nós tivemos cinquenta e cinco execuções em La Cabaña", diz.[9] Já outros, não mais associados ao regime, descrevem uma realidade algo diferente. "Num encontro acontecido no início de 1959, Che foi interrompido por um assistente que entrou na sala com uma enorme pilha de papéis", lembra José Pujols, que serviu por pouco tempo o regime castrista como diretor de alfândega. "Che tomou-lhe os papéis e começou a assinar, sem dar sequer uma passada de olhos nos documentos. Tratava-se das execuções marcadas para aquela noite".[10]

Para um exilado cubano, ler as "eruditas" biografias de Che é como ler uma biografia de Hitler cujas fontes principais, no capítulo sobre o Holocausto, fossem Adolf Eichmann e Julius Streicher zombando de Elie Wiesel e Anne Frank como de fraudes desesperadas e sem fundamento. Ou uma biografia de Stálin que trata dos "julgamentos de purgação" e do Gulag usando principalmente o testemunho de Andrei Vishinski e Lavrenty Beria, que desprezam Alexander Soljenítsin e o cardeal Mindszenti como dois excêntricos de imaginação fértil. Acrescente-se a isso, por

---

[8] Anderson, *Che*, op. cit., p. 386.
[9] Ibidem.
[10] Pedro Corzo, entrevista com Jose Pujols no documentário *Guevara: Anatomia de un Mito*.

fim, a grande imprensa que, no caso do livro de Anderson, classificou-o, por exemplo, de "Esplêndido! Obra magistral que separa o homem do mito!" (tal como se lê na *New York Times Book Review*) ou "admiravelmente honesto e surpreendentemente documentado!" (*Sunday Times*).

Armando Valladares, que milagrosamente escapou do paredão mas passou vinte e dois anos de tortura no Gulag tropical de Cuba, descreveu de maneira muito sucinta o seu julgamento: "Não havia nenhuma testemunha para me acusar ou me identificar, nem qualquer prova contra mim".[11] O crime, não obstante, era autoevidente: ele havia se recusado a usar um sinal pró-Fidel em sua mesa de trabalho.

Evelio Rodríguez foi executado pelo pelotão de fuzilamento de Guevara em fevereiro de 1959. Sua nora, Miriam Mata, rechaça o tratamento concedido por Anderson à "justiça" de Che Guevara. "Meu sogro era policial em Cuba – não um 'criminoso de guerra partidário de Batista'", diz, com os olhos rasos d'água. "Ele trabalhou para um governo eleito democraticamente nos anos quarenta, e permaneceu no cargo depois de 1952. Não era Batista que o pagava, Deus do céu. Na verdade, ele foi substituído pelo pessoal de Batista. Ele não podia por nada nesse mundo imaginar que os partidários de Che pudessem vir a prendê-lo. Então ele permaneceu em Cuba".[12]

Mas Evelio Rodríguez foi preso e executado por Che poucas semanas depois da vitória rebelde.

Mais uma vez, há certa lógica nisso tudo. Como na Rússia stalinista, também na Cuba de Guevara bastava que alguém possuísse qualquer relação que fosse com um contrarrevolucionário para que pudesse ser condenado à morte. Pedro Diaz-Lanz havia sido piloto pessoal de Guevara durante os entreveros de Sierra Maestra. Em janeiro de 1959, Castro nomeou-o chefe da força aérea cubana, em cujo cargo ele viu os instrutores comunistas de Guevara doutrinando os cadetes da aeronáutica segundo os dogmas marxistas-leninistas. Logo Diaz-Lanz percebeu que essa

---

[11] Valladares, *Contra Toda Esperanza*, op. cit., p. 24-25.
[12] O autor entrevista Miriam Mata, 4 de março de 2006.

doutrinação se espalhava por todo o país, e envolvia todos os membros das forças armadas e da polícia.

Ele pediu baixa de seu posto em maio e tentou alertar seus amigos mais próximos, bem como o povo cubano e os oficiais norte-americanos, sobre o que estava acontecendo em seu país. Pedro colocou mulher e filhos num pequeno barco e fugiu para Miami. Algumas semanas depois, ele alugou um pequeno avião e, sobrevoando Havana, lançou panfletos de alerta ao povo cubano sobre os planos comunistas de Fidel e Che para o país. Seu irmão Gillermo foi imediatamente preso em Cuba e jogado nos porões de La Cabaña. Nenhuma evidência de atividade contrarrevolucionária que o inculpasse jamais se apresentou, mas alguns meses depois Guillermo foi arrancado de sua cela e morto a golpes de baioneta.[13]

Mais ou menos na mesma época, Juan Alvarez-Aballí, pai de cinco filhos, recebeu a visita da polícia cubana. "Nós nos ausentaremos apenas por uma hora ou coisa assim", disse o oficial à amedrontada esposa de Alvarez-Aballí. "Apenas o levaremos para a delegacia para lhe fazer algumas perguntas". Qual era o seu crime? Alvarez-Aballí tinha um cunhado chamado Juan Maristany, que fugira para a embaixada da Venezuela antes que os policiais de Castro o capturassem poucos dias antes. Ele suspeitou que a visita tinha algo que ver com isso. "Não se preocupe, amor". Alvarez-Aballí beijou a esposa. "Eu já volto".

Na verdade, ele foi jogado nas masmorras de La Cabaña. Os rebeldes, humanistas como sempre, simplesmente o faziam de refém para forçar seu cunhado a abandonar o refúgio na embaixada venezuelana. Alguns dias depois, Alvarez-Aballí foi arrancado da cela e sofreu os processos judiciais – tão vanguardistas – instituídos por Che Guevara. Nenhuma acusação foi jamais comprovada. Mas a sentença foi prontamente expedida: morte por fuzilamento.

Alvarez-Aballí tinha que passar diante dos retratos de Fidel e Che no caminho entre as celas e o paredão. "Por causa desses dois desgraçados",

---

[13] Valladares, *Contra Toda Esperanza*, op. cit., p. 27.

Armando Valladares lembra as palavras que ouviu quando o outro passou diante dos retratos, "haverá mais cinco órfãos dentro em breve!". No dia seguinte, seu cadáver cheio de balas foi jogado numa vala comum no cemitério de Colombo em Havana.

Idelfonso Canales era interrogador da polícia militar cubana doutrinada por Guevara, a G-2. Em 1961, ele explicava o funcionamento do sistema para o Dr. Rivero Caro. "Esqueça sua mentalidade de advogado", dizia com soberba. "Não importa o que você disser. As provas que você aduzir não importam, mesmo o que a acusação disser não importa. A única coisa que importa é o que a G-2 disser!".[14]

Para alguns, comparar o início da revolução cubana com o regime nazista ou o stalinista também no seu início parece ultrajante ou fantasioso, um truque típico daqueles "exilados cubanos, conservadores e direitistas malucos". Mas a comparação, ao que tudo indica, não é retórica: os fatos falam por si.

HITLER, STÁLIN E CHE

Muito tempo antes do início da Segunda Guerra Mundial, a Alemanha nazista já se tornara o novo modelo do mal em política. Em 1938, Franklin Delano Roosevelt já chamava Hitler de "gângster", e Winston Churchill se lhe referia como um "arruaceiro sedento de sangue". Mesmo Benito Mussolini, seu futuro aliado, denunciava-o como "pior do que Átila".[15]

No mesmo ano de 1938, conforme nos dizem William Shirer e John Toland, o regime nazista fez nada menos do que vinte mil prisioneiros políticos. As execuções politicamente motivadas devem ter chegado à casa de alguns milhares, cuja maioria consistia em ex-nazistas e se deu durante a indiscriminada carnificina conhecida como "a noite das facas

---

[14] Ibidem, p. 25

[15] Humberto Fontova, "We Love You Fidel". *Newsmax magazine*, 18 de novembro de 2002.

longas". A infame "noite de cristal", como também é conhecida, terrificou a opinião pública civilizada em todo o mundo, tendo causado setenta e uma mortes num país, como a Alemanha de então, de um total de setenta milhões de habitantes.[16] O regime chegaria, como sabemos, a assassinar seis milhões de judeus e outros milhões além deles.

Como é possível comparar a Cuba de Fidel Castro com a Alemanha de Hitler antes da Grande Guerra. A *Agencia de Informaciones Periodísticas* era uma organização de jornalistas cubanos exilados, e esteve ativa – com sede em Miami – nos anos sessenta. O *Boletín Nacional de Noticias*, vol. VI, nº 754, de 27 de dezembro de 1967, calculava que em 1966, 7.876 homens e garotos haviam sido executados pelos pelotões de fuzilamento, e isso num país de um total de 6, 4 milhões de habitantes.[17] A coisa não para por aí. O *Livro Negro do Comunismo* assevera que os pelotões de fuzilamento de Fidel e Che haviam executado 14.000 pessoas em 1970.

A certa altura em 1961, 300.000 cubanos estavam na prisão, de uma população ao redor dos já referidos 6, 4 milhões. Anne Applebaum escreve no seu livro *Gulag* que, feitas as contas, 18 milhões de pessoas passaram pelos campos de trabalho forçado de Stálin. A certa altura, 2 milhões estavam presos, de uma população que chegava aos 220 milhões.

Tomando os números de Toland e Shirer para Alemanha pré-guerra, bem como os de Applebaum para a União Soviética de Stálin, concluir-se-á que, para uma população de apenas 6, 4 milhões, Fidel e Che prenderam e executaram mais, em termos *absolutos*, do que os nazistas, e igualmente mais, proporcionalmente, do que os comunistas.

O próprio tratamento que os nazistas concederam à França conquistada ajuda a ter uma ideia dessa dimensão. O atlas *Harper Collins* da Segunda Guerra Mundial conta 173.260 mortes de civis durante a ocupação nazista, de uma França com um total de 40 milhões de habitantes. Estudiosos e pesquisadores cubano-americanos como o Dr. Armando

---

[16] Ibidem.
[17] James, *Che Guevara*, op. cit., p. 113.

Lago e Maria Werlau, chefe do Cuba Archive Project, documentando meticulosamente todas as mortes causadas pela revolução cubana, estimam um total *mínimo* de 107.805 mortes infligidas pelo regime castrista, das quais 77.833 ocorreram no mar, em desesperadas tentativas de fuga. Quando o assunto passa a ser o número de refugiados políticos de um regime, o caso de Cuba também merece ser comparado à Alemanha nazista. Entre 1933 e 1937, 129.000 cidadãos alemães deixaram a Alemanha, de uma população, como já mencionamos, de 70 milhões.[18] Em apenas cinco anos de regime revolucionário, 500.000 cubanos já haviam deixado o país, de uma população, como também já dissemos, que chegava a apenas 6, 4 milhões. E esta cifra, no caso de Cuba, se refere aos que conseguiram escapar apesar de tudo, deixando para trás, ao fazê-lo, todos os bens e todo o dinheiro que possuíam. Se a viagem de Havana à Flórida fosse mais simples em 1961, e a política de emigração não obstruísse a saída de bens e famílias inteiras (como ocorria em todos os países civilizados, incluindo a Cuba pré-revolucionária), uma única noite bastaria para esvaziar o país. E não esqueçamos: antes da "libertação" perpetrada por Fidel e Che, a imigração em Cuba crescia no sentido *contrário*, havendo gente na Itália ou na Haiti que implorava para *entrar* no país.

Nelson Mandela chegou a dizer que "Che Guevara é uma inspiração para todos ser humano que ama a liberdade". A despeito de todo o sofrimento por que Mandela passou em Robben Island, se tivesse sido mandado a La Cabaña nunca mais teríamos ouvido falar dele.

OS PELOTÕES DE FUZILAMENTO

O banho de sangue promovido por Fidel e Che não estava limitado apenas a La Cabaña e mais uma dúzia de paredões oficiais. Tendo sido desarmada, a população era perseguida pela polícia, a milícia e

---

[18] John Keegan (ed.), *HaperCollins Atlas of the Second World War*. New York, HaperCollins, 2001.

a canalha do Partido, que percorriam as ruas atrás de "gusanos", depravados e *párias* diversos (este último o insulto preferido de Che). Alvos especiais eram todos aqueles que os haviam desprezado no tempo antes da gloriosa revolução, que alçou sumidades como estas do Partido, da milícia e da polícia a posições de autoridade e eminência.

Pergunte-se a qualquer um que viveu nessas condições – cubano, vietnamita, polonês ou tcheco – e saber-se-á que este tipo pessoal de vingança é a principal característica de uma revolução comunista. "Che teve um papel central no estabelecimento do sistema de segurança de Cuba", admite o hagiógrafo Jorge Castañeda.[19] Como vimos, não há um mural da Justiça no prédio do Ministério do Interior – ou polícia secreta. É a figura de Guevara que adorna este quartel-general, assim como a estátua de Félix Zerjínski em Lubyanka, perto do quartel-general da antiga KGB.

"O que um jovem comunista deve ser", foi o título de um discurso de Che para a *Unión de Jóvenes Comunistas* em 1962. "Os melhores dias da vida de um jovem são aqueles em que vê suas balas atingir o inimigo".[20] No pátio do colégio Baldor de Havana, o chefe da juventude comunista levou muito a sério o discurso de Che Guevara.

No dia 7 de outubro de 1962, Ramón Diaz, então com quatorze anos, estava no mesmo pátio do colégio na hora do intervalo quando assistiu ao chefe local da juventude comunista, arma em punho, aproximar-se de um amigo seu. Ramón começou a gritar, apontar e correu para tentar ajudá-lo. Mas o comunista não atirou. Em vez disso, começou a espancar selvagemente – a coronhadas – o amigo de Ramón.

Este último correu e empurrou o comunista, que parou o espancamento, olhou e atirou em Ramón, que morreu ali mesmo na frente de todos os colegas. A revolução armara um estudante encrenqueiro com um revólver, e aceitou passivamente o hediondo homicídio.

---

[19] Castañeda, *Compañero*, op. cit., p. 145.
[20] Guevara, *Que Deve Ser un Joven Comunista*, op. cit., p. 13.

Em 9 de setembro de 1961, a polícia secreta cubana invadiu a casa da família Cardona na cidade de Esmeraldo, na província de Camaguey. Os Cardonas eram suspeitos de abrigar "bandidos contrarrevolucionários". Depois de arrombar a porta, a polícia esvaziou os cartuchos indiscriminadamente em tudo o que se movesse na casa. Assassinaram a família inteira, pai, mãe e dois filhos, um de cinco, outro de seis anos.[21]

Naquele mesmo mês, Armando González Peraza, com quatorze anos então, foi recolhido pela polícia na província de Las Villas. Depois de vários dias procurando, desesperado, junto às autoridades locais, os pais de Armando foram finalmente informados acerca do "suicídio" do filho. A mesma notícia receberam os pais de Elio Rodríguez naquele ano, os quais viviam em Havana. Elio tinha treze anos quando foi levado pela milícia de Che. Nenhum desses garotos tinha qualquer problema mental. "Cometeu suicídio" era o eufemismo castro-guevarista para a expressão "morto tentando escapar" – expressão esta usada muitas vezes pela truculenta polícia que, segundo o rótulo que Hollywood, a academia e a grande imprensa não se cansam de lhe afixar, é evidentemente uma organização "de direita".

Aos vinte e um anos, Lydia Gouvernier era uma vivaz estudante da Universidade de Havana que, de algum modo, atormentava as autoridades. Em 12 de novembro de 1959, ela foi presa pela polícia. No dia seguinte, seus pais foram buscar seu cadáver na delegacia ("Sempre interroguem os prisioneiros à noite. É mais fácil intimidar alguém durante a noite.").

"Era comum que a polícia matasse gente na rua", lembra Ibrahim Quintana, "sempre que alguém parecesse mostrar o menor desrespeito pelo regime". Quintana estava numa posição privilegiada para saber o que dizia. Até finalmente escapar para os Estados Unidos em 1962, ele foi agente funerário da "Funerária Rivero" em Havana. "A vítima era sempre levada para um pronto-socorro do governo – *em primeiro lugar*. Depois ligavam para o necrotério, para que alguém fosse buscar

---

[21] Maria Werlau e Dr. Armando Lago, Cuba Archive Project.

o corpo. A razão para usar o pronto-socorro do governo como parada intermediária obrigatória era que, deste modo, podia-se obter um laudo médico oficial em que a *causa mortis* não fosse ferimento à bala. O morto era transportado num caminhão ou algo do gênero... O governo sempre mandava que o necrotério não deixasse a família ver o corpo. Em oitenta por cento dos casos em que o corpo lá chegava com um atestado de óbito oficial – e no qual a *causa mortis* não era ferimento à bala – nós encontrávamos, sim, marcas de bala no cadáver".[22]

Diferentemente dos cadáveres que se amontoavam nas delegacias cubanas, os corpos que saíam de La Cabaña não requeriam atestados falsos. De mais a mais, tais pessoas haviam sido "legalmente" executadas depois de um "julgamento". "*Causa mortis*: hemorragia interna causada por projéteis de arma de fogo", diziam os atestados de óbito oficiais que o regime enviava a milhares de famílias cubanas, presumivelmente boquiabertas.

"Alguns dos corpos de La Cabaña chegavam diretamente para a nossa funerária, trazidos por um homem chamado Menéndez", lembra Quintana. "Eles sempre chegavam à noite. Então, ao redor das 6h, os corpos eram empilhados e mandados para o cemitério de Colombo. Os mortos traziam um pequeno pedaço de papel nos pulsos, onde se podiam ler seus nomes. O coveiro removia as identificações e descarregava os corpos numa vala comum. Ele recebia rigorosas instruções para aguardar três dias, a partir do 'enterro', antes de avisar as famílias que os corpos estavam nalgum lugar do dito cemitério".[23]

Não muito depois que Che incitara a juventude comunista cubana com seu inflamado discurso de outubro de 1962, um garoto de dezessete anos, Armando Piñeiro, conversava com um grupo de amigos em frente ao hotel La Perla na cidade de Sancti Spiritus no centro do país. Eram todos adolescentes e, consequentemente, desordeiros, impetuosos e não exatamente discretos. Alguém por favor avise ao Rage Against the Machine

---

[22] Bethel, *The Losers*, op. cit., p. 383.

[23] Ibidem, p. 384.

(grupo que usa Che Guevara como emblema) que se algum grupo de jovens jamais teve motivo para angústia e revolta, foi a juventude cubana a partir de 1959.

O insolente grupo ali diante do hotel La Perla começou a reclamar em alto e bom som do lastimável estado do país, do controle governamental sufocante, das regras mesquinhas, dos idiotas e canalhas que conduziam o país à ruína, do racionamento, do trabalho forçado acompanhado de "canções oficiais", segundo recomendava o ilustre ministro das indústrias, Che, etc. No meio da algazarra, apareceu um jovem miliciano comunista empunhando sua luzente metralhadora tcheca. No mais das vezes, isto bastava para dissipar rapidamente uma tal manifestação. Mas esse grupo ou não o via, ou não ligara para ele.

O miliciano não gostou do que ouviu e parou diante do grupo. Os adolescentes finalmente pararam de falar e olharam para ele, que então atirou, esvaziando todo o pente de balas nos jovens à sua frente.

Armando Piñeiro caiu morto no chão, junto com os amigos Carlos Rodríguez, Ismael Lorente e René Odales. Muitos outros se contorciam e gritavam.[24]

Alguns poderiam classificar esse tipo de episódio de "dano colateral". Mas os próprios escritos e exortações de Che Guevara ajudam a esclarecer a matéria. Assim ele escreveu: "A cooperação do povo pode muito bem ser conseguida mediante o uso de terror sistemático".[25]

Neste caso que acabamos de ver, foi um jovem miliciano que puxou o gatilho. Segundo a observação de Jorge Castañeda, ele era totalmente "confiável".

Um antigo colega revolucionário certa vez se queixou a Che das dificuldades de angariar fundos para a rebelião anti-Batista, especialmente na província de Matanzas. "É de certo modo compreensível que assim seja", disse o revolucionário. "Pois, ao fim e ao cabo, o que eu lhes posso oferecer além da possibilidade de viver em democracia, se nós ganharmos?".

---

[24] Eloy Escagedo, "Masacre de Jovenes en Sancti Spiritus". CircuitoSur.com.

[25] Sauvage, *Che Guevara*, op. cit., p. 157.

"Não perca o seu tempo com isso", retorquiu Guevara, com desprezo. "Isso quase nunca funciona. Experimente oferecer-lhe *terror* – ameace-os com *terror* se não contribuírem".[26] Extorsão, chantagem e ameaça de morte – traços que jamais veremos no Che da esquerda chique de Hollywood.

Os pesquisadores Maria Werlau e o Dr. Armando Lago documentaram 20.400 assassinatos "extrajudiciais" durante o regime castro-guevarista. Todas as manhãs na escola, as crianças entoam uma canção que começa e termina com "Seremos como Che!". John Lee Anderson parece se orgulhar de que sua própria filha a entoasse também, enquanto a família vivia em Cuba. Mesmo Herbert Matthews não chegou a *este* ponto.

GUEVARA E SEUS CAMPOS PARA "DELINQUENTES"

"Foi aos 9 de outubro de 1967 que as primeiras notícias da suposta morte de Ernesto Che Guevara chegaram aos Estados Unidos", lembra o jornalista John Gerassi, que ensinava na Universidade Estadual de San Francisco. "Fui então abordado por uma aluna. Ela tinha lágrimas nos olhos e um broche em que se lia 'Faça amor, não faça guerra' na camiseta. 'O Sr. acha que isso é verdade?'."[27]

Pelo mundo todo, jovens idealistas choravam aos borbotões por um homem que pregava guerra ininterrupta e serviço militar universal e compulsório para a juventude. "Para mim, aquilo foi a visão mais linda do mundo", escreveu Che sobre um suprimento de metralhadoras entregue à sua guerrilha nas montanhas de Cuba. "Ali sob nossos olhos ardentes estavam os instrumentos da morte!".[28]

---

[26] O autor entrevista o ex-rebelde Santiago De Juan, 16 de janeiro de 2006.
[27] Anthony Daniels, "The Real Che". *New Criterion*, outubro de 2004.
[28] Sauvage, *Che Guevara*, op. cit., p. 263.

Joaquín Sanjenís, cortesia de Ricardo Nunez-Protuondo

Nesta fotografia, note-se o Rolex sob a manga de Che. Muita gente engoliu indiscriminadamente a mítica história de que Che Guevara fosse uma espécie de santo defensor dos pobres da América Latina. Na verdade, ele não passava de um oportunista, sedento de poder e de ganhos materiais, tal como muitas personalidades comunistas que o precederam e sucederam no decorrer da história.

Longe de viver "como alguém do povo", Guevara gozava uma vida eivada de bens materiais em sua luxuosa mansão perto de Havana, a qual incluía uma cachoeira, piscina e uma TV gigante que não fica muito atrás dos modelos de hoje em dia.

Robert Redford, um dos mais confiáveis idiotas úteis de Hollywood, bate perna com Aleida, filha de Che Guevara, durante uma exibição de "Os Diários de Motocicleta" em Havana, no ano de 2004.

Che trocou Hilda, sua primeira esposa, uma peruana de ascendência índia, por uma mulher mais alta e mais loira – uma espécie de "mulher-troféu", também chamada Aleida. O casamento deles em Havana, em 1959, foi o evento social do ano, que incluiu Raul Castro como o principal assistente do noivo. Depois de se casar com Aleida, Guevara continuaria a "melhorar" suas mulheres, tomando a experiente Tamara Tânia Bunke, argentina nascida de pais alemães, como sua amante.

Carlos Santana, que aqui aparece com a mulher, é um desmiolado adorador de Che. "Che tem a ver com amor e compaixão, bicho", diz ele. Nesta fotografia, ele orgulhosamente ostenta sua camiseta de Che Guevara – o uniforme do idiota útil.

Ao desfilar com um biquíni todo estampado com retratos de Che, a supermodelo brasileira Gisele Bündchen demonstra que a sua inteligência em matéria de política é tão curta quanto em matéria de moda.

O ator Johnny Depp usa um medalhão com o retrato de Che como se fosse um crucifixo (Se o leitor olhar atentamente, verá que o medalhão se confunde com os demais colares de maluco.).
Che provavelmente teria condenado Depp como um "pária", e o mandaria prender num campo de trabalho forçado devido a seu cabelo comprido, atitude rebelde e temperamento artístico. Em Cuba, Che não tolerava essas características. A esquerda delira ao acreditar que Che represente o espírito livre e rebelde.

O ator Benicio del Toro protagoniza Che Guevara em dois filmes dirigidos por Steven Soderbergh. Del Toro foi fotografado em Nova Iorque durante as filmagens, no lugar onde Che discursou às Nações Unidas.

Aparentemente, Che não se importava muito com Nova Iorque. Porquanto, em 1962, disse ao *London Daily Worker* que "Se os mísseis nucleares tivessem permanecido em Cuba, nós os teríamos disparado contra o próprio coração da América, incluindo a cidade de Nova Iorque".

Angelina Jolie tem uma tatuagem de Che Guevara, ainda que não revele em que parte do corpo. É irônico: a vencedora do Prêmio Humanitário Mundial, das Nações Unidas, por causa do seu trabalho com refugiados tem uma estreita ligação com um sujeito que deliberadamente provocou uma das maiores "diásporas" do Ocidente, além de ter comandado pessoalmente a execução sumária de centenas de pessoas. Como ele mesmo disse num discurso às Nações Unidas em 1964: "Nós sem dúvida executamos!".

Uma mulher, chamada Juana Díaz, estava grávida de seis meses quando foi executada pelo regime de Fidel e Che em 1961. Cerca de 77 mil cubanos de todas as idades e de ambos os sexos morreram no estreito da Flórida tentando fugir do país natal.

Este mural gigantesco é o pano de fundo predileto do afã fotográfico dos estúpidos turistas europeus que visitam Havana. Adivinhe o leitor: qual é o prédio que o mural enfeita? Resposta: o prédio da polícia secreta de Cuba. Che Guevara é a mascote de um estado policial comunista, mas os idiotas úteis parecem que nunca se dão conta disso.
Sob o retrato de Che, lê-se o famoso *"Hasta la victoria siempre!"*. Fica, porém, a pergunta: a que vitória Che se referia? Isto sempre intrigou os que conheceram a sua incrível perícia em estratégia militar.

José "Macho" Piñeiro, um pequeno fazendeiro cubano, uniu-se ao grupo que, nas montanhas de Cuba, lutava contra a milícia comunista de Fidel e Che. Certo dia, os soldados do regime estacionaram um caminhão em frente à sua casa, e jogaram o seu cadáver no chão, perfurado por quinze projéteis. "Você é a esposa de Piñeiro?", perguntaram à sua esposa, já meio enlutada. "Bem, eis aí o seu marido!" E saíram rindo, acelerando o caminhão.

A rebelião rural em Cuba durou seis anos – de 1960 a 1966. Durante esse tempo, dezenas de milhares de trabalhadores rurais foram mandados para campos de trabalho forçado ou simplesmente assassinados pelo terror comunista.

Aldo Robaina lutou contra Che Guevara até a sua última bala – o que absolutamente não se pode dizer de Che, que se rendeu aos soldados bolivianos com o pente do revólver ainda cheio, e rogando por clemência.

"Meu irmão sempre disse que os comunistas filhos da puta nunca o pegariam vivo", lembra Gillermo Robaina, irmão de Aldo. Armado com apenas sessenta e cinco balas – roubadas do exército que, sustentado pelos soviéticos, Che fingia que comandava – Aldo estava otimista em relação à sua luta. Até hoje, a família não sabe onde ele está enterrado.

Cornelio Rojas, coronel da polícia cubana (que nesta foto vê-se dançando com a mulher Blanca), desapareceu pouco depois da batalha de Santa Clara. Ele era exemplo de filantropia e assistência social na sua comunidade. Mesmo assim, foi capturado pelas tropas rebeldes de Che, enquanto a família se perguntava onde estaria.
Foi executado numa transmissão ao vivo da TV estatal cubana, à qual a família acabou por assistir. Até o seu crânio estourado apareceu em *close*. Sua mulher teve um ataque cardíaco e morreu no mesmo dia.

Felix Rodriguez / fotógrafo desconhecido

Nesta fotografia, tirada em 9 de outubro de 1967, vê-se Che Guevara feito prisioneiro dos soldados bolivianos. Ele se rendeu com o revólver carregado, implorando: "Para vocês, sou mais valioso vivo do que morto". Horas depois, os bolivianos o executariam antes que ele desse ensejo a uma real revolução comunista no país.

À sua esquerda vê-se Felix Rodríguez, um exilado cubano que se tornou oficial da CIA e ajudou os soldados cubanos a capturarem Che. Até hoje Felix usa o Rolex de Guevara – uma presa de somenos importância, considerando o que o próprio Che e sua súcia roubaram do povo cubano.

Um jovem cubano chamado Emilio Izquierdo, então com dezoito anos, recebeu a notícia da morte de Che no mesmo dia da mencionada aula do professor Gerassi. Mas sua reação foi gritantemente distinta da hipponga de San Francisco. "Ah, como eu quis comemorar!" lembra Emilio, que hoje vive em Miami. "Pular de alegria, dar uma festa, abraçar a pessoa que me dera a notícia!".

Mas isso não teria sido inteligente. Afinal, a notícia da morte de Che lhe fora comunicada por um guarda armado com metralhadora. Emilio, note-se, estava numa prisão para delinquentes e párias em outubro de 1967. O sistema penal em voga na Cuba daqueles dias fora implantado por Che Guevara (o herói dos estudantes que bradavam "É proibido proibir") em 1960, num lugar chamado Guanahacabibes, no extremo oeste da ilha.

A "justiça revolucionária" de Fidel e Che fizera muitos avanços naquele mesmo ano. Não houve naquele ano julgamentos de araque sem advogados de defesa e, como em 1959, presididos por "juízes" que não passavam de criminosos vulgares e iletrados condenando milhares de pessoas ao paredão de fuzilamento. "Nós mandamos para Guanahacabibes gente que haja cometido algum crime contra a moral revolucionária", anunciou o próprio Che em pessoa. "O trabalho é duro... as condições de trabalho são severas...". E o resto se adivinha.[29]

"Reabilitação" era o objetivo dos campos de trabalho forçado de Guevara. John Lee Anderson usa o termo sem aspas e, ao que tudo indica, em sentido denotativo em sua biografia. Pol Pot e Ho Chi Min prefeririam o termo "re-educação" ao se referirem a um processo muito similar.

"Trabalho escravo e tortura" é a classificação de Emilio Izquierdo e outros milhares de jovens que sofreram em campos desse tipo antes, durante e depois de 1960. Como os Gulags de Stálin, as prisões cubanas estavam lotadas de dezenas de milhares de parasitas sociais, vadios e homens impossíveis de endireitar. Talvez seja mais que mera coincidência

---

[29] Castañeda, *Compañero*, op. cit., p. 178.

a circunstância de a assinatura de Ernesto Guevara, em sua correspondência mais antiga, ser precisamente "Stálin II".

No devido tempo, toda a ilha se transformou numa imensa prisão. Che instituiu um "avançado" programa de trabalho "voluntário" durante os fins de semana, além das sessenta e quatro horas semanais, que levou o operariado cubano à exaustão. Antes de serem libertados por Che, os trabalhadores cubanos haviam se acostumado a condições de trabalho e benefícios tais que causariam inveja a um Lane Kirkland e um George Meany. Com efeito, durante as décadas de quarenta e cinquenta, a mão-de-obra em Cuba era proporcionalmente mais sindicalizada que a nos Estados Unidos. E o líder sindical Eusebio Mujal fazia Samuel Gompers e Jimmy Hoffa parecerem cãezinhos de estimação.

Professores universitários e a grande imprensa papagueiam a fábula castro-guevarista de que a Cuba anterior à revolução fosse um poço de pobreza e de miséria para os trabalhadores. Susan Sontag deplora o "subdesenvolvimento" do país num discurso intitulado *Ramparts*. O *New York Times* se referiu ao mesmo período como "a antiga economia semifeudal" de Cuba, e louvou Fidel e Che pela "promessa de justiça social que trouxe um antegozo de dignidade humana para milhões que não tinham qualquer conhecimento dela no período anterior à revolução".

Por volta de 1965, a atividade contrarrevolucionária decaía drasticamente no país. O acordo entre Kennedy e Kruschev assinado em outubro de 1962 tirara a força de boa parte da resistência anti-Castro, incluindo a feroz e sangrenta rebelião de Escambray. Então o regime castrista – necessitando de um novo pretexto para as prisões em massa, a intimidação da população e, acima de tudo, o trabalho escravo – soltou a polícia em cima dos "elementos antissociais", "transviados", "delinquentes", e aqueles que Che Guevara adorava chamar de "párias" (termo que revela sua famosa sobranceria). Os alvos aqui eram os jovens, com ênfase especial nos cabeludos, supostos ouvintes de *rock and roll*, os religiosos incorrigíveis e – particularmente – os homossexuais. *Periculosidade pré-delitiva* era a acusação favorita do regime contra esses jovens.

O comprimento dos cabelos, o olhar irônico, o gosto musical, as roupas, a prática do cristianismo, a história familiar, a recusa a trabalhar como "voluntário" nos fins de semana – qualquer uma dessas coisas te faria um transgressor da moral revolucionária.

Entre os companheiros de prisão de Emilio estavam testemunhas de Jeová, católicos, protestantes e filhos de prisioneiros políticos – todos pegos na malha policial cubana de meados dos anos sessenta. Um tal sistema de campos de trabalho forçado que prendeu Emilio Izquierdo e dezenas de milhares de outros jovens era chamado de Unidades Militares de Ajuda à Produção. O eufemístico nome oficial, contudo, geralmente abreviado em UMAP, pouco fazia para ocultar sua verdadeira natureza: campos de trabalho forçado. Na Rússia de Stálin, acontecia o mesmo com as iniciais GULAG...

Esses campos eram completamente cercados por arame farpado e ferozes cães de guarda, além de incontáveis metralhadoras postas nas torres de vigilância. Como vimos, o campo para homossexuais ostentava os dizeres "O Trabalho os Transformará em Homens" sobre o portão principal – o que, de forma não pouco macabra, ecoava o famoso "O Trabalho os Libertará" de Auschwitz.

As UMAP incluíam trabalho brutal sob o sol dos trópicos, além de espancamentos e execuções sumárias a todos os vadios e preguiçosos. Tal como em Guanahacabibes, nenhum dos prisioneiros das UMAP havia sido condenado, ainda que fosse nos vergonhosos tribunais castristas, por quaisquer crimes "contrarrevolucionários". Caminhões da polícia ou do exército simplesmente passavam pelo conhecido ponto homossexual de Havana, ou pelo ponto de encontro de roqueiros, ou perto de qualquer igreja: então quem quer que fosse visto num desses lugares era ameaçado com metralhadoras e, pois, tinha entrar nos caminhões. "Todo o mundo na prisão quis comemorar quando ouvimos que Che tinha sido morto", lembra Emilio Izquierdo, que sobreviveu para se tornar, hoje, presidente da Associação dos Presos Políticos das UMAP.

"Podia-se ver que todos tentavam disfarçar a alegria, porque os guardas observavam a todos *muito atentamente* então, olhando-nos minuciosamente os rostos. Eles queriam porque queriam detectar o mais leve sinal de alegria. Isto seria um crime muito sério contra a 'moral revolucionária' – como diria o próprio Che. E então os guardas teriam uma desculpa para liberar o seu sadismo".

"O regime de Fidel e Che empregava sádicos e psicopatas – gente que nunca deveria sair do hospital psiquiátrico – como guardas e administradores desses campos", continua Emilio. "Temo que todos os regimes totalitários façam o mesmo. Eu li os livros de Alexander Soljenítsin, de Elie Wiesel, dos prisioneiros americanos em Hanói, e vejo que tudo aquilo me é muito familiar. Como quer que seja, muitos desses guardas – a despeito de toda a propaganda do regime sobre a campanha de alfabetização – eram praticamente analfabetos. Eles adoravam encontrar qualquer desculpa para espancar, confinar na solitária, expor ao mortal calor do meio-dia, e até atirar nos presos. Eu vi garotos mortos à bala simplesmente porque não foram capazes de suportar a carga de trabalho. Você tenta explicar essas coisas à gente desse país e ninguém acredita. Eles simplesmente não conseguem imaginar esses horrores a apenas cem quilômetros de distância – muito menos quando foram conduzidos por homens que grande parte da imprensa internacional considera como reformistas bem-intencionados".

"Mas um pobre jovem não conseguiu disfarçar sua alegria com a morte de Che", lembra Emilio. "Ele não pôde. Não creio que estivesse mais feliz do que qualquer outro de nós – mas simplesmente não se pôde conter. Então os guardas o arrancaram da cela e logo depois ouvimos os gritos – acompanhados de risada. Quando estavam de bom humor, uma das punições favoritas dos guardas era tirar as roupas do prisioneiro e amarrá-lo na cerca, completamente nu, ao pôr do sol. As UMAP ficavam na zona rural do país, não muito longe da costa. E todos já ouviram falar dos pernilongos cubanos...".

"A picada desses bichos não difere muito de uma picada de vespa. Ora, os guardas adoravam assistir a esses pernilongos sangrentos praticamente cobrir os corpos nus dos desamparados prisioneiros, picando e picando por horas, até os levar, em agonia, à quase insanidade.

O prisioneiro podia ficar preso àquela cerca por dois dias sem comida nem água. Apenas com a gargalhada dos algozes".[30]

"Outra brincadeira muito comum", lembra Cecilio Lorenzo, companheiro de Emilio, "era montar num cavalo, laçar um prisioneiro de que não gostassem, e galopar. Um amigo meu, então com dezessete anos, foi arrastado por quase dois quilômetros através de estradas de terra, cardos e espinhos. Ele voltou inconsciente e coberto de sangue".[31]

O próprio Che explica o assunto em seu livro O Socialismo e o Homem em Cuba: "Para que as massas sigam a vanguarda, devem ser expostas a influências e pressões de uma certa intensidade".

CHE E OS CÃES

Che matou muitos homens, mas não em combate. Ele também matou animais, mas não era caçador. Talvez bem a propósito, ele parecia ter uma atração particular pelo melhor amigo do homem. Os próprios Diários de Motocicleta entram nos detalhes do assunto. Pouco depois de deixar a direção de La Poderosa (era assim que se chamava sua motocicleta) a seu chapa Alberto Granados, deu-se um problema com um dos cilindros, e eles tiveram que parar na casa de um casal de camponeses perto da fronteira entre a Argentina e o Chile. O amável casal os acolheu, deu-lhes de comer, e ainda os acomodou no celeiro. Durante o jantar, conta Guevara, o casal os advertiu sobre um feroz puma que circulava por aquelas bandas e, durante a noite, costumava se aproximar das casas.

Quando entraram no celeiro, enfim, os motoqueiros descobriram que a porta não fechava direito. Então Che dormiu com sua fiel pistola carregada e logo à mão, "no caso do suposto leão chileno, cuja

---

[30] O autor entrevista Emilio Izquierdo, 24 de novembro de 2005.
[31] Cecílio Lorenzo, entrevistado por Pedro Diaz Hernandez, 23 de Janeiro de 2002, para La Voz de Cuba Libre.

negra sombra já então nos assombrava, decidir nos fazer uma visitinha noturna".

E como é óbvio, perto do amanhecer os itinerantes argentinos foram acordados por algo que parecia um arranhão na porta do celeiro. Despertos e já pensando no que fariam, Che conta que "Alberto paralisou-se em silêncio atrás de mim". Finalmente, a porta se abriu. "Minha mão tomou a pistola e meu dedo apertou forte o gatilho", escreve Guevara, "quando um par de olhos luminosos nos fitou do meio das trevas".

"Foi o instinto de autopreservação que apertou aquele gatilho", continua ele. Então, Che acendeu o candeeiro e viu que matara "Boby", o cachorro do casal, que ele também conhecera durante o jantar. Che prossegue a narrativa aludindo aos "berros estridentes do marido" e aos "gritos histéricos da esposa", que se abraçou ao corpo de seu cão assassinado.

A todos os que chegaram a conhecer Guevara em Cuba, o caso mais parece uma racionalização, uma fábula que embelezou a loucura primitiva do homem. Por que Che, afinal, não acendeu o candeeiro *antes* de atirar? – pergunta o antigo revolucionário Marcos Bravo. Provavelmente porque *queria* matar o cachorro, ele conclui.

Outras passagens dos próprios escritos de Guevara argumentam contra a possibilidade de ele haver confundido um puma com um cão. Enquanto "lutava" em Sierra Maestra, a coluna de Che fizera amizade com um cãozinho com apenas "algumas semanas de vida", segundo confessa o próprio Che. O bichinho apareceu no acampamento por causa dos restos de comida e também para brincar com os homens: e se tornou o mascote do grupo. Certo dia, enquanto marchavam com o intuito de planejar uma "emboscada" ao exército de Batista, o cãozinho os seguiu, sempre brincando e balançando a cauda.

"Mate o cão, Felix", ordenou Guevara a um de seus homens. "Mas não atire nele – estrangule-o". Lentamente, segundo o próprio Che, Felix fez um laço, colocou-o em volta do pescoço do cão, e começou a enforcá-lo.

Naturalmente, o cão esperava os carinhos habituais. É por isso que balançava a cauda quando Felix colocou a corda no seu pescoço. Este último, à medida que apertava o laço, contorcia o rosto como se fosse a vítima, não o algoz. "O alegre balanço da cauda se tornou convulsivo", escreve Che. "Finalmente, o cão soltou um último latido, que mal se pôde ouvir. Não sei quanto tempo isso levou, mas a mim me pareceu um longo tempo até chegar ao final", conta. "Depois de um último espasmo, o cãozinho jazia imóvel, a cabecinha sobre um ramo qualquer".[32]

Durante a campanha na Bolívia, seu compatriota Dariel Alarcón ouviu Guevara gritando: "Vai, vai, vai, filho da puta!". Ele procurou e viu Che em cima do seu burrico, chutando-o de modo selvagem. O animal não conseguia ganhar velocidade. De repente, Guevara sacou sua adaga. "Eu disse: vai, anda, vai!" Novos gritos. Só que desta vez, cada grito era acompanhado de uma estocada no pescoço da besta – que logo caiu por terra.

Como diz o antigo prisioneiro político Roberto Martín-Pérez, "Havia alguma coisa seriamente errada com Che Guevara".

Pode-se imaginar o que esse estrangulador de cães e estripador de mulas teria feito no "The Che Café", um badaladíssimo ponto estudantil em La Jolla, Califórnia. Os proprietários condenam o massacre de animais, de modo que o café se orgulha do cardápio estritamente vegetariano. "*The Che Café* é um lugar ótimo para encontrar pessoas que desejam um mundo melhor", diz o cardápio.

PAPAI CHE

A biografia de John Lee Anderson – *Che: A Revolutionary Life* – contém muitas (e tocantes) imagens de "papai Che" com suas queridas filhinhas no colo. Ao descrever a cena de adeus, quando Che partiu de Cuba para a aventurosa Bolívia no final de 1966, o articulista do *The New Yorker* toca fundo em nossos corações: "Os últimos dias foram de grande emoção para todos", escreve Anderson, referindo-se à última

---

[32] Bravo, *La Otra Cara Del Che*, op. cit., p. 136.

cena em família. "Mas o mais tocante eram os últimos encontros de Che com Aleida e as crianças. Che estava disfarçado para viajar clandestinamente à Bolívia, e não podia aparecer nem mesmo para as filhas. Papai Che fazia-se, pois, de 'tio Ramón', que estava lá para lhes transmitir o quanto seu pai as amava, e para lhes dar alguns conselhos. Eles almoçaram com o tio Ramón na cabeceira da mesa, como o papai Che costumava fazer".[33]

Nos primeiros meses da revolução, Orlando Borrego era um "juiz" sem qualquer preparo legal. Ele presidia julgamentos postiços nesta época em que centenas de cubanos, sob as ordens de Che, eram mandados ao paredão de fuzilamento todos os dias. Ele permaneceu em Cuba como comparsa e bajulador de Fidel – e neste último cargo, possivelmente, com aprovação oficial. Ora, quando escrevia sua "imparcial" biografia de Guevara, – cujo intuito era separar "o mito da realidade" – John Lee Anderson, que estava em Cuba, teve em Borrego uma das fontes mais atuantes e fidedignas a respeito de papai Che.

Borrego também esteve presente na triste despedida de Che. "Para Borrego, a última visita de Che à sua filhinha Celia, então com três anos, [...] foi uma das experiências mais vivamente tocantes que já havia testemunhado", suspira Anderson. "Lá estava Che com sua filha, sem lhe poder dizer quem era nem abraçá-la como um pai abraçaria".[34]

No processo de "separar o mito da realidade", Anderson não menciona as centenas de mães e filhas que esperariam na porta de La Cabaña por uma última chance, não já de tocar, mas apenas de ver, quem sabe, ou dizer alguma coisa a seus filhos e maridos e pais condenados à morte por papai Che.

"Um dia, nós já esperávamos havia horas sob o sol escaldante", lembra Margot Menéndez, que esperava poder ver o pai. "Finalmente, vimos um carro sair e ninguém menos que o próprio Che dentro dele – de modo que começamos a gritar, implorando por alguém que nos deixasse entrar

---

[33] Anderson, *Che*, op. cit., p. 700.

[34] Ibidem.

e ver os nossos entes queridos. Che mandou parar o carro e abaixou o vidro. 'Vocês merecem um castigo!', diz ele. 'Nada de visitas essa semana!' – e torna a subir o vidro. Então começamos a gritar ainda mais alto. E notamos que ele havia apanhado o rádio e chamado alguém. Dentro em pouco, muitos soldados haviam saído de La Cabaña com cassetetes e metralhadoras em punho, e começaram a dispersar a multidão".[35]

"Eternamente, minhas crianças, um grande beijo e um abraço do papai", palavras, segundo Anderson, da última carta de Che para as filhas.

"O máximo que Che podia fazer era pedir às filhas que lhe dessem um beijinho no rosto", Anderson continua. Papai Che partia para a Bolívia, então "seus olhos marejaram. Aleida estava acabada, mas conseguiu conter as próprias lágrimas".[36]

Uma mulher chamada Bárbara Rangel-Rojas, que hoje mora em Miami, sofreu muito ao lado de Borrego e Anderson com o triste adeus de papai Che às filhinhas.

Pouco depois da falsa batalha de Santa Clara, seu avô Cornelio Rojas desapareceu. O homem era um dos pilares de sua comunidade, amado e estimado por seu trabalho comunitário e sua filantropia. Também era coronel da polícia. "Naturalmente, minha mãe, avó e meu pai suspeitaram que ele havia sido preso", diz. "Mas todo esforço por encontrá-lo era em vão".

Passou uma semana inteira sem que a família Rojas tivesse qualquer notícia do paradeiro do patriarca. "Nós estávamos todos preocupadíssimos – especialmente minha mãe, que naquela altura estava grávida de seis meses. Minha avó aparentava uma impassibilidade estoica, mas nós adivinhávamos seus verdadeiros sentimentos. Ela estava em pedaços".

Em 1959, a maioria das famílias cubanas era composta por três gerações vivendo na mesma casa. Os familiares eram muito próximos. "Como quase todas as meninas em Cuba, eu era muito próxima do meu avô", confessa. "Jantávamos juntos todas as noites. Todas as noites eu sentava

---

[35] O autor entrevista Margot Menendez, 16 de Março de 2006.

[36] Anderson, *Che*, op. cit.

no seu colo, na sala de estar. Ele literalmente dificultava minha educação com tantos presentes e atenção constante. Eu tinha apenas sete anos, então, mas lembro-me de tudo isso com muita clareza".[37]

Uma semana depois do desaparecimento do avô, Bárbara ouviu sua mãe lhe chamar da sala de estar. Ela correu e notou que a mãe apontava para a televisão, ao lado da avó que, pasma, punha a mão na própria boca. Era precisamente o avô que estava na tela.

"Ele estava vivo", diz, "aparentemente livre, sem algemas nem nada. Ele era uma figura importante na província havia décadas. Minha família lutara em todas as guerras pela independência de Cuba. Então, o fato de ele aparecer no noticiário, num primeiro momento, pareceu-nos completamente normal. Olhamo-nos nos olhos. Minha avó parecia aliviada. Seu marido, na TV, não parecia nem um pouco assustado – ou sob qualquer tipo de coerção".

Então o ângulo da câmera mudou e viu-se Rojas de pé, as mãos para o alto, falando alguma coisa. "Logo vimos que ele estava de frente para o paredão. Minha mãe franziu o cenho. Minha avó se curvou na direção da TV".

Depois disso o ângulo voltou a mudar, e viram-se os rifles – apontados para Rojas. "Minha mãe e minha avó, gritando, se abraçaram. E ele estava lá, diante do pelotão de fuzilamento. Mas, tipicamente, recusara-se a usar uma venda e olhava os algozes de frente. Ele próprio se preparava para dar a ordem...".

"*Fuego!*" O coronel Cornelio Rojas deu a ordem e o pelotão matou-o diante da família em prantos. Foi um espetáculo horrível. A câmera fez uma tomada próxima, na qual se podia ver a cabeça e o corpo espedaçados, e o sangue que escorria.

"Minha avó desmaiou ao assistir à cena", lembra. "Minha mãe gritava, eu chorava. Então nós duas fomos acudi-la".

A avó de Bárbara não pôde ser reanimada. Sofrera um ataque cardíaco fulminante devido ao que acabara de ver na TV. Juntou-se

---

[37] O autor entrevista Barbara Ranjel-Rojas, 7 de fevereiro de 2006.

quase que no mesmo momento ao marido e companheiro por mais de quarenta anos.

"Depois de poucos minutos", lembra Bárbara, "minha mãe, muito traumatizada, entrou em trabalho de parto. Ela conseguiu chamar algumas vizinhas e logo elas vieram. Meu irmão nasceu prematuramente ali mesmo no quarto, com o corpo de minha avó, já frio, ainda na sala de estar, e o de meu avô na TV. Até hoje não sabemos onde ele foi enterrado. Uma vala comum, certamente, como muitos outros. O assassino chamado Che nem sequer nos concedeu o consolo de um funeral, com uma cruz e flores e tudo o mais... Como será possível esquecer tudo isso? Essas coisas me perseguem até hoje".

Caridad Martínez tinha dez anos de idade em 1959, quando um grupo de milicianos invadiu sua casa carregando dois caixões de madeira muito malfeitos, e os jogou no chão da humilde sala de estar. "Este é Jacinto" (o pai), disse um barbudo mal-encarado, "e aquele é Manuel (o tio). Nós não queremos saber de funeral ou qualquer demonstração de luto!".[38] Eles então olharam para as mulheres e crianças estupefatas, saíram e voltaram para La Cabaña, onde o querido papai Che assistira à execução de Jacinto e Manuel com o prazer habitual.

"Nossa família nunca mais foi a mesma", diz Caridad, hoje com cinquenta e cinco anos. "Minha mãe se tornou em mera sombra do que havia sido. Eu costumava ir ao pátio, onde ninguém poderia me ver, para poder chorar. Eu era apenas uma garotinha, e tinha muito medo que os homens de Che voltassem e, vendo-me chorando, machucassem a todos".[39]

De modo muito semelhante à decapitação de Nicolas Berg, executada pelo Al Qaeda, os assassinos de Che intimidavam e aterrorizavam. O fuzilamento televisionado de Cornelio Rojas[40] fora uma versão

---

[38] Tanía Díaz Castro, "Por qué fusilaron a mi Papá?". Cubanet.independente, 4 de dezembro de 2000.
[39] Ibidem.
[40] O fuzilamento pode ser visto em http://aguadadepasajeros.bravepages.com/menu1/fusivista.htm

pioneira do que, mais tarde, se tornaria a especialidade dos terroristas no seu uso da internet.

Milhares de outras mães, filhas, irmãs, tias e avós cubanas simplesmente recebiam um telefonema anônimo comunicando que os corpos de seus homens estavam agora no cemitério de Colombo. Geralmente, tratava-se de valas comuns. Visitá-las com flores e cruzes poderia resultar em nova visita dos amiguinhos de papai Che.

"Eu e milhares de outras garotinhas cubanas nunca mais teríamos o colo de nossos pais e avôs. E a culpa era daquele argentino bastardo", diz Bárbara Rangel-Rojas. "Quando me lembro da corajosa morte de meu avô e de meu tio – então me ocorrem também as famosas palavras de Guevara ao ser capturado: 'Não atirem! Eu sou Che Guevara! Para vocês, valho mais vivo do que morto!'. Entre o choro e o riso, a verdade é que ainda choro por tudo o que aconteceu".

Um fulminante ataque cardíaco não foi o bastante para a família Rojas depois da execução pública do patriarca. Dois anos depois, o tio de Bárbara, que fugira para os Estados Unidos, voltou à pátria aportando na Baía dos Porcos de rifle nas mãos, disposto a libertar o país de Che e seus comparsas. Seu nome era Pedro, e tinha apenas dezessete anos.

Depois de três dias de batalha campal naquele lugar maldito, o jovem tio de Bárbara estava maltrapilho, sedento e provavelmente delirante. Um oficial da CIA chamado Grayston Lynch havia treinado esses homens, e chegou mesmo a lutar ao lado deles, que se tornaram seus amigos. No terceiro dia de batalha, ele estava no seu navio a uns cinquenta quilômetros de distância quando ouviu de Washington que haviam sido abandonados. Não chegaria munição, nem cobertura aérea, nem reforço, nem suporte naval. Furioso, ele contactou seus irmãos de armas e se ofereceu para os levar de volta aos Estados Unidos.

"Nós *não* vamos recuar!" disse o comandante pelo rádio, a despeito dos quarenta e um mil soldados comunistas e muitos tanques soviéticos que fechavam o cerco sobre os mil e quatrocentos soldados que agora lutavam sós. "Nós viemos para lutar! E isto é tudo!".

"Meus olhos se encheram de lágrimas", recorda Lynch. "Nunca, em meus trinta e sete anos de então, eu havia sentido tanta vergonha do meu país".

Depois de gastar a última bala naquela praia, Pedro Rojas foi capturado e assassinado a sangue frio pela milícia comunista de Che.

7
O Intelectual e Amante da Arte

> Che não é apenas um intelectual, mas foi o mais completo ser humano de nossa época: nosso homem mais perfeito.
> – Jean Paul Sartre.

Todos os biógrafos de Che insistem na sua afinidade com assuntos intelectuais e literários. "Che se interessava por tudo, desde sociologia e filosofia até matemática e engenharia", escreve Tom Gerassi, antigo editor da *Times* e da *Newsweek*. "Havia mais de três mil livros na casa de Guevara".[1]

"O menino asmático passou longas horas [...] desenvolvendo um intenso amor pelos livros e pela literatura", escreve Jorge Castañeda. "Ele devorou os clássicos infantis da época, mas também Robert Louis Stevenson, Jack London, Júlio Verne. Também conhecia Cervantes, Anatole France, Pablo Neruda [...] Ele lia os livros de todos os ganhadores do Nobel e tinha acaloradas discussões com seus professores de história e literatura".

John Lee Anderson cita um amigo de Che do tempo dos *Diários de Motocicleta*: "Para Ernesto Guevara, tudo começava com literatura". E, mais à frente, arremata, referindo-se ao seu "voraz apetite de leitura" e "imensa curiosidade intelectual".

Não obstante, um dos primeiros atos do bibliófilo depois de entrar em Havana em janeiro de 1959 foi promover maciça queima de livros.

---
[1] Ebon, *Che*, op. cit., p. 13.

Todos vemos continuamente a cena dos bastardos nazistas queimando livros na Opernplatz em Berlin. Provavelmente não passam duas semanas consecutivas sem que o History Channel nos lembre dessa atrocidade intelectual, com Goebbels ao fundo urrando que "essas chamas não apenas iluminam o fim de um tempo antigo; elas acendem o novo!". Muitos já ouviram o célebre dito do poeta alemão Heinrich Heine: "Hoje, queimam livros; amanhã, pessoas". Na Berlin atual, há um monumento que faz referência ao episódio.

Esta, com certeza, é uma as funções da história, necessária para relembrar e redizer. Os esquerdistas são especialmente sensíveis – às vezes supersensíveis – a esta função. Suponha-se que uma escola conservadora se recuse a atribuir a Darwin e James Joyce um lugar de destaque em seu currículo, e lá vão os esquerdistas bradar que o próximo passo é queimar os seus livros, repetindo na América o episódio alemão.

Mas e quanto à atrocidade que Che cometeu em Cuba? "O retrato de Che agora está completo e eterno", diz o *London Times Literary Supplement* sobre o livro de Anderson.

Pode-se, então, procurar quanto se queira neste livro: não há nenhuma menção, absolutamente nenhuma palavra, sobre a maciça queima de livros que Che promoveu.

Mas ela aconteceu, em 24 de janeiro de 1959, no distrito de Vedado em Havana. Sob ordens diretas e expressas de Che, três mil livros foram queimados, em meio aos gritos de "viva!" da canalha comunista.

"Entrei em contato com muitos correspondentes estrangeiros em Havana naquele tempo", lembra Salvador Díaz-Verson, cujos livros, panfletos e arquivos alimentaram o fogaréu, e cuja biblioteca particular fora invadida e pilhada pelos capangas de Che. "Jules Dubois, do *Chicago Tribune*, e Hal Hendricks, do *Miami News*, estavam no meio da dúzia de correspondentes que me acompanhou na inspeção das ruínas de minha biblioteca em cinzas. Nenhum deles atribuiu qualquer importância ao episódio".[2]

---

[2] Salvador Diaz-Verson, *One Man, One Battle*. New York, Worldwide, 1980, p. 105.

Pode-se imaginar a reação da imprensa americana se o incidente houvesse ocorrido apenas um mês antes, sob os auspícios imberbes de Batista e seus capangas fora de moda.

A pública e teatral queima de livros promovida pelos nazistas foi nada mais nada menos do que a tentativa de inflamar as paixões dos presentes. Goebbels *et caterva* escarneciam dos livros pelo nome do autor – Einstein, Freud, H. G. Wells – e mostravam, zombando, o índice de cada um antes de finalmente os atirar na fogueira. Já os motivos de Guevara eram diferentes; não tinham nada que ver com exibicionismo totalitário. Na verdade, Che tentou esconder sua fogueira a todo o custo. A *última* coisa que ele e Fidel queriam era proximidade com os volumes da biblioteca de Salvador Díaz-Verson.

Ora, este último, um renomado jornalista cubano, estudioso e antigo funcionário público, era presidente da Liga Anticomunista de Cuba, uma organização privada de fomento à pesquisa, algo como uma primeira versão de um *think tank*. Desde meados dos anos trinta – apelidada por Eugene Lyons de "a década vermelha" – a sobredita liga devotara-se ao estudo do comunismo. No curso das investigações, Díaz-Verson e seu pessoal compilaram listas detalhadas de membros do Partido Comunista, agentes secretos ou não, e dos mais diversos grupos afins. Em 1959, o número de comunistas e simpatizantes, na América Latina, chegava a 250.000.

Durante a Segunda Guerra Mundial, a liga também investigara as atividades de agentes nazistas na mesma América Latina (lembremos que nazistas e comunistas foram aliados de setembro de 1939 a junho de 1941). Logo no início da guerra, muitos submarinos alemães atacaram navios aliados no Estreito da Flórida. Mesmo Cuba teve quatro de seus navios mercantes destruídos pelos alemães. Salvador Díaz--Verson e seu pessoal descobriram uma célula de agentes nazistas que transmitiam informações para seus superiores alemães. Mas eles foram cercados e sua atividade abafada logo no início. A pena de morte em Cuba, abolida em 1933, foi restabelecida precisamente por causa do incidente. Díaz-Verson e seu trabalho foi muito consultado, então, por um homem que se tornaria seu amigo: J. Edgar Hoover. A amizade e a relação profissional começaram, pois, durante o trabalho antinazista e só vieram a crescer. O chefe do FBI recebia relatórios mensais da Liga Anticomunista.

Os arquivos e livros de Díaz-Verson – especialmente o seu recém-publicado *Czarismo Vermelho*, do qual três mil cópias ajudaram a alimentar a fogueira em frente a seu escritório – consistiam maior ameaça aos planos de Fidel e Che para Cuba do que os livros de Einstein, Freud e H. G. Wells aos de Hitler e Goebbels para a Alemanha. As ligações entre os irmãos Castro, Che e o comunismo estavam largamente documentadas naqueles arquivos, donde a urgência em destruí-los o quanto antes.

"Eu nunca fui comunista", eis como o *New York Times*, cumprindo a cartilha, apresentava Ernesto "Che" Guevara em entrevista publicada aos 4 de janeiro de 1959. "Não gosto nem um pouco que me chamem de comunista!".

Àquela altura, o jornal também repetia o refrão de que "O próprio Fidel é um ferrenho anticomunista" (Nenhuma nota de desculpas ou "Erramos" apareceu neste jornal. São cinquenta anos do mais inflexível regime comunista da história, e o jornal mais famoso do mundo ainda não publicou um *mea culpa* a respeito.).

"Che Guevara nunca escondeu as suas convicções", sublinha o hagiógrafo John Lee Anderson.

"Guevara sempre se pronunciou abertamente sobre os objetivos da revolução castrista. Eu nunca ouvi ninguém – nem mesmo o pior de seus inimigos – acusá-lo de trair a crença numa revolução marxista".[3] Ora, o universalmente aclamado e erudito biógrafo deveria, pois, consultar a edição do *New York Times* de 4 de Janeiro de 1959: exatamente a prova que lhe faltava.

"Che nunca traiu seus ideais", escreveu Ariel Dorfman na revista *Time*.

---

[3] The Legacy of Che Guevara". PBS, 20 de novembro de 1997.

"A vida de Guevara demonstra de maneira irrefutável que ele não foi um hipócrita",[4] escreveu Cristopher Hitchens na *New York Review of Books*. O professor Dorfman e Hitchens também deveriam dar uma olhadinha na já aludida edição do *New York Times*.

No início de 1959, Díaz-Verson já expunha o ardil de Castro e Che com suficiente clareza. Quando o alarmado embaixador norte-americano em Cuba, Earl T. Smith, perguntou ao chefe da CIA em Havana, Jim Noel, no final de 1958, "Este Che Guevara é comunista?", um convencido Noel rapidamente lhe respondeu "Não se preocupe. Temos gente nossa infiltrada em Sierra Maestra. *Castro não tem qualquer ligação com comunistas*" (itálicos meus).[5]

John Topping, o mais alto oficial da embaixada dos Estados Unidos àquela altura, era descrito como "muito capaz" por Lyman Kirkpatrick, então inspetor geral da CIA. Ora, Topping havia zombado e desprezado o embaixador Smith, que era republicano, e suas preocupações sem sentido. Ele acreditava piamente em Jim Noel.

E o superior de Noel em Washington, Frank Bender, conhecido como "especialista" em América Latina, também estava na jogada. "Castro é um ferrenho anticomunista",[6] declarou ele, depois de uma conversa que tiveram durante a visita de Castro aos Estados Unidos em abril de 1959. Bender ficou tão impressionado que planejou estabelecer uma troca de informações entre a CIA e o governo castrista com o fito de combater a crescente onda vermelha no hemisfério. A CIA de hoje tem seus antecedentes...

Mesmo antes de entrar em Havana, os comparsas comunistas de Guevara já o haviam informado sobre o diligente trabalho de Díaz-Verson. De modo que, apenas uma semana depois da tomada de poder, Che enviou um grupo armado diretamente de seu quartel-general em La Cabaña para o escritório de Díaz-Verson. À sua porta ficava um amigo

---

[4] Christopher Hitchens, "Goodbye to All That". *New York Review of Books*, 17 de Julho de 1997.
[5] Ros, *Che*, op. cit., p. 189.
[6] Geyer, *Guerrilla Prince*, op. cit., p. 240.

de Salvador chamado Vicente Blanco, que não deixou os comunistas entrarem. Espancaram-no quase até a morte, arrombaram a porta e começaram a festa. Derrubaram e destruíram todos os móveis antes de começar a rapina de livros e arquivos. O intelectual e, segundo Sartre, mais perfeito homem do nosso tempo, mandou destruir os bens e espancar o pessoal de Díaz-Verson – que logo foi condenado à morte por fuzilamento, pelo crime hediondo de publicar a verdade.

Afortunadamente, sem que Che soubesse, é claro, um amigo do jornalista estava envolvido com a papelada revolucionária. Ele viu a acusação e a sentença de morte a caminho do "promotor público" em La Cabaña e secretamente alertou o amigo. Dada a velocidade e eficiência da "justiça revolucionária" e da "pedagogia do paredão", Salvador Díaz-Verson entrou no porta-malas do carro de um amigo na noite seguinte, e foi levado até as docas onde se fazia a travessia entre Havana e Miami, em cuja balsa ele embarcou incógnito, sem sequer avisar a própria família.

"Mais uma vez, eu chegava aos Estados Unidos sem dinheiro nem passaporte", lembra. "Mas pelo menos eu não jazia morto numa vala comum".

Note-se o "mais uma vez". Apenas seis anos antes, o mesmo Díaz-Verson havia partido para os Estados Unidos alertado pela polícia de Batista, que vivia a incomodá-lo pelos serviços de inteligência prestados a Carlos Prío, o presidente que Batista derrubou com o golpe de 1952. O jornalista, naquela ocasião, não temia pela vida, é bem verdade, e manteve intactos todos os seus bens até que, no ano seguinte, devido a uma anistia geral declarada pelo próprio presidente – a mesma anistia que tirou da cadeia um sujeito chamado *Fidel Castro* –, pôde finalmente voltar a Cuba.

Mas o ponto é que Salvador Díaz-Verson era tudo, menos um partidário de Batista – a justificativa por excelência usada por Che, seus comparsas e seus biógrafos contra as vítimas do novo regime.

"Meu pai simplesmente desapareceu", lembra a filha Silvia, que hoje também vive em Miami.[7] "A qualquer dia, hora ou minuto nós

---

[7] O autor entrevista Sylvia Diaz-Verson, 24 de novembro de 2005.

esperávamos um telefonema para reconhecer o seu corpo no cemitério de Colombo. Isto acontecia a muitíssima gente àquela altura. Ainda por cima, nós sabíamos que Che estava a par de tudo – quero dizer, ele sabia que meu pai sabia que ele era comunista. Então, pode-se imaginar o aperto no coração por que passávamos. De modo que, quando descobrimos, alguns dias depois, que meu pai estava em Miami, ficamos radiantes".

"Também descobrimos que tínhamos que deixar o país – e rápido. Meu pai era já há tempos um grande estudioso do comunismo. Algumas de suas sacadas, então, nos eram familiares. Nós sabíamos que logo logo o pessoal de Che estaria à nossa procura: se não para nos prender, ao menos para esperar pela volta de meu pai".

"Ora, não é preciso ser especialista em comunismo para saber disso!", diz. "Apenas leia *Doutor Jivago*, ou veja o filme! Então minha mãe, meus irmãos e eu partimos para Miami imediatamente. Algumas semanas depois, minha mãe, que mal sabia inglês, já tentava vender produtos da Avon de porta em porta! E meu pai lavava pratos e era jardineiro – na realidade, fazíamos o que podíamos para dar conta das despesas!".

Aos 6 de maio de 1960, com o país já infestado de russos e quase dois mil cubanos mortos no paredão; com a orientação política de Fidel escancarada a quem quisesse e a quem não quisesse ver, e Che na televisão dizendo "O caminho de nossa libertação passa pela vitória sobre os monopólios norte-americanos"; diante de todas essas evidências, enfim, Salvador Díaz-Verson foi ouvido no senado em audiência intitulada "A Ameaça Comunista no Caribe". Pode-se imaginar então a tosse nervosa dos magos da CIA responsáveis pela América Latina naquele auditório. Mas, surpreendentemente, mesmo então, quando já era tarde e todos já deveriam estar a par de tudo, Díaz-Verson teve muito que ensinar. Pois muita gente, no congresso, continuava céptica a esse respeito. Eis um trecho da audiência:

SOURWINE: *É verdade que a polícia de Fidel Castro destruiu arquivos que versavam sobre os comunistas cubanos?*

DÍAZ-VERSON: *Sim, senhor. É verdade.*

SOURWINE: *Quantos arquivos?*

DÍAZ-VERSON: *Eu tinha 250.000 fichas de comunistas latino-americanos e 943 registros pessoais... Por toda a parte, os comunistas agem em duas frentes: uma pública, outra secreta – isto é, uma visível, outra "invisível". Em Cuba, a frente "secreta" é a que opera na prisão de La Cabaña, cujo chefe é Che Guevara*[8].

Até hoje, os "intelectuais" permanecem impassíveis ante o fato de haver dezesseis livreiros apodrecendo nas masmorras de Castro, com sentenças de vinte e cinco anos de prisão, por ousarem vender literatura tão subversiva quanto *A Revolução dos Bichos*, de George Orwell, *I Have a Dream*, de Martin Luther King, e a *Declaração Universal dos Direitos do Homem*, por exemplo. "Depois de condenar os livreiros, os juízes declararam que o material apreendido em suas livrarias 'era inútil', e *mandaram-no queimar*".[9]

Uma autoridade na queima de livros como Ray Bradbury, o autor de *Fahrenheit 451*, ficou simplesmente pasmada. "Eu mesmo pedi a Fidel que mandasse soltar os livreiros, e os colocasse de volta na ativa, para que pudessem exercer o seu ofício de informar por meio dos livros", declarou a sumidade em discurso na convenção anual da American Library Association em 2005.[10]

O LADRÃO DE ARTE

É notoriamente sabido que os nazistas roubavam quadros e objetos artísticos das pessoas que assassinavam ou exilavam. Muitas galerias privadas na Europa receberam uma visitinha deles e foram "arianizadas",

---

[8] Testemunho de Salvador Díaz-Verson, *Communist Thread to the United States Through the Caribbean, U. S. Senate Subcommittee to Investigate the Administration of the Internal Security Act and Other Internal Security Laws, of the Committee on the Judiciary*, 6 de maio de 1960.

[9] Nat Hentoff, "Book Burning in Cuba". *Jewish World Review*, 18 de agosto de 2005.

[10] Ibidem.

segundo eles próprios diziam. Mas os nazistas, e Hermann Goering em particular, normalmente guardavam a pilhagem para si mesmos.

Os castristas faziam parte dessa turma, mas preferiam o termo "nacionalizar". A mansão de Che em Tarara, por exemplo, estava cheias de objetos artísticos. Este luxo durou enquanto o mercado açucareiro da União Soviética pôde sustentá-lo. Mas assim que, em 1990, a máquina de dinheiro parou de funcionar, os ladrões cubanos, desesperados, começaram a anunciar seus artigos no mercado internacional. A Fundação Nacional Cubano-Americana estima que, desde 1991, o regime vendeu mais de mil artigos de preço inestimável, entre pinturas, antiguidades, manuscritos e outros itens roubados de seus proprietários legais.

Desde seu primeiro dia como presidente do Banco Nacional de Cuba, Che Guevara foi particularmente cioso em arrecadar fundos, pessoal e segurança ao então recém-criado Ministério da Recuperação de Bens Espoliados. Este ministério, que parece saído das páginas de George Orwell (como o notará quem quer que esteja familiarizado com o jargão comunista), estava incumbido de "espoliar" (Qualquer semelhança com o Instituto para os Territórios Ocupados, o ministério nazista da "espoliação", *não* é mera coincidência.).

As casas e contas bancárias daqueles que, fugindo de Cuba, fugiam do pelotão de fuzilamento, eram confiscadas pelos diligentes (e fortemente armados) funcionários do dito ministério. As propriedades de todos os que não exibissem o zelo revolucionário apropriado também. Assim como os bens de quem quer que tivesse tido algum problema com os recém-nomeados comandantes e ministros quando estes não passavam de ladrões de carteira, bêbados ou coisa que o valha – vale dizer, antes de serem canonizados pela *Time* e o *New York Times*. E a parte lesada, como sempre, era acusada de conluio com o mefistofélico Batista.

Mesmo essa fachada, por incrível que pareça, deu lugar, um ano depois, à mais escancarada pilhagem. Nas palavras imortais do próprio Che Guevara, então presidente do Banco Nacional, em discurso de 23 de março de 1960: "A fim de conquistar alguma coisa, temos que tirá-la de alguém!".

E foi o que fizeram – algo em torno de 2 bilhões de dólares de empresários e acionistas norte-americanos, e muitas vezes este valor dos próprios cubanos, inclusive obras de arte de valor inestimável.[11] Devido a seu histórico papel de menina dos olhos da coroa espanhola e próspero parceiro comercial dos Estados Unidos, Cuba sempre foi rica em coleções particulares de objetos artísticos. Muitos desses objetos, depois de roubados, renderam muitíssimo aos ladrões nos tradicionais leilões de Londres e de Nova Iorque.

Quando a família Fanjul, exilada de Cuba, começou a notar seus antigos pertences em vários museus por toda a Europa, começaram uma cruzada legal para os reaver. Evidentemente, pelo menos na civilizada Europa, a tentativa foi em vão. Pois esses países haviam sido pilhados pelos nazistas. E fazem tremendo escarcéu por causa disso em todos os fóruns internacionais. Mas daí a aplicar os mesmo princípios à pilhagem de Castro e Che? – não, isso já vai além dos limites. De modo que nenhum país da Europa jamais devolveu à família Fanjul os bens que lhe foram confiscados.

O magnata do açúcar Julio Lobo, que possuía uma das maiores coleções mundiais de objetos relacionados a Napoleão Bonaparte, desde armas, quadros, móveis e documentos históricos, foi vergonhosamente roubado. Muitos desses objetos estão hoje em museus franceses, o que parece ótimo, com a ressalva de que o Sr. Lobo não os doou por vontade própria. Um oficial da embaixada francesa em Havana chamado Antoine Anvil intermediou a venda da coleção Lobo por um preço não divulgado.[12]

Mas nem toda a pilhagem de Castro e Che viria a acabar em museus europeus e casas de leilão. Em recente visita a Cuba, Danielle Mitterand, viúva do ex-presidente francês François Mitterand – que era socialista –, ficou de olhos vidrados quando o governo de Fidel a

---

[11] Fontova, *Fidel*, op. cit., p. 139.

[12] Maritza Beato, "El Saqueo del Patrimonio Cultural Cubano". *El Nuevo Herald*, 1º de março de 2006.

presenteou com um vaso de porcelana de valor incalculável.[13] Ele fora pilhado de uma família cubana tão escancarada e vergonhosamente quanto os nazistas pilharam o Louvre.

Sem dúvida David Rockefeller, em reconhecimento aos serviços prestados a Fidel como financiador da propaganda pelo fim do embargo econômico a Cuba, enriqueceu sua coleção privada com quadros roubados de famílias cubanas. O ex-presidente mexicano Carlos Salinas, o romancista colombiano Gabriel García-Márquez e o ex-jogador argentino Diego Maradona, por exemplo, receberam valiosos objetos de arte do governo de Fidel – todos eles roubados de seus proprietários legais durante a gestão de Guevara como ministro da economia.[14]

O saque, porém, não foi praticado apenas por um dos lados envolvidos. Felix Rodríguez, oficial da CIA que ajudou a prender Che Guevara na Bolívia e foi o último a interrogá-lo, usa até hoje o Rolex que lhe pertenceu.

---

[13] Ibidem.

[14] Ibidem.

8

A Surpresa da Academia

> Ernesto "Che" Guevara é uma das personalidades mais atraentes do século.
> – DAVID KUNZLE, PROFESSOR DA UCLA.

Perto do trigésimo aniversário da precoce morte de Che Guevara, o governo boliviano, na pessoa do presidente Gonzalo Sánchez de Lozada, convidou ao país alguns representantes do governo de Fidel para que todos juntos procurassem pelos ossos de Che.

Diante do papel proeminente de Guevara como destruidor da alma, da moral, da economia e mesmo da geografia do país, a muitos cubanos exilados pareceu que um enterro em Cuba não seria de todo descabido. De modo que, conduzidos por representantes da Bolívia, os comparsas de Fidel foram levados a uma cova perto de uma pista de pouso, na zona rural do país, e desenterraram os restos. Tais restos foram levados de volta a Cuba em 17 de outubro de 1997 e depositados no mausoléu de Santa Clara, aos pés de uma estátua de Che em tamanho gigante, galante como sempre e de rifle em mãos.

Parecia um gesto imensamente humanitário devolver a santa ossada de Guevara ao país que o santificou. Mas, segundo Mario Riverón, que chefiava o destacamento da CIA que o prendeu na Bolívia em 1967, há no episódio algo mais que espírito humanitário. "Castro pagou uma soma altíssima – muitos milhões de dólares – a vários oficiais bolivianos, com o fito de reaver os restos de Che", diz. "O que não significa que foi um mau negócio. O mausoléu de Guevara é uma das maiores atrações turísticas de Cuba. De modo que, eu garanto, Fidel já recebeu muitas e muitas vezes o valor de seu investimento inicial".

Pompa repugnante, cantos, cantos e mais cantos: eis no que se resumiu a extravagância funerária de um dos ícones do regime castrista. "Agora, sua marca indelével entrou para a história", declarou Fidel. "Seu olhar luminoso, profético, tornou-se um símbolo para todos os pobres desse mundo".[1]

Mais de cem mil pessoas agitavam bandeiras de Che ao som de uma boa salva de tiros. "Nós não estamos aqui para dizer adeus a Che e seus camaradas", continuou ele. "Estamos aqui para dar-lhes as boas-vindas. Eu vejo Che e seus homens como um batalhão de soldados invencíveis, que vieram para lutar lado a lado conosco e escrever na história novas páginas de glória".[2]

A extravagância terminou com o mais famoso dito de Che: "Hasta la victoria siempre!".

Ora, mas de que vitória se trata exatamente? Isto foi sempre um motivo de perplexidade a quem quer que tenha estudado a atividade militar de Guevara com olhos abertos e consciência limpa. "Numa palavra, não houve vitória nenhuma, no sentido militar do termo", diz Felix Rodríguez, um dos captores de Che. Mas uma canção revolucionária foi composta para as exéquias oficiais, intitulada "San Ernesto de la Higuera". Como qualquer um pode ver apenas pelo título, esta canção faz um uso grotesco do vocabulário cristão, com o intuito de transformar um comunista em santo, mediante a alusão à vila onde encontrou o seu "triste" fim.

Por uma estranha coincidência, na mesma semana em que os ossos de Che foram enterrados em Santa Clara, Cuba sediou o "14º

---

[1] "Cuba Salute 'Che' Guevara". CNN, 17 de outubro de 1997.

[2] Ibidem.

Festival Mundial de Jovens e Estudantes" – outra orgia de homenagens a Guevara. O festival recebeu 771 "delegados" dos Estados Unidos, país que promove um "embargo" e um "boicote" a Cuba, e apenas 520 da Coreia de Norte.

A excitação não tinha limites. A cativa imprensa de Fidel Castro declarou 1997 "O Ano do Trigésimo Aniversário da Morte em Combate da Guerrilha Heroica e seus Camaradas". Mas uma tal proclamação não excedia em nada as da grande imprensa e da academia mundo afora. Pois o trigésimo aniversário da precoce morte de Che assistiu a uma enxurrada de publicações na imprensa e no círculo editorial americano e europeu que nada ficava a dever às comemorações cubanas.

Grandes editoras relançaram cinco biografias de Che, incluindo a do franco-algeriano Pierre Kalfon, intitulada *Uma Lenda do Nosso Século*. "Ernesto 'Che' Guevara foi um ícone pop de proporções míticas", declarou o Public Broadcasting Service num fórum chamado "O Legado de Che".

"Ele foi o primeiro homem que conheci e achei não apenas bonito, mas maravilhoso", disse Cristopher Hitchens fazendo referência à opinião de Izzy Stone, antigo editor da *Nation*, que não parou por aí: "Com aquela sua barba avermelhada, ele parecia o cruzamento de um fauno com uma imagem de Cristo". Não obstante, o mesmo Stone chegou a escrever que "famílias são desfeitas, gerações e gerações são exiladas, homens são condenados à prisão perpétua". Centenas de milhares de pessoas que hoje vivem no sul da Flórida têm lembranças horríveis de sua terra natal, logo depois que Che Guevara assumiu seus cargos oficiais no governo. Mas o antigo editor da *Nation* não se referia a Cuba, mas aos Estados Unidos da década de cinquenta.[3] Ora, Stone, celebrado hoje em dia como um novo Sócrates, um sábio que sempre defendeu a liberdade e a equidade, observou um dos piores inimigos dos direitos humanos em tempos recentes e não viu nele nada além de *sex appeal*.

---

[3] I. F. Stone, "Mac Carthy and the Witch Hunt". *Stone's Weekly*, 4 de abril de 1953.

No trigésimo aniversário da morte de Che, a Universidade da Califórnia em Los Angeles promoveu um simpósio que, mesmo quando comparado à ovação midiática e acadêmica de Guevara pelo mundo afora, pegou pesado demais: "Trinta Anos Depois: Uma Retrospectiva de Che Guevara, Utopias e Distopias do Século Vinte".

Mas o Centro de Estudos Latino-Americanos da UCLA e o Museu Fowler de História Cultural foram insuperáveis ao promover uma mostra da iconografia de Guevara intitulada "Che Guevara: Ícone, Mito e Mensagem", chegando mesmo a mandar imprimir um livro para comemorar a festa de gala.

"A mostra compreende uns 200 artigos, entre pôsteres, quadros e fotografias, que representam imensa gama de criatividade artística, cubana ou não, alimentada por Che", dizia o cartaz oficial no campus da UCLA. "De um ponto de vista temático, a mostra se divide em grupos, como, por exemplo, 'Che e a América Latina', 'Che e Cuba', 'Che e Todomundo', 'Che e a paisagem', 'Chesus Cristo', 'A mensagem de Che aos pobres'. Ao mesmo tempo ícone cultural e inspiração romântica, sua imagem também foi utilizada em manifestações contra a Guerra do Vietnã e o imperialismo norte-americano".[4]

Nenhum sobrevivente cubano-americano foi convidado para falar neste evento. Mas como prova de isenção e imparcialidade, Jorge Castañeda, escritor, acadêmico, articulista da *Newsweek*, antigo membro do Partido Comunista Mexicano e biógrafo de Che, estava entre os principais palestrantes. Ele evidentemente – dizia-se nos bastidores do evento – é da turma conservadora.

Maurice Zeitlin, professor de sociologia política na UCLA, foi dos primeiros a começar a ovação: "O legado de Che está presente no fato de que a revolução cubana permanece viva ainda hoje", disse, radiante, – e a turba acedeu, aplaudindo-o loucamente. "Che nos ensinou que liberdade, democracia e socialismo são coisas inseparáveis" – e mais aplausos, vivas e aclamação do delírio do professor Zeitlin.

---

[4] "L. A. Syposium Debates Che and Cuban Revolution". *The Militant*, 24 de novembro 1997.

"Isto não passa de asneira!" alguém gritou do fundo do auditório. O professor parou e olhou em volta, enquanto os outros palestrantes e a turba se entreolhavam alarmados.

Outro palestrante, o professor Fabian Wagmister, tentou acalmar a situação, dizendo: "Por mais utópicos que fossem os sonhos de Che, por mais utópico que possa parecer um mundo feito de paz e plenitude universais, não há justiça social possível sem uma tal utopia".

"Asneira total e completa!" ouviu-se de novo de um pequeno grupo que então se movia através da multidão em direção à frente do auditório. "Isto é puro lixo!" disse ainda alguém do mesmo grupo, que já se transformara no centro das atenções.

"Che Guevara foi um porco assassino!" gritou um dos membros do grupo. "Foi, sobretudo, um covarde" gritou um outro.

"Um assassino, mas também um trouxa e um otário!" continuou a primeira daquelas vozes, num sotaque carregado.

"E como é que o senhor pode afirmar a verdade disso, hein?" perguntou um dos palestrantes.

"Porque ele matou o meu pai", respondeu o homem. "E ele o matou com o seu próprio revólver, a sangue frio, quando meu pai se encontrava totalmente indefeso". O auditório ficou em silêncio. Os palestrantes se entreolhavam, perplexos. Finalmente, mandaram que o homem continuasse. "Como disse, meu pai estava totalmente indefeso. Esta, aliás, era a especialidade de Guevara. Primeiro, ele mandou que o espancassem selvagemente. Depois, arma em punho, atirou na sua nuca".

Um dos palestrantes disse que sim, tudo bem, que uma dúzia de homens, ou pouco mais, fora de fato assassinada durante as primeiras semanas da revolução, mas esses homens foram julgados por um tribunal, e declarados culpados de crimes de guerra, tendo estado a serviço do ditador Batista.

"Mentira!" respondeu o mesmo homem, um cubano-americano chamado José Castaño, acompanhado por uma dezena de compatriotas (muitos dos quais veteranos da Baía dos Porcos). De novo pediram-lhe que continuasse. "Meu pai nunca fez mal a uma mosca. Ele era um estudioso das atividades comunistas em Cuba e na América Latina, de modo que sabia que Guevara era um deles já na época em que ele ainda o negava: a mesma época em que os idiotas do New York Times espalhavam pelo mundo inteiro as suas mentiras".

A mesa e a turba se mostravam agora impacientes, mas José Castaño não se intimidou: "O 'julgamento' do meu pai foi uma farsa completa. Mesmo Fidel Castro parecia hesitante em executá-lo". Mais uma vez fizeram-lhe um sinal para prosseguir.

Com efeito, a reputação do pai de José Castaño, o lugar-tenente José Castaño Quevedo, era de tal sorte ilibada que mesmo Fidel se mostrava em dúvida a respeito da pena capital. Quando sua sentença de morte foi publicamente anunciada, muitos perceberam, ato contínuo, as mentiras que vinham sendo urdidas por Guevara e seus capangas. Uma enxurrada de protestos veio de setores tão distintos quanto a Igreja Católica, a embaixada norte-americana e muitos jornais nominalmente "livres". De modo que Fidel não teve outra saída senão mandar um recado a Che em La Cabaña: a execução devia ser revogada.

"Mas Che disse a Fidel que já era tarde", disse Castaño. "A sentença já fora cumprida, e meu pai já estava morto". Castaño olhou em volta e notou que ainda havia gente que parecia duvidar. Ele então foi em frente. "Che Guevara *mentiu*. Pois mais tarde viemos a saber de gente de dentro que meu pai ainda estava vivo. De modo que Guevara sabia que tinha de agir com rapidez. Deus sabe que ele não desobedeceria a uma ordem de Fidel. Então ele se apressou: mandou seus homens arrancarem meu pai da cela, e o levar ao seu escritório: onde foi cruelmente espancado e torturado. Finalmente, o próprio Che sacou a pistola e, como disse, atirou na sua nuca".

"E então...?" Os professores estavam aturdidos pelo que acabaram de ouvir.

"Como é que sei de tudo isso? Vou lhes dizer como. Nós conseguimos retirar o corpo de meu pai de uma vala comum no cemitério de Colombo. Eu tinha apenas quinze anos. Mandamos fazer uma autópsia: os dois fêmures estavam quebrados, e havia ossos quebrados por todo o corpo. Seu fígado estava destruído, sua testa estraçalhada, e havia duas marcas de bala na sua nuca. E não é na *nuca* que o pelotão de fuzilamento atira, não é mesmo?".

A turba, a esta altura, já dava sinais de impaciência, e os palestrantes murmuravam uns com os outros. "Isto se deu logo no início da revolução", disse Castaño. "Muita gente já desertava das fileiras de Fidel e Che. Foi por meio deles que soubemos os detalhes do assassinato – detalhes abundantemente confirmados pela autópsia".

"E não se tratou de 'uma dúzia ou pouco mais' de execuções, não", acrescentou Hugo Byrne, amigo de Castaño. "Che Guevara, seus 'tribunais' e seus pelotões de fuzilamento assassinaram milhares de pessoas! Vocês nem sequer fizeram o dever de casa, e mesmo assim se dizem professores!".

A mesa e a turba estavam francamente aborrecidas agora, e um robusto grupo de estudantes começou a cercar os poucos cubano-americanos que lá estavam. Alguns deles foram empurrados. "Tudo bem", disse Hugo, empurrando também. "Se é assim que vocês querem resolver o assunto, vamos lá fora colocar tudo em pratos limpos!".

O inveterado ultraesquerdista Ralph Schoenman saíra da sede de seu querido (e orwelliano) Comitê Internacional contra a Repressão, em San Francisco, para o evento na UCLA, e entrava na discussão repetindo o jargão de Fidel e Che – a saber, chamando os cubano--americanos de "vermes".

Hugo Byrne não se conteve: "O único verme aqui é você! Não gostou? Então vamos lá fora resolver o assunto, e ver quem é o verme aqui!".

"Quando considero tudo isso hoje", diz Hugo, "vejo que nossa atitude foi infantil. Deus do céu, eu já era bem crescidinho. Mas não podia deixar aquela súcia de comunistas insultar os heróis e mártires de Cuba – amigos meus que arriscaram a vida e foram postos à frente do pelotão de fuzilamento. Não, eu não podia ficar quieto diante disso. Eu simplesmente fiquei louco quando vi aquele merda do Shoenman manchando a memória de homens cujo heroísmo eu testemunhei. Então eu pulei no pescoço dele. "Vocês aí fazendo mil louvores a Che", disse, "e eu lá, sentado, lembrando os homens que ele matou sem louvor nenhum! E cuja maioria foi parar numa vala comum do cemitério de Colombo. E cujas famílias foram aconselhadas a não promover nenhum funeral. Eu estava bufando. Eu não ia permitir que esses idiotas úteis (não é esse o termo?) insultassem esses homens!".[5]

O 'julgamento' de José Castaño Quevedo se deu em La Cabaña aos 4 de março de 1959. Foi, numa palavra, uma piada de mau gosto, mesmo para os padrões do gabaritado esquadrão legal de Guevara. A maioria dos cubanos conhecia a ilibada reputação do lugar-tenente Castaño. Ele era um homem culto, falava cinco idiomas (incluindo russo) e era conhecido, sobretudo, por sua honestidade. Longe de ser um "criminoso de guerra a serviço de Batista", pode-se afirmar que Castaño nunca pegara em armas. Entre outras atividades, era professor de línguas na academia militar de Cuba, e trabalhara como perito em inteligência para os governos de Ramón Grau e Carlos Prío – ambos eleitos por via democrática –, desvendando os detalhes da então incipiente atividade comunista nos sindicatos do país. A rubrica "assassino, torturador, sádico e partidário de Batista" jamais colaria, em Cuba, se aplicada a Castaño (embora o *New York Times*, o *Paris Match* e a CBS talvez a comprassem). Então os promotores de Guevara inventaram a acusação de estupro.

"Essa acusação era ainda mais absurda", diz o filho do lugar-tenente. "Eis a prova de que Che não sabia nada a respeito de Cuba, e que seus juízes e promotores semiletrados não estavam a par da reputação de meu pai. E o mais incrível ainda era a mulher que eles arrumaram para se fazer passar por vítima de estupro. Meu Deus. Isto foi motivo de chacota por todo o país".[6]

A mulher que testemunhou contra José Castaño, que era um homem muito bonito, era uma atriz fracassada, uma artista de rádio fracassada e uma jornalista fracassada chamada Alicia Agramonte. Além disso – surpresa! – ela era também membro do partido comunista local.

---

[5] O autor entrevista Hugo Byrne, 22 de janeiro de 2006.

[6] O autor entrevista Jose Castaño, 18 de Janeiro de 2006.

Questionado sobre a aparência física de Alicia, o filho do lugar-tenente, que evidentemente saiu ao pai, se recusa a descrevê-la.

A mulher era medonha.

Com efeito, uma mulher feia pode ser estuprada. Mas os cubanos sabiam que ainda mais feia que a sua cara era a sua alma. Todos os que vivenciaram o sequestro de uma nação pelo comunismo – cubanos, vietnamitas, húngaros – conhecem o arquétipo do ativista e membro do partido comunista: o profissional fracassado que se torna profissional em fracasso. Eles têm um grande ressentimento por terem sido superados por gente mais talentosa, inventiva ou virtuosa. De modo que nutrem um grande e maligno rancor contra o mundo, a sociedade, o "sistema". Che, por exemplo, foi um médico fracassado. Fidel, um advogado fracassado. E atrás deles a rancorosa legião dos ressentidos.

Outras quinze pessoas "testemunharam" contra José Castaño Quevedo durante o julgamento, enumerando uma longa lista de supostos crimes. Todas as testemunhas eram membros do partido comunista local – coisa que, num sistema judiciário de fato legal, seria no mínimo estranha, visto que, ao menos oficialmente, Cuba ainda não era comunista.

"Meu pai sabia qual era a deles", diz José Castaño. "É simples assim. Ele e seu amigo Salvador Díaz-Verson tinham pilhas de arquivos que poderiam alertar a nação sobre o que se passava em seus bastidores".

E o que se passava não era pouco. Na verdade, quase tudo o que tinha alguma importância para o país era escrupulosamente ocultado do público. Um governo secreto se instalava. O próprio Fidel, alguns anos depois, gabou-se do modo como conduziu a coisa. Na sua mansão em Cojimar, como na de Che em Tarara, os "espartanos" líderes da revolução fundavam e estabeleciam o *verdadeiro* regime de Cuba, ajudados pelos stalinistas do partido comunista local. Esta súcia decidiu tudo o que se passou e viria a passar no país desde então. Enquanto isso, em Havana, um "presidente" e um "gabinete" tagarelavam, conferiam títulos, promoviam encontros, trocavam papéis, publicavam documentos e achavam que estavam fazendo alguma coisa – ante as (secretas) gargalhadas de Fidel e seus comparsas.

"Tudo o que então se passou nos bastidores foi meticulosamente ocultado do povo cubano e da imprensa internacional", lembra José Castaño. "Meu pai foi assassinado porque planejava tornar público o que Fidel e Che iriam proclamar em alto e bom som algum tempo depois. "Sou marxista-leninista e continuarei a sê-lo até o último dia de minha vida!", disse Fidel em outubro de 1961.

"A gente escuta muitas coisas sobre o 'idealismo' de Che Guevara, seu 'coração puro', sua 'absoluta falta de ambição ou segundas intenções'", diz José Castaño. "Na verdade, o assassinato de meu pai foi um extermínio clássico, algo na longa e tradicional (e aparentemente honrada) linha do puro banditismo. Che atirou ele próprio numa testemunha que podia tornar público o seu plano, e atrapalhar a sua sangrenta e criminosa pretensão de estalinizar o país. Então eu estava lá ouvindo todos aqueles professores da UCLA falando sobre as 'utopias' e 'sonhos' e blábláblás de Che Guevara. Era difícil suportar aquilo, especialmente ao notar o mesmo sorrisinho maroto em todos eles enquanto lembranças de minha mãe em luto, da consternação de minha família, e do cadáver de meu pai fervilhavam na minha memória. Mas, quem sabe, Al Capone e Dom Barzini, à sua maneira, também fossem 'visionários'. Assim como Heinrich Himmler e Pol Pot certamente sonharam com um mundo melhor – depois de uma boa limpeza, é claro".

"É engraçado", continua, fazendo referência ao incidente na UCLA, "mas nossa desvantagem naquele auditório era mais ou menos a mesma que enfrentamos na Baía dos Porcos – algo em torno de trinta para um. Se não nos intimidáramos ante a milícia de Che, por que nos intimidaríamos ante a gangue da UCLA?".[7]

Então com dezessete anos, José Castaño ficou sabendo da iminente invasão da Baía dos Porcos e se alistou como paraquedista. O assassinato do pai ainda estava fresco em sua memória. O jovem José ansiava por ver Che e sua corja, pela primeira vez, investindo contra homens armados – e estava orgulhoso de ser um deles.

---

[7] Ibidem.

9

Tiranete e Puxa-Saco

Poucos duvidam da sinceridade de Che.
— David Segal, *Washington Post*.

A decência e a nobreza de Che sempre o levaram a pedir desculpas.
— Jorge Castañeda

Coragem, destemor, honestidade, austeridade e uma convicção inamovível... Isto era Che.
— John Lee Anderson

"É totalmente verdade: Che nunca travou amizade com um cubano", diz o ex-revolucionário Marcos Bravo. "Preto no branco, ele não gostava da gente. E nós não gostávamos dele. Ele era o típico argentino de nariz empinado, que não dançava nem brincava – a não ser que estivesse perto de Fidel, de quem morria de medo".[1]

As únicas fotografias de Che Guevara rindo mostram-no ao lado de Fidel. É um sorriso manifestamente postiço. Não se pode associar o mau humor ao arquétipo do "herói guerrilheiro".

---

[1] O autor entrevista Marcos Bravo, 7 de janeiro de 2006.

"Eu nunca pensei que sentiria pena de Che Guevara pelo que quer que fosse", diz Miguel Uria, ex-prisioneiro político e veterano da Baía dos Porcos, que presenciou um encontro entre Fidel e Che no início de 1959. "Mas quando, naquela ocasião, Fidel disparou suas farpas contra ele, eu olhei para o seu rosto – e o sentimento de pena foi inevitável. Eu nunca ouvi um ultraje como o que Fidel, num acesso de cólera, dirigiu a Che. E nunca vi um cãozinho tão indefeso colocar o rabinho entre as pernas e começar a choramingar como Che naquela ocasião. Este era um tópico corriqueiro de todos os que tinham a oportunidade de vê-los juntos. Ninguém deixava de mencioná-lo".[2]

Na verdade, Che entrou em Havana alguns dias antes de Fidel. Quando os rebeldes planejavam uma salva de tiros para saudar a gloriosa e magna entrada de Fidel na capital, Che deu para trás. "Oh, não, por favor!" disse ele a Antonio Nunez Jimenez. "Eu cheguei antes, e Fidel poderia pensar que se trata de uma revolta contra ele, e que é nele que nós atiramos! Por favor!".

"Não se preocupe", respondeu-lhe Nunez Jimenez. "É o costume por aqui. Fidel é o chefe da revolução. Ele espera por isso".

"Tudo bem, tudo bem", replicou Guevara, ainda nervoso. "Mas, por favor, mande-lhe avisar que nós o faremos. Eu não quero nenhum mal-entendido".[3]

Ler as adulações literárias que Che dedicou a Fidel é uma experiência embaraçosa. "Canção a Fidel" é o título de um poema que ele escreveu logo depois de o conhecer na Cidade do México: "Adiante, ardente profeta do Cosmo!" diz o primeiro verso. "Quando tua voz gritar aos quatro ventos: reforma agrária, justiça, pão e liberdade – lá do teu lado eu estarei".

Em matéria de *Verde Olivo*, a revista oficial das forças armadas cubanas, saída em 9 de abril de 1961, lá vinha ele de novo: "Esta força da natureza chamada Fidel Castro Ruz é a mais sublime figura histórica de

---

[2] O autor entrevista Miguel Uria, 19 de fevereiro de 2006.
[3] Ortega, *Yo Soy El Che!*, op. cit.

toda a América Latina... Um grande líder, cuja ousadia, força e coragem levaram ao lugar de honra e sacrifício que hoje ocupa".

Eis senão que aos 3 de outubro de 1965 apareceu a composição mais piegas de todas, a famosa "Carta de Adeus a Fidel". "Vivi dias magníficos ao teu lado, e sinto imenso orgulho de haver te servido", escreveu. "Raramente um governo brilhou como o teu... Também me orgulho de haver te seguido sem hesitar, e começado a pensar como tu. Agradeço-te por teus ensinamentos e teu exemplo. Meu único erro foi não te haver reconhecido ainda antes", e assim vai, num servilismo incansável que envergonharia mesmo a um antigo eunuco.

O indecente puxa-saquismo de Guevara reforçou a convicção de Fidel: ele não passava de uma marionete, sempre à mão e sempre dependente do dono. E diante disso não é possível deixar de mencionar o brilhante estivador-filósofo Eric Hoffer: "Os que mordem a mão que os alimenta, lambem a bota que os vive a chutar". A União Soviética alimentava Guevara, Fidel vivia a chutá-lo.

Os notórios desdém e crueldade de Che eram sua maneira habitual de lidar com homens *indefesos*. Contra homens armados ou de igual poder, seu comportamento era manifestamente distinto.

Poucos meses depois do início dos entreveros em Sierra Maestra, Fidel Castro deu ordens para que Che assumisse o comando de um batalhão guerrilheiro comandado por um rebelde chamado Jorge Sotus, encarregado de operar numa área ao norte do batalhão do próprio Fidel, onde vinha enfrentando resistência do exército de Batista. Che partiu, pois, com alguns de seus homens para o norte, e informou a Sotus que o comando agora era dele.

"Uma ova!", respondeu Sotus.

"É uma ordem de Fidel", respondeu Guevara. "Nós temos mais experiência militar que você e o seu grupo".

"Mais experiência em fugir e se esconder do exército de Batista? Talvez...", disse de novo. "Além disso, eu e meus homens não vamos ser comandados por um estrangeiro", acrescentou. "Eu nem sequer te conheço. Você nem mesmo é cubano. Esqueça".

"Ora, eu vim no *Granma* com Fidel", murmurou Guevara.

"Eu não estou nem aí", concluiu. "O comandante aqui sou eu!"[4].

Sotus se afastou dali, e logo Che Guevara, pensando que ele estava longe, se aproximou daqueles homens tentando trazê-los para o seu lado. Afinal de contas, eram ordens de Fidel – e todos os rebeldes deviam obedecer-lhe, não? Pois ele era o líder...

"Escuta aqui, argentino!", Sotus apareceu repentinamente. "Ou você cala a boca, ou eu estouro os seus miolos, certo? Agora, chispa!".[5]

E foi o que ele fez, voltando, com a rabinho entre as pernas, para o acampamento de Fidel, onde se pôs a reclamar da insolência de Sotus. "Você não vale uma pataca furada, Che!", gritou Fidel. "Eu não te mandei *pedir* o comando a Sotus. Eu te mandei *tomar* o comando dele! Você devia tê-lo feito à força!". O problema, claro, era que Sotus estava armado. E Che, que também estava armado, tremeu diante dele.[6]

Poucas semanas depois da fuga de Batista e o triunfo de Castro, Sotus foi preso sem qualquer notificação e mandado para a prisão numa ilha do arquipélago. O intrépido Sotus conseguiu escapar, dirigiu-se para os Estados Unidos e uniu-se ao grupo paramilitar de exilados cubanos, tomando parte em muitos ataques contra o governo de Fidel até que, com o acordo entre Kennedy e Kruschev, o grupo foi finalmente dissolvido.

"O tal Sotus era mesmo duro na queda", lembra Carlos Lazo. "Nós ficamos amigos na prisão". Lazo era um oficial da força aérea cubana que chegou a bombardear o batalhão de Sotus durante a revolução. Ambos acabaram presos pelos castristas.

Che também teve um entrevero com um grupo rebelde chamado "A Segunda Frente de Escambray". Esta frente operava contra as forças de Batista nas montanhas de Escambray, na província de Las Villas. Quando a coluna de Che "invadiu" a área no final de 1958, ele tinha ordens

---

[4] Bravo, *La Otra Cara del Che*, op. cit., p. 196.
[5] Ibidem, p. 197.
[6] Ortega, *Yo Soy El Che!*, op. cit., p. 122.

de Fidel para unificar essas guerrilhas sob o seu comando, um caso parecido com o de Sotus. Mas de novo ele se meteu em confusão, sobretudo quando confrontado com um comandante chamado Jesús Carreras, que conhecia a natureza comunista de Guevara e basicamente o mandou para aquele lugar. Mais uma vez, Guevara recuou.

Poucas semanas depois do triunfo de janeiro de 1959, Carreras e seu grupo de comandantes foi ter com Che em La Cabaña para reclamar que haviam ficado de fora da distribuição de cargos no novo regime. Entrando, Carreras topou com um rebelde seu conhecido e parou para conversar, enquanto o resto do grupo seguiu para o escritório de Che. Assim que entraram, Guevara começou a imprecar contra Carreras, chamando-lhe de bêbedo, mulherengo, bandido – em suma, alguém que ele nunca nomearia para nenhum cargo de importância.

Enquanto Guevara ainda falava, Carreras terminou sua conversa e entrou no escritório, tendo ouvido o suficiente. "Che ficou branco", dizem os presentes. Já Carreras, enraivecido, desatou e lhe dirigir impropérios, terminando por desafiá-lo a um duelo, "logo ali fora, no pátio; vamos!".[7]

"Como é possível", disse Che, "que dois companheiros de revolução cheguem a este ponto apenas por causa de um pequeno desentendimento?".[8]

Então todos mudaram de assunto e tentaram resolver outras pendências. Mas depois de um ano Jesús Carreras, desarmado, foi cercado pelos homens de Guevara e feito prisioneiro nas masmorras de La Cabaña. Alguns meses depois, foi vendado e mandado para o paredão.

Pode-se imaginar que Che Guevara, como de costume, assistiu à sua execução de sua janela favorita.

---

[7] Bravo, *La Otra Cara del Che*, op. cit., p. 196.

[8] Ibidem.

10

O Exterminador de Guerrilhas

Uma das guerrilhas mais longas e sangrentas do Ocidente foi a que os camponeses cubanos, privados de suas terras, empreenderam *contra* Fidel e Che. A coletivização das fazendas foi um processo tão voluntário em Cuba como na Ucrânia. E os proprietários de terras, em Cuba, tinham armas – ao menos de início, até que o acordo entre Kennedy e Kruschev acabou com as suas provisões.

Raramente se diz, mas Che Guevara esteve envolvido num dos maiores combates *antirrevolucionários* de que se tem notícia. "Nós lutamos com a fúria dos touros", é como um dos poucos sobreviventes da desesperada guerra de guerrilhas travada em prol da liberdade e contrária à estalinização de Cuba descreve esta empreitada.

Certamente, assassinar resistências não era contrário ao "utópico sonho de paz" de Guevara, que já em 1956, como vimos, defendia o extermínio dos húngaros pelos tanques soviéticos.

Eis senão que em 1962 veio-lhe a chance de fazer algo mais do que torcer da arquibancada. "As milícias cubanas," – cujo treinamento e moral Jorge Castañeda insiste em atribuir a Che – "comandadas por oficiais russos, empregavam lança-chamas para queimar as cabanas de pau-a-pique localizadas nas cercanias de Escambray. Os moradores eram acusados de alimentar bandidos contrarrevolucionários".[1] Embora

---

[1] Bethel, *The Losers*, op. cit., p. 372.

tenha devastado a ilha de ponta a ponta, a maioria dos cubanos conhece esta guerra como "a rebelião de Escambray", pois as montanhas homônimas, localizadas no centro de Cuba, foi o lugar onde sucedeu a maioria das batalhas – e, consequentemente, foi a região mais atingida do país. Os camponeses cubanos lutaram com uma ferocidade contra os comunistas que estes tiveram de apelar para o padrinho soviético. No campo, o que normalmente sucedia era os camponeses enfrentarem nus o pelotão de fuzilamento. "Olhem bem aqui", costumavam dizer, já nus, para os algozes, "pois é justamente isto o que lhes falta!".

"Eu era um pobre garoto do campo", diz Agapito Rivera, ex-rebelde de Escambray. "Eu não possuía quase nada, mas tinha esperanças e aspirações para o futuro. Mas absolutamente não me sujeitaria a trabalhar como um escravo numa fazenda estatal. Eu planejava trabalhar duro, mas sozinho e para mim mesmo, e um dia, quem sabe, conseguir minha própria terra. Então vi os comunistas de Fidel roubando tudo de todo o mundo. Eles roubaram minhas esperanças. Não tive outra escolha senão lutar contra eles".[2] Agapito Rivera tinha dois irmãos e nove primos que pegaram em armas na guerrilha anticomunista. Foi o único sobrevivente.

"Era difícil dormir naqueles dias", lembra Emilio Izquierdo, então com doze anos. Ele vivia na província de Pinar del Río, no oeste do país, devastada em 1961 por uma feroz rebelião. Cuba tinha sido dividida em três zonas militares, cada uma sob comando de uma das pessoas da santíssima trindade revolucionária. A leste, Raúl; no centro, Fidel; e a oeste, Che.

"Todos aqueles helicópteros russos sobrevoando a região dia e noite. Eu me lembro do som que faziam, parecido ao do trovão. Era ininterrupto. E caminhões russos cheios de soldados passando sem parar em frente à nossa casa. Eles iam para as colinas, para combater os insurrectos. Aquilo era terrível, pois sabíamos que os rebeldes não recebiam qualquer tipo de suprimento – os americanos não lhes mandavam nada. O estado

---

[2] Enrique Encinosa, entrevista com Agapito Rivera para o documentário *Al Filo del Machete*, El Instituto de la Memoria Histórica Cubana Contra el Totalitarismo, 2002.

deles era lastimável, sua munição era mínima. É surpreendente como conseguiram infligir tantas baixas aos comunistas. Muito pouca gente fora de Cuba sabe sobre esta terrível luta. Perdi muitos amigos nela".[3]

Um deles foi Aldo Robaina. "Meu irmão sempre dizia que aqueles comunistas filhos da puta jamais o pegariam vivo", lembra o irmão de Aldo, Guillermo Robaina, que de quando em vez levava suprimentos à guerrilha. "Lembro quando lhes levei a munição que conseguira roubar do exército de Fidel. O grupo de meu irmão dividiu as balas – que não passaram de sessenta e tantas cada um. Ainda assim, eles estavam radiantes. 'Agora eles vão ver só!' diziam. Para eles, tratava-se de um enorme suprimento de munição. Na semana seguinte, ninguém tinha uma bala sequer. Um soldado que fez parte do cerco disse que os insurrectos não tinham mais munição, mas se recusavam a render-se. Literalmente, eles lutaram além da última bala. Meu irmão manteve a promessa – os comunistas não o pegaram com vida. Não sabemos onde ele está enterrado".[4]

Lázaro Piñeiro tinha então apenas sete anos, mas ainda se lembra bem dos acontecimentos.

"Meu pai partiu para as colinas de Pinar del Río em 1961, para se unir aos insurrectos. Nós sabíamos contra o quê ele lutava pois podíamos ver os helicópteros e comboios russos constantemente levando soldados para as colinas. Minha mãe, como se pode imaginar, vivia num inferno. Mas meu pai disse que lutaria contra os comunistas enquanto tivesse ar nos pulmões e bala na agulha. Nós vivíamos no campo, numa casa pequena mas confortável. Não tínhamos um engenho de açúcar ou algo do gênero. Quando chegamos aos Estados Unidos foi que nos perguntaram se pertencíamos ao grupo dos 'milionários que perderam suas terras para Fidel'".

"Ficamos estarrecidos com tanta ignorância, e até hoje se ouve dizer a mesma ladainha por aí. Certo dia, eu estava em frente à nossa casa

---
[3] O autor entrevista Emilio Izquierdo, 24 de novembro de 2005.

[4] O autor entrevista Guilhermo Robaina, 24 de março de 2006.

brincando e um caminhão russo parou bem ali. 'Vá chamar sua mãe!' gritou alguém da janela. Eu corri para dentro e minha mãe saiu. Evidentemente, minha mãe estava morrendo de medo. 'Você é a mulher de Piñeiro, não?' gritou de novo o mesmo soldado. Minha mãe estava petrificada, mas assentiu".

"Então dois homens descarregaram um corpo da carroceria, como se se tratasse de um animal abatido. 'Bem, aqui está ele!' – e o jogaram ali mesmo na frente de casa, saindo logo em seguida, todos eles rindo. Todos os vizinhos vieram consolar minha mãe, que chorava e tremia sem parar. Meu pai tinha mais de quinze marcas de bala pelo corpo. Ele havia lutado até o fim – e sempre dissera que os comunistas nunca o pegariam com vida. Foi o que aconteceu".[5]

O dito maoísta sobre como "a guerrilha é um mar de gente" se aplica perfeitamente à insurreição *anti*comunista em Cuba. O próprio Raúl Castro admitiu que o regime enfrentou 179 grupos de "bandidos contrarrevolucionários" naquele tempo.[6]

Por meio de uma enorme campanha de "realocação" – reminiscente da que o general espanhol Valeriano "Açougueiro" Weyler empreendeu na passagem do século XIX para o XX – as forças castristas arrancaram centenas de milhares de cubanos de suas terras ancestrais e, sob a mira das metralhadoras, apinharam-nos em campos de concentração localizados no extremo oposto do país. Uma dona-de-casa se recusou a ser realocada. Depois que seu marido e filhos foram assassinados pelo galante Che Guevara e seus capangas, ela pegou em armas, foi para as montanhas e se uniu aos insurrectos. Ficou conhecida em Cuba como "a moça de Escambray".[7]

Durante um ano, ela deu um banho nas tropas comunistas que estavam no seu encalço. Mas acabou ficando sem munição nem suprimentos e foi capturada. "A moça" sofreu os horrores das masmorras de

---

[5] O autor entrevista Lazaro Piñeiro, 24 de março de 2006.

[6] Fontova, *Fidel*, op. cit., p. 107.

[7] Enrique Encinosa, *Cuba en Guerra*. The Endowment for Cuban-American Studies, 1994, p. 190.

Fidel Castro, mas sobreviveu. Hoje vive em Miami. Sua trágica história seria um prato cheio para Oprah, para as professorazinhas de "estudos de gênero", para Gloria Steinem, para um filme de Hollywood – o qual, se calhasse, teria Susan Sarandon no papel da protagonista. Hollywood adora mulheres guerreiras no papel principal. Ora, se ela ao menos tivesse lutado contra Somoza, Pinochet ou (o que é a última moda) as forças americanas no Iraque, só se falaria nela em Hollywood e em Nova Iorque. Mas Zoila Águila – eis o seu nome – lutou contra o mais fotogênico garoto-propaganda da esquerda, de modo que sua história, sendo assim, não fica nada interessante...

A luta armada de Fidel e Che, que os possibilitou ocupar o vácuo deixado pelo governo de Batista, durou dois anos. A insurreição anticomunista durou seis, com um número de soldados *dez vezes* maior que o da primeira. Mas se se procurar nas páginas do *New York Times*, *Look*, *Life*, CBS e *Paris Match*, por exemplo, não se encontrará *nenhuma* alusão aos insurrectos. Ainda que esta insurreição, a pouco mais de cem quilômetros dos Estados Unidos, tenha castigado a ilha de Cuba durante seis anos.

Os hagiógrafos de Guevara também não ajudam muito. Das oitocentas páginas da biografia de John Lee Anderson, por exemplo, nada menos que duzentas tratam dos combates pueris de Sierra Maestra e Las Villas. Quanto à insurreição anticomunista que arrasou o país por seis anos consecutivos, – e que segundo Raúl Castro, um cúmplice de Guevara, teve 179 diferentes grupos de "bandidos" e infligiu seis mil baixas às forças de Fidel – Anderson lhe dedica o incrível montante de *duas frases*. Jorge Castañeda, por seu turno, simplesmente ignora a insurreição, embora esteja ciente de que Che Guevara, na época, era tecnicamente o segundo homem mais importante do regime.

Em 1987, a imprensa oficial do próprio regime castrista louvou o papel de Guevara na gloriosa carnificina dos insurrectos. "Presença de Che na Luta contra os Bandidos e Limpeza do Escambray", dizia a manchete. Como se vê, os castristas "limparam" a sujeira de "vermes" e "bandidos" que grassavam sobre a região. A verdade, porém, é justamente o contrário: bravos camponeses pegaram em armas para defender suas terras contra a mácula stalinista de Fidel e Che.

"Com sua grande autoridade moral, perseverança e exemplo", diz, no sobredito artigo, um dos exterminadores de "bandidos" treinados por Che, "Guevara veio até nosso acampamento e nos exortou o espírito ao combate. Ele trazia mapas, nos quais apontou os principais focos de resistência. Depois fez perguntas sobre todas as nossas operações mais recentes: instruindo, inspecionando e exortando a todos. Nós devíamos seguir sempre em frente, até derrotar o inimigo. Suas lições, visitas e inspiração contribuíram muito para a vitória sobre os bandidos. Quando estava indo embora, ele se virou, apontou para as colinas e gritou: 'Agora, as montanhas são nossas! '".[8]

Infelizmente eram. Segundo evidências apresentadas à Organização de Estados Americanos pelo Dr. Claudio Benedí – mais um exilado cubano –, quatro mil guerrilheiros anticomunistas foram sumariamente executados durante esta insurreição.

Isto sim foi uma rebelião com batalhas de verdade. Estes sim os genuínos Corações-Valentes do país, que lutaram numa guerra desesperada e solitária contra um inimigo provido pelos soviéticos e, pois, em grande vantagem sobre eles. Morreram anônimos, muitos, como dissemos, sumariamente executados. Aqueles interessados em preencher esta enorme lacuna em seu conhecimento histórico, esqueçam a grande imprensa e a academia. Consultem o magnífico livro de Enrique Encinosa, intitulado *Unvanquished*.

---

[8] Carlota Guillot Pérez, "Presencia del Che en la Limpia del Escambray". *Las Montañas Son Nuestras*, 20 de dezembro de 1987.

11

"O Cérebro da Revolução" e Czar da Economia

> O livro de Guevara, *O Socialismo e o Homem em Cuba*, é
> um dos maiores documentos da história do socialismo.
> – John Gerassi, Articulista do *New York Times*.

Eleanor Clift tem o poder de deixar o experiente tagarela John McLaughlin – apresentador de um programa político de mesmo nome – de queixo caído. Pois ela disse em rede nacional que "ser uma criança pobre em Cuba é melhor do que ser essa mesma criança nos Estados Unidos". McLaughlin teve de pedir que ela repetisse o que dissera, para ter certeza de que tinha ouvido corretamente.

Poucos mitos são mais persistentes, ou mais sordidamente ordinários, do que o mito do progresso econômico e da igualdade em Cuba.

No final de 1959, Castro nomeou Guevara como ministro da economia. Sendo, como era, cria direta da Revolução Francesa, Che quis então remodelar a natureza humana, dispondo de cubanos indefesos como cobaias. Sua tarefa era criar o "novo homem", diligente, trabalhador, obediente, imune a incentivos materiais – numa palavra, lobotomizado. E qualquer indolente ou espertalhão que oferecesse a mínima resistência iria rapidamente para o campo de trabalho forçado que Che mandara construir na árida península de Guanahacabibes, no extremo oeste do país.

"Este ser multifacetado não é, como se diz, a soma total de elementos da mesma categoria (ou reduzidos à mesma categoria pelo sistema que lhes é imposto)", escreve Che no excitante e pungente *O Socialismo e o Homem em Cuba*. "O passado não é perceptível apenas na consciência individual – na qual domina o resíduo de uma educação sistematicamente orientada para o isolamento do indivíduo –, mas também no próprio caráter desse período de transição, no qual ainda existem relações comerciais que, não obstante, ainda esperam pela sistematização total".

"Ainda é necessário aprofundar a participação consciente, individual e coletiva, em todos os mecanismos... e ligar essa participação à ideia da necessidade de uma educação técnica e ideológica, de modo que se possa ver o quão estreitamente interdependentes são esses processos, e como avançam lado a lado. Desse modo, o homem alcançará a total consciência do seu ser social, o que é equivalente à sua total realização como ser humano, assim que forem rompidas as correntes da alienação".

John Lee Anderson louva esta inflada e presunçosa glossolalia marxista como a "obra" de Che, isto é, como "a cristalização da sua mensagem doutrinária". Ao menos uma vez, Anderson talvez esteja correto.

"O homem é um produto inacabado", escreveu Che, "que traz os defeitos do passado".[1]

Alguns meses depois da nomeação de Che, o peso cubano, moeda historicamente equivalente ao dólar e totalmente assegurada pelas reservas de ouro do país, já não valia praticamente mais nada. Em 1958, Cuba possuía 518 milhões de pesos em circulação. Um ano depois, 1, 051 bilhão. Passados apenas alguns meses, 1, 187 bilhão – aos quais, declarados sem valor algum, se juntaram às pressas novos 477 milhões.[2]

Um talento como este exige uma promoção. Castro, então, prontamente o nomeou ministro das indústrias. Che rapidamente arruinou as até então robustas indústrias do açúcar, pecuária, tabaco e níquel – todas de exportação. Um ano depois, uma nação cuja renda *per capita*

---

[1] Sauvage, *Che Guevara*, op. cit., p. 143.
[2] Ortega, *Yo Soy El Che!*, op. cit., p. 207.

era superior à da Áustria, Japão e Espanha, por exemplo, e que tinha enorme influxo de imigrantes e o terceiro maior consumo proteico do Ocidente, estava racionando comida, fechando fábricas e perdendo centenas de milhares de seus cidadãos mais produtivos em todos os setores da sociedade.

Aquela observação costumeira, que atribui este imenso fiasco à "má administração comunista", é, numa palavra, falsa. Com o objetivo de chegar ao poder absoluto, a economia cubana seguiu *tão bem quanto possível* os preceitos de Lênin, Mao, Ho Chi Min, Ulbricht, Tito e Kim Il Sung.

Um administrador menos megalomaníaco talvez tivesse considerado que a economia cubana era uma galinha de ovos de ouro. Mas Fidel Castro, por meio de seu ministro Che Guevara, torceu-lhe o pescoço e a matou. Ele metodicamente arruinou a primeira economia da América Latina com o intuito de impedir o desenvolvimento de qualquer instância de poder que não dependesse exclusivamente dele. A despeito do enorme crescimento do turismo e investimentos do Canadá, América Latina e Europa por mais de uma década, Cuba é hoje, no século XXI, essencialmente o mesmo Estado comunista que era em 1965. Os irmãos Castro estão sempre velando por isso.

A lógica de Fidel tem sido simplesmente governar o país como se fosse sua fazenda particular, o povo cubano fazendo o papel de gado. Seu ministro das indústrias, não obstante, parecia *realmente acreditar* na fantasia socialista. Quando, em 1961, Che Guevara anunciou que na sua gestão a economia cubana cresceria dez por cento ao ano, ele incrivelmente parecia acreditar no que dizia.

E foi precisamente neste ponto que os ideólogos do livre-mercado erraram feio. Eles insistiram que, com a suspensão do embargo, o capitalismo entraria em Cuba e pegaria Fidel de surpresa. Deu-se exatamente o contrário. O capitalismo nem eliminou nem cooptou Fidel Castro: foi ele quem eliminou o capitalismo. Neste assunto, ele não foi um Gorbachev, ou um Deng. Ainda em 1959, Castro poderia muito bem ter deixado a economia cubana em ordem, tê-la adaptado a seus caprichos, e se transformado num Perón, Franco ou Mussolini. Poderia ter roubado metade de tudo e se tornado um Tito. Poderia ter exigido uma percentagem de tudo o que se produzia e se transformado num Marcos, Trujillo, Mobutu ou Suharto. Mas isto, para ele, ainda não era o bastante.

Castro ansiava por um poder semelhante ao de um Stálin ou um Mao. E contratou um pretensioso e sádico cão-fiel chamado Ernesto Guevara de la Serna y Lynch para ajudá-lo a conseguir este poder: primeiro, como principal executor de todos os seus inimigos – reais, potenciais ou imaginários –; depois, como destruidor da economia. A missão foi cumprida – e Ernesto Guevara foi liquidado de modo tão corriqueiro e insidioso quanto os demais cúmplices, rivais e (poucos) verdadeiros inimigos de Fidel.

Certo dia, Che decidiu que os cubanos deviam aprender a jogar futebol, assim como os seus compatriotas argentinos. O regime havia recentemente roubado uma plantação de cana-de-açúcar de seu proprietário norte-americano, localizada perto de Cienfuegos (contrariamente ao que diz a mitologia esquerdista, nem sequer um quarto das plantações de cana-de-açúcar pertencia a cidadãos norte-americanos). A propriedade também incluía mangueiras, abacateiros e muitas outras árvores frutíferas que, àquela altura, começavam a dar frutos. Che mandou derrubar todas as árvores para fazer um campo de futebol.

Um ano depois, a grama estava alta, o campo esburacado e, pois, inutilizável. Ainda se viam os troncos das árvores frutíferas ao redor do campo, enquanto os cubanos se debatiam por frutas frescas no mercado negro. A despeito da constante ameaça de Guanahacabibes, os cubanos não aderiram ao futebol de Che.

Che também acreditava que podia "industrializar" o país num passe de mágica, assim como acreditava que seu modelo, Stálin, havia "industrializado" a União Soviética. Na verdade, os decretos de Guevara acabaram com o status de Cuba, que era considerado um país desenvolvido e civilizado. Num de seus acessos legislatórios, ele ordenou a construção de uma fábrica de refrigeradores em Cienfuegos, uma de ferramentas em Santa Clara, e em Havana uma de lápis e outra de sapatos.

Oferta, procura, custos? Estes "detalhes burgueses" não o interessavam. Nenhuma das fábricas chegou a produzir nem sequer uma única série dos produtos previstos – na verdade, nem mesmo *um único* produto sequer.

Certa feita, Che reclamou dos químicos da nova coca-cola porque o refrigerante que produziam era horrível. Responderam-lhe que fora *ele mesmo* quem nacionalizara a produção e expulsara os antigos proprietários e administradores, que evidentemente levaram consigo a fórmula secreta de volta para os Estados Unidos. A réplica de Guevara foi ameaçar-lhes a impertinência com Guanahacabibes.

Durante a sua gestão, Guevara também mandou trazer da Checoslováquia uma frota de carros removedores de neve – fato que é uma verdadeira parábola do comunismo. Ele inspecionara pessoalmente os veículos, e estava convencido de que poderiam ser facilmente utilizados na colheita da cana, gerando a mecanização e, pois, aumentando a produção açucareira de Cuba. Não obstante, as máquinas acabaram com as plantações, cortando a cana no ponto errado. Eis um dos motivos por que a produção de açúcar de 1963 foi menos da metade do que o anual do governo de Batista.[3]

A famosa fábrica de sapato fundada por Che em Havana produzia um calçado que aguentava – pasmem – dois quarteirões antes de se desfazer. Naturalmente, Che não conseguia entender por que sua fábrica de estimação não dava certo. Em 1961, a maioria dos cubanos ainda calçava sapatos pré-revolucionários, constantemente emendados e consertados e polidos – tudo era possível, menos usar os sapatos de Che. Certa feita, ele ficou tão furioso que foi bufando tirar satisfações com os empregados.

Conhecendo a sua reputação "humanista", todos os empregados estavam "tranquilos". "Qual é o problema, aqui?", gritou com os responsáveis. "Por que vocês estão produzindo estes sapatos de merda?"

---

[3] Bravo, *La Otra Cara del Che*, op. cit., p. 267.

Os encarregados da fábrica olharam o ministro das indústrias direto nos olhos. "É a cola, ela não gruda a sola dos sapatos. É esta cola de merda que você anda comprando dos russos. A norte-americana é muito melhor". Isto realmente o deixou fulo da vida. Então ele começou com um dos seus longos e habituais discursos, enquanto os empregados tremiam e temiam pelo pior. Muitos haviam perdido parentes em La Cabaña, ou possuíam parentes no campo de trabalho forçado de Guanahacabibes.

"Veja por si mesmo", e o administrador lhe deu um sapato recém-fabricado para experimentar.

O sapato, evidentemente, não suportou a prova e se desfez. Respondeu-lhe Che: "Por que você não informou ninguém no Ministério das Indústrias?". "Nós temos continuamente informado o Ministério, mas nada acontece". Che mandou que prendessem o insolente administrador. Então disse: "Agora, é melhor vocês darem um jeito nesses sapatos. Tomem isto de exemplo!" – e saiu da fábrica com o recém-cativo, que nunca mais foi visto de novo.[4] Ainda assim, John Lee Anderson nos assegura que "era a mudança social, não o próprio poder, o que impelia Che Guevara".

Fora ele próprio, é claro, que demitira o administrador pré-revolucionário e cortara a importação de cola norte-americana.

OS RUSSOS DIZEM NÃO

No final de 1964, o ministro das indústrias tinha de tal modo danificado a infraestrutura da economia cubana, além de ter empobrecido e traumatizado a sua força produtiva, que os próprios russos estavam desesperados. Eles subsidiavam a bagunça, e a bagunça estava ficando cara – *muito* cara diante do irrisório resultado geopolítico. "Este país é *subdesenvolvido?*" – perguntou Anastas Mikoyan durante sua primeira visita a Cuba em 1960. Os soviéticos estavam loucos para pilhar um país

---

[4] O autor entrevista Frank Fernandez, operário fabril cubano.

desenvolvido, tal como fizeram ao Leste Europeu depois da Segunda Guerra Mundial.

Mas – ai, ai – o feitiço virou contra o feiticeiro. Castro não era um idiota como Ulbricht ou Gomulka. René Dumont, um economista francês adepto do socialismo, tentou aconselhar Fidel Castro quando o desastre econômico de Cuba já era mais do que iminente. "A revolução Cubana foi mais longe em seus três primeiros anos do que a Chinesa em seus primeiros dez", advertiu.[5] Mas Guevara era alérgico a críticas, a despeito da boa intenção que eventualmente pudessem ter.

Em 1964, pois, os próprios soviéticos finalmente disseram a Fidel que Che tinha de sair. Fidel sabia quem bancava a brincadeira. Na verdade, ele nunca tinha gostado muito de Che. Consolidado no poder, não precisava mais do seu Robespierre.

E aqui chegamos a mais um venerável mito urdido pelos hagiógrafos de Che – o mito da sua dissidência "ideológica" com os soviéticos. A pureza revolucionária de seu coração, dizem-nos os hagiógrafos, levou-o a bater de frente com a corrupta *Nomenklatura* soviética. Na verdade, o conflito entre as partes foi puramente *prático*. Os soviéticos simplesmente se recusaram a continuar bancando as estúpidas fantasias de Guevara. Quando ele finalmente se deu conta disso, sabia que teria de sair. Mas, bem à sua maneira, ele decidiu que haveria retaliação. Então, em dezembro de 1964, logo depois de sua visita às Nações Unidas, Che visitou seu amigo Ben Bela, na Argélia, e pronunciou seu famoso discurso antissoviético, em que chamou a União Soviética de "cúmplice da exploração imperialista".

Muitos acharam que Che, desta maneira, despontava para o mundo como um novo Trótski. Mas para ele se tratava apenas de mais um papel que teria de representar. Quando aterrissou em Havana depois do discurso, a imprensa oficial estava absolutamente muda. Nenhuma palavra sobre seu discurso ou sobre ele. Logo depois, ele foi convidado a visitar o Líder Supremo e Raúl. Este último acabara de voltar da Rússia, onde

---

[5] Rene Dumont, *Cuba Est-il Socialiste?* Paris, Seuil, 1973.

o discurso de Guevara causara um frenesi e tanto. Assim que entrou, os irmãos Castro começaram: "Indisciplinado! Ingrato! Estúpido!".

"Fidel!", respondeu Guevara. "Por favor, tenha o mínimo de respeito comigo! Eu não sou como o Camilo, não". Aleida, mulher de Che, teve de pular no meio dos homens e dizer: "Não acredito que isto esteja acontecendo entre companheiros de tão longa data!".[6]

Che, tremendo que estava, finalmente pôde ir embora. Ao chegar em casa, percebeu que a linha telefônica fora cortada. Muitos dizem que chegou a sofrer prisão domiciliar. E foi durante essa prisão que teria composto a famosa "Carta de adeus a Fidel", na qual, depois de ser punido, literal e vergonhosamente rasteja pelo perdão do Líder, num puxa--saquismo que beira a indecência.

"Eu agradeço muito o teu exemplo e as tuas lições... meu único erro foi não ter tido ainda mais fé em ti desde os primeiros momentos da revolução, e não ter reconhecido mais rapidamente as tuas qualidades de líder e de revolucionário. Levarei para meus novos campos de batalha a fé que me ensinaste a ter..." e assim por diante, num incansável puxa-saquismo.[7]

As poucas aparições públicas de Guevara no período que vai de seu retorno da Argélia à sua ida ao Congo foram marcadas pela presença de membros do departamento de segurança do Estado. Sua aventura cubana tinha chegado ao fim.

O TRABALHO DE CHE GUEVARA

Em 1957, um repórter da UNESCO disse: "Uma das características da estrutura social cubana é uma *numerosa classe média*. Os trabalhadores cubanos são proporcionalmente mais sindicalizados que os norte-americanos... o salário médio de uma jornada de trabalho de oito

---

[6] Bravo, *La otra Cara del Che*, op. cit., p. 288.

[7] Anderson, *Che*, op. cit., p. 632.

horas diárias é maior em Cuba do que na Bélgica, Dinamarca, França ou Alemanha. A mão-de-obra cubana recebe 66,6% do produto interno bruto do país. Nos Estados Unidos, a cifra é de 68%, na Suíça 64%. Dos trabalhadores, 44% estão amparados pela legislação de bem-estar social, uma percentagem maior que a norte-americana".[8]

Com efeito, Cuba estabelecera a jornada de oito horas diárias em 1933 – cinco anos antes que o "New Deal" de F. D. Roosevelt. Pagavam-se quarenta e oito horas semanais por quarenta e quatro horas de trabalho, mais um mês de férias anuais. As elogiadas democracias da Europa ocidental só conseguiram fazê-lo trinta anos depois. Muito cubanos gozavam de nove dias de licença médica remunerada e – alô, alô, feministas do mundo inteiro – três meses de licença-maternidade. E tudo nos idos de 1930.[9]

As leis trabalhistas pré-revolucionárias geraram um famoso dito, repetido à exaustão no Iate Clube de Havana: "É mais fácil largar da mulher que despedir um empregado!" (Este iate clube, a propósito, não permitiu que o mulato Batista, já presidente do país, se tornasse seu associado.).

Na década de cinquenta, o salário médio dos trabalhadores rurais em Cuba, um país "semifeudal", era, segundo o próprio *New York Times*, maior do que na França, Bélgica, Dinamarca ou Alemanha Ocidental. Segundo a Organização Trabalhista Internacional, sediada em Genebra, o salário diário médio de um trabalhador rural em Cuba era, em 1958, três dólares. Na França de então, dois dólares e setenta e três. Na Bélgica, dois e setenta. Na Dinamarca, dois e setenta e quatro. Na Alemanha Ocidental, dois e setenta e três. E nos Estados Unidos, quatro dólares e seis *cents*.[10]

Com o termo "semifeudal" o *New York Times* queria dizer que a zona rural do país era monopolizada por um diminuto número de senhores de

---

[8] Mario Lazo, *Dagger int The Heart*, op. cit., p. 82-83.
[9] Batista, *Cuba Betrayed*, op. cit., p. 172.
[10] Mario Lazo, *Dagger in the Heart*, op. cit., p. 82.

terras quase sempre ausentes, e que nas suas propriedades trabalhava uma vasta legião de servos sem terra. John Lee Anderson descreve "a rica classe de barões proprietários de terras... que condenam seus empregados a uma vida de pobreza endêmica".[11]

Na verdade – e como seria de supor –, a fazenda cubana média, em 1958, era *menor* que a norte-americana: 140 acres em Cuba, 195 nos Estados Unidos. Neste mesmo ano, Cuba, que tinha 6, 4 milhões de habitantes, tinha 159.958 fazendas – das quais 11.000 eram de tabaco. E a maioria da população – sessenta e seis por cento – vivia na zona *urbana*.

Na mesma década de cinquenta, os estivadores cubanos ganhavam os maiores salários do *mundo*, maiores mesmo que os de Nova Orleans. Em 1958, os cubanos tinham mais televisores *per capita* que qualquer outro povo latino-americano, e mais do que muitos europeus continentais. E mais carros *per capita* que os japoneses e metade dos países da Europa.[12]

Numa palavra, os trabalhadores cubanos tinham poder de compra. Em 1958, Cuba tinha a menor inflação do Ocidente: 1,4 por cento ao ano. A inflação norte-americana andava na casa dos 2,73. Historicamente, como dissemos, o peso cubano era equivalente ao dólar – tratava-se de moedas intercambiáveis.[13]

Os anos de pico econômico do país foram 1957 e 1958 – precisamente quando, de acordo com o *New York Times* e esquerdistas em geral, o país não passaria de uma economia "semifeudal" sofrendo com as "ferozes" guerrilhas lideradas por Che Guevara, reconhecidamente (como vimos) um mestre em estratégia militar.

"Cuba não é um país subdesenvolvido", concluiu o guia de negócios do Departamento de Comércio Norte-Americano. Mas depois que Che

---

[11] Anderson, *Che*, op. cit., p. 438.

[12] Kirk Smith e Hugo Llorens, "A Comparison of Socioeconomic Indicators in Pre-Castro and Current-Day Cuba", *Proceedings of the Annual Meetings of the Association for the Study of the Cuban Economy*. (ASCE), University of Texas at Austin, agosto de 1998.

[13] Ibidem.

se tornou o czar da economia cubana, o país não tardaria nada em ser considerado um dos mais pobres do mundo.

O país que em 1958 tinha o terceiro maior consumo proteico do Ocidente logo passaria a racionar comida.[14] É bem instrutivo comparar as rações diárias do brilhante ministro argentino com as que o rei da Espanha, em 1842, destinava aos escravos.[15]

	Ração dos Escravos em 1842	Ração de Fidel desde 1962
Carne, frango e peixe	230 g	55 g
Arroz	110 g	80 g
Carboidratos	470 g	180 g
Feijão	120 g	30 g

Como se pode ver, os escravos cubanos *efetivamente* comiam melhor do que os cidadãos cuja economia era comandada por Ernesto "Che" Guevara. E a ração não mudou até hoje. Lincoln disse: "Sempre que ouço alguém defendendo a escravidão, tenho enorme vontade de ver o que pensaria se ele próprio, e não outro, estivesse na condição de escravo". Sem dúvida, muitos cubano-americanos que assistem ao programa *McLaughlin Group* quiseram ver como Eleanor Clift se sairia se tivesse de viver com a ração de Fidel.

Consideremos agora a questão da imigração. No decorrer do século vinte, antes de Castro e Che entrarem em Havana, Cuba recebeu mais imigrantes *per capita* do que qualquer outro país ocidental – inclusive os Estados Unidos. Em 1958, a embaixada cubana na Itália teve um acúmulo de doze mil solicitações de vistos de imigração – doze mil italianos implorando para entrar em Cuba. De 1903 a 1957, o país recebeu

---

[14] Alberto Iglesias, *Socio-Economic "Conquest" of the Communist Experiment on Cuba*. Miami, Cuba Free Press, Inc., June 1999.
[15] Fontova, *Fidel*, op. cit., p. 39.

um milhão de imigrantes da Espanha, e mais de setenta e cinco mil dos Estados Unidos.[16]

Jamaicanos e haitianos lançavam-se em jangadas para *entrar* em Cuba. Hoje em dia, não só as pessoas arriscam a vida tentando fugir do país – cerca de dois milhões até 1992 –, mas até mesmo os haitianos, que lutam para erradicar a fome do seu país, nos olham com olhar superior.

Como quer que seja, ações são mais eloquentes que quaisquer estatísticas: quando, aos 5 de agosto de 1957, o movimento castrista decretou uma "greve geral" contra a ditadura de Batista – e ameaçou atirar nos trabalhadores que não aderissem a ela –, os trabalhadores simplesmente ignoraram o "decreto" e trabalharam normalmente. Aos 9 de abril de 1958, idem: todos foram trabalhar, ignorando os seus auto-proclamados "libertadores".

A rebelião anti-Batista foi preponderantemente equipada e liderada por estudantes universitários e profissionais liberais. O mais comum eram advogados desempregados – começando pelo próprio Fidel. "Trabalhadores e camponeses" eram raríssimos. O primeiro "gabinete" do regime era formado por sete advogados, dois professores universitários, três estudantes, um médico, um engenheiro, um arquiteto, um ex-prefeito e um ex-capitão do exército de Batista.[17] Um grupo notoriamente "burguês", como diria o próprio Che Guevara. Em 1961, foram os trabalhadores urbanos e, sobretudo, os rurais que começaram a incrível resistência *anti*-Castro, especialmente nas montanhas de Escambray.

Não há discussão sobre Cuba que não mencione o supostamente incrível sistema de saúde do regime. O próprio Colin Powell, ao mesmo tempo em que defendia, nas Nações Unidas, a posição norte-americana contra Saddam Hussein, chegou a dizer que "Até Fidel Castro fez algo

---

[16] Alberto Bustamante, "Notas Y Estadisticas Sobre los Grupos Étnicos en Cuba". *Revista Herencia*, vol. 10, 2004, Herencia Cultural Cubana, Miami, Florida.

[17] Theodore Draper, *Castro's Revolution*. New York, Frederick Praeger, 1962, p. 43.

de bom para o seu país".[18] Há muita chance de que ele tivesse em mente o sistema cubano de saúde.

Ora, vamos de novo aos fatos. Em 1958, Cuba tinha a menor taxa de mortalidade infantil da América Latina, e *décima terceira do mundo*. Estava na frente da França, Bélgica, Alemanha Ocidental, Israel, Japão, Áustria, Itália e Espanha.[19] Hoje – a julgar pelas cifras *oficiais* publicadas com o aval de Fidel – tem a vigésima quinta menor taxa de mortalidade infantil do mundo. De modo que, em comparação com o resto das nações, o sistema cubano de saúde *piorou* depois de cinquenta anos de stalinismo. A propósito, o surpreendente índice de 0,71 aborto por criança viva nascida no país dá a Cuba – de longe – o primeiro lugar no Ocidente, e um dos primeiros do mundo, em número de abortos. O que reduz a mortalidade infantil exterminando as gravidezes de risco. Ainda assim, mesmo diante de números excruciantes como esses, pode-se dizer que Cuba, hoje, piorou sensivelmente o quadro de 1958 – quando era governada por Batista – no que concerne à mortalidade infantil. Aliás, em 1957, Cuba tinha proporcionalmente mais médicos e dentistas do que os Estados Unidos ou a Grã-Bretanha, por exemplo.[20]

Uma reportagem feita por um repórter cubano dissidente revela que a tuberculose, a lepra e a dengue – doenças erradicadas em 1958 – estão voltando com força total em 2005.[21]

Mais um truísmo esquerdista: Cuba não passaria de um corrupto *playground* norte-americano, dominado pelo jogo e a prostituição. Em 1957, Cuba recebeu um total de 272.265 turistas norte-americanos. Em 1950, havia mais cubanos de férias nos Estados Unidos do que americanos em Cuba. Em 2002, a despeito do nefando "embargo" dos Estados Unidos a Cuba, aproximadamente 203.000 americanos visitaram a

---

[18] Cristopher Ruddy, "Powell and Castro". *Newsmax*, 14 de maio de 2001.

[19] Kirk Smith e Hugo Llorens, "A Comparison of Socioeconomic Indicators in Pre-Castro and Current-Day Cuba". Proceedings of the Annual Meetings of the ASCE.

[20] Ibidem.

[21] "El Comandante en Jefe si Tiene Quien le Escriba". *El Nuevo Herald*, 8 de janeiro de 2006.

ilha.²² E Biloxi, no Mississipi, tem hoje três vezes mais cassinos do que Cuba em 1958.

Evidentemente, não se pode falar em Cuba sem discutir a exploração – não: humilhação! – que o país sofreu nas mãos dos brutos e vorazes empresários ianques e outros gângsteres que dominavam sua economia. A província de Mayari, por exemplo, não passaria de um "estado virtualmente vassalo, fornecedor de frutas aos Estados Unidos", nas palavras de John Lee Anderson. E Cuba, nas palavras de Jorge Castañeda, não seria mais que "uma semicolônia norte-americana". O Próprio Che se referia à United Fruit Company como "os tentáculos verdes".²³

Na verdade, em 1958, – depois de apenas cinquenta e cinco anos de independência, precedidos por uma devastadora guerra contra a Espanha – apenas 9% do capital investido em Cuba era norte-americano. E menos de um terço da produção de açúcar era administrado por companhias norte-americanas. Dos 161 engenhos de açúcar do país, apenas 40 eram propriedade de cidadãos norte-americanos. E desses 40, apenas uma fração pertencia à United Fruit.²⁴

"Eu acho que não há um só país no mundo, incluindo o continente africano e outras ex-colônias, onde a colonização econômica, a humilhação e a exploração foram piores do que em Cuba". Palavras de Che Guevara, em discurso às Nações Unidas? Não. Por incrível que pareça, palavras de John Kennedy em entrevista ao jornalista francês Jean Daniel no ano de 1963. "Quadro que, em parte, a política do meu país ajudou a construir", acrescentou, exalando bom senso.²⁵

Ao escolher os consultores de sua política em relação a Cuba, o presidente Kennedy chegou a dizer: "Vocês não podem ficar batendo cabeça".

---

[22] Humberto Fontova, "Fidel as Business Partner". *Newsmax*, 20 de fevereiro de 2002.

[23] Anderson, *Che*, op. cit., p. 469.

[24] Lazo, *Dagger in the Heart*, op. cit., p. 82.

[25] Ibidem.

CHE IMPLORA PELO EMBARGO NORTE-AMERICANO

O folclore acadêmico e esquerdista internacional entronizou a lenda de que o embargo norte-americano a Cuba foi uma maligna "punição" infligida ao país por seu belicoso vizinho do norte. Há desde mais ou menos uns quinze anos, a Assembleia Geral das Nações Unidas vota anualmente uma espécie de "nota de denúncia", macaqueando o eunuco Pérez Roque, ministro dos negócios estrangeiros de Cuba, ao descrever o estado de coisas como um "bloqueio". Apenas os Estados Unidos, Israel e as Ilhas Marshall votam contra. O ministro iraniano nas Nações Unidas, Javad Aghazadeh, foi particularmente eloquente em favor de seus amigos cubanos na última votação, subindo no palanque para denunciar o "bloqueio norte-americano" como "intolerância a outros sistemas políticos, econômicos ou sociais, atitude que vai de encontro à salvaguarda dos direitos e da dignidade humana!".[26] Esta palestra sobre intolerância e direitos humanos foi proferida por um delegado cuja nação deseja Israel "varrido do mapa".

Mas a História contradiz essa versão dos fatos. Pois Che Guevara, então presidente do Banco Nacional de Cuba, reclamava constantemente dos laços econômicos entre Cuba e os Estados Unidos. Ainda que os norte-americanos comprassem o açúcar cubano por um preço superior ao do mercado internacional, Che classificava a postura dos Estados Unidos como "escravidão econômica".

"Já que você diz" – e então os americanos pararam de comprar o açúcar cubano. E contrariando toda a lógica, Che chamou essa atitude de "agressão econômica ianque". Quando Jean Paul Sartre chamou Fidel, Raúl e Che de *"les enfants au pouvoir"*, ele pretendia que isso fosse um elogio. Não obstante, era apenas a verdade nua e crua, pois a política econômica de Cuba era uma algazarra. Che Guevara *provocou o embargo*. Num discurso histórico e televisionado, pronunciado aos 23 de março de 1960, Che Guevara declarou que "A fim de conquistar alguma

---

[26] United Nations, General Assembly, GA/10417, 11 de agosto de 2005.

coisa, temos de tirá-la de alguém. O que temos de conquistar é a soberania deste país. E temos de tirá-la do chamado monopólio. Isto significa que o caminho da nossa libertação será aberto por meio de uma vitória sobre os monopólios norte-americanos!".[27]

Nessas palavras, Che exortava à apropriação indébita dos negócios americanos em Cuba. Ou seja: o ministro da economia em pessoa ordenou o roubo de dois bilhões de dólares de empresários e acionistas norte-americanos. Quase seis mil empresas, companhias e outros tipos de negócio foram tirados à força de seus proprietários legais. A maior roubalheira da história. Em duas semanas, e por meio de capangas armados com metralhadoras, Fidel e Che tiraram mais dos negociantes americanos em Cuba do que, juntas, todas as "nacionalizações" já empreendidas por regimes "nacionalistas". E isso em toda a história do Ocidente ou do Oriente.

Castro exultava de alegria e numa enxurrada de pronunciamentos gritou que não iria pagar um centavo por nada. E de fato não pagou. Os que resistiram à pilhagem foram executados. Um deles era cidadão norte-americano. Chamava-se Howard Anderson, e tinha uma concessionária da Jeep. Outro, também americano, era Robert Fuller, e tinha uma fazenda. Ambos foram amarrados, vendados e fuzilados no paredão.

Alguns europeus, especialmente os franceses, tinham verdadeiros orgasmos ao ver Fidel e Che pilhando o Tio Sam. Cheios de ganância, estavam ansiosos pelo que haveria de vir. Não obstante, a sorte não estava do seu lado. Cuba estava louca para pedir dinheiro emprestado, mas achava decididamente inconveniente tratar desses assuntos com países não-socialistas. E em 1986, o país parou de honrar as dívidas. Enquanto isso, o Clube Parisiense de Países Credores ainda esperava pelo apelo cubano. E esperava em vão.

Mas e os 5 bilhões de dólares anuais que Cuba recebia da indústria açucareira da União Soviética?

---

[27] Anderson, *Che*, op. cit., p. 471.

Fidel também se recusou a pagar essa dívida. Mais uma vez, a história o absolveu. Pois o credor – a União Soviética – não existia mais. Como ele poderia pagar uma entidade jurídica que desaparecera?

"CHE VIVE": O LEGADO DE NOSSA MISÉRIA

"Nós chegamos a Cuba sem preconceitos políticos, querendo apenas curtir as muitíssimo elogiadas regiões turísticas do país", diz a mochileira Isane Aparicio Busto. "O golpe foi duro. Saímos de lá com 'o que sabíamos' sobre a revolução cubana completamente destruído. Essa viagem afetou inclusive nossos princípios políticos".

Isane voltou de sua viagem a Cuba no final de 2005. Como muitos turistas "moderninhos", sobretudo europeus, ela talvez estampasse o rosto de Che Guevara em sua mochila ou camiseta. O certo é que agora não estampa mais.

"A polícia estava por toda a parte. E logo ficou evidente que os cubanos são vítimas de um tipo de *apartheid*. Há hotéis só para turistas, lojas só para turistas, ônibus só para turistas – ou seja, um mundo amputado dos habitantes do país, proibidos pela própria polícia de entrar nesses lugares. As aspirações pessoais do povo cubano parecem mutiladas. Nunca senti tanta angústia por um povo e uma nação em toda a minha vida. Se eu fosse cubana, certamente me lançaria numa jangada".[28]

Parece fácil. Ora, entre numa jangada, e logo você estará tomando café com leite com seus primos em Miami. É simples! A não ser que, segundo estatísticas ainda recentes, apenas um de cada três jangadeiros sobreviva à travessia.

Varadero, onde Isane ficou, é uma praia maravilhosa a leste da capital, lotada todos os fins de semana por milhões de cubanos quando o país, um quintal norte-americano de índole racista e fascista, era aterrorizado por gângsteres e trapaceiros de toda a sorte.

---

[28] Insane Aparicio Busto, "Viaje Literario". *El Mundo de España*, 25 de outubro de 2005.

Em 1959, Fidel e sua vanguarda de oprimidos deram vazão à sua fúria. Inflamados por certo fervor patriótico, acabaram com a humilhação que o país sofria em mãos estrangeiras. É o que nos dizem figuras tão díspares quanto Charles Rangel, Noam Chomsky, Robert Redford, Jesse Jackson, Norman Mailer e virtualmente todo professor de história da *Ivy League*.

Ora, depois de cinquenta anos de uma revolução tão nacionalista como esta, é no mínimo estranho que a praia de Varadero, por exemplo, seja exclusiva dos turistas estrangeiros, e que a própria polícia do país impeça os cubanos de frequentá-la.

Jimmy Carter, Barbara Boxer e pródigas delegações comerciais de Nebraska, Louisiana, Califórnia e Maine são todos bem vindos à maravilhosa praia. Mas se um simples civil cubano tentar entrar, será barrado com metralhadoras tchecas.

Além do mais, suspeitamos que Isane não soubesse da missa um terço. Ela provavelmente não sabia que, antes da gloriosa revolução, Cuba tinha um nível de vida superior ao da Venezuela ou do México, países que também visitou. Assim como era superior ao nível de vida de metade da Europa, gabando-se, por exemplo, de uma renda per capita que era o dobro da espanhola.

O antigo ministro das indústrias da Cuba revolucionária, e presidente do banco nacional, tinha uma base sólida sobre a qual construir. Geralmente, para fazer o que fez Guevara no campo econômico, é preciso que um terremoto, erupção vulcânica, maremoto ou bomba atômica se abata sobre o país. Mas Tóquio, Pompeia e Hiroshima, por exemplo, conseguiram se recuperar. Havana, que na década de cinquenta era mais rica que Roma ou Dallas, hoje parece Calcutá ou Nairóbi. Existe um assunto, pois, em relação ao qual os exilados cubanos concordam de bom grado com Fidel: o seu elogiado posto de líder terceiro-mundista. Ele e Che sem dúvida levaram Cuba para o Terceiro Mundo.

Em janeiro de 2006, a supermodelo Helena Houdova, que fora a miss República Tcheca em 1999, visitou a ilha de Cuba. Ela seguia os passos de Naomi Campbell e Kate Moss, que lá estiveram em 1998 – mas não exatamente. Pois Campbell limitou-se aos badalados enclaves turísticos e áreas oficialmente aprovadas pelo regime, seguindo fielmente os utilíssimos "guias" à Praça da Revolução, onde fica a gigantesca imagem de Che Guevara. Ela ficou impressionada com tudo o que viu à sua volta.

"Estou muito nervosa!", disse Naomi, chegando atrasada a uma coletiva de imprensa no Hotel Nacional de Havana. "Fiquei uma hora e meia falando com Fidel Castro! Mas ele me disse que não me preocupasse com nada. Ele sabia quem eu era por meio de jornais e revistas, mas era diferente me conhecer em pessoa. Eu também tinha lido muita coisa sobre Fidel. É um grande prazer estar em Cuba", arrematou. "Eu me diverti muito, e pretendo voltar... Fidel Castro é uma grande fonte de inspiração para mim; é um homem inteligente e impressionante, que lutou por uma causa justa".[29]

Campbell estava certa sobre uma coisa: Fidel realmente sabia muito sobre ela. Mas não por meio de matérias na *Cosmo* ou na *Elle*.

Quanto à supermodelo tcheca Helena Houdova, ela tentou driblar os "guias" oficiais e se aventurou no interior de Havana. Ela preside uma sociedade beneficente chamada Sunflower Fondation, que ajuda pobres, aleijados, doentes e órfãos pelo mundo todo. O regime castrista poderia tê-la avisado para não perder tempo procurando gente que precisa de ajuda no país. Qualquer um, de Naomi Campbell a Eleanor Clift, poderia ter-lhe dito que as crianças cubanas não sofrem desses males, ou mesmo que "é melhor ser uma criança pobre em Cuba que nos Estados Unidos".

Mas a senhorita Houdova nasceu e viveu na Tchecoslováquia, uma nação devastada por tanques soviéticos em 1945 e, de novo, em 1968. Diferentemente dos professores da *Ivy League* ou de Berkeley, e de todos os repórteres investigativos guiados apenas pelo apelo midiático e ganho material, ela sabia que não se deve confiar nos pronunciamentos de um regime de cunho stalinista – especialmente no que diz a multidão de "idiotas úteis". "É quase impossível providenciar qualquer ajuda

---

[29] Pascal Fletcher, "Supermodels Impressed by Cuba's Castro". *Reuters*, 22 de fevereiro de 1998.

humanitária por meios oficiais, porque as autoridades comunistas se recusam a admitir que alguma coisa não funcione direito no seu país", disse Houdova a um jornal de Praga pouco antes de sua viagem.[30]

A intrépida supermodelo visitou vários hospitais em Havana (não os hospitais para turistas e estrangeiros, mas aqueles que os próprios cubanos frequentam), e saiu angustiada. Então, começou a tirar fotos dos horríveis cortiços do centro da cidade. Foi quando os policiais a abordaram e arrancaram-lhe a câmera das mãos. "Eles gritaram comigo", disse. "Fiquei com medo, mas como cresci num país comunista, eu sei como são essas coisas".

Os capangas de Fidel abriram a câmera e arrancaram o filme, mas a modelo conseguiu esconder o cartão de memória de sua câmera digital no sutiã. Houdova e uma amiga, a psicóloga e também modelo Mariana Kroftova, foram levadas e detidas por onze horas sem poder entrar em contato com a embaixada da República Tcheca, e sem ninguém que soubesse uma só palavra em inglês. Por fim, foram liberadas depois de assinar um documento em que declaravam não se engajar em nenhuma "atividade contrarrevolucionária".

"As sentinelas da revolução me abordaram porque eu estava tirando fotografias de algo 'proibido', arrematou a modelo depois de aterrissar em Praga.[31]

Agora vamos ver como Fidel Castro conhece a vida dos famosos que visitam o país. "Fidel Castro é um gênio!", exclamou Jack Nicholson depois de uma visita a Cuba em 1998. "Nós falamos sobre tudo e sobre todos. Castro é um humanista como o presidente Clinton. Cuba é simplesmente um paraíso!".[32]

Jack Nicholson não para de tecer elogios como esses nos últimos anos. E as suas fileiras em Hollywood os acompanham. Francis Ford Coppola, Steven Spielberg, Woody Harrelson, Leonardo DiCaprio,

---

[30] "Czech Model Helena Houdova Briefly Detained in Cuba". *Prague Daily Monitor*, 26 de janeiro de 2006.

[31] Ibidem.

[32] "Insider Report: Castro Taped Jack Nicholson, Hollywood Stars". *Newsmax*, 10 de abril de 2005.

Chevy Chase, Robert Redford e muitos outros ficaram simplesmente eufóricos com Fidel e sua prisão insular. Bill O'Reilly chamou essas celebridades de "cérebros de galinha". Mas esses pangarés não desconfiam de nada.

"Meu trabalho era monitorar os seus quartos de hotel", diz Delfín Fernández, ex-alto funcionário da inteligência cubana, e hoje exilado nos Estados Unidos. "Nós usávamos câmeras e escutas. A maioria não tem a mínima ideia de que está sendo vigiada. São ordens de Fidel". Segundo algumas fontes, Havana, devido ao desespero da gente brutalizada e empobrecida que lá vive, chegou recentemente a ultrapassar Bangkok como a capital mundial da prostituição infantil. É o filão preferido dos chantagistas e delatores de plantão.

"Ele [Delfín Fernández] não só conheceu algumas das pessoas mais famosas do mundo, como também as espionou e testemunhou seus mais íntimos segredos", diz o *London Daily Mirror* em matéria sobre ele.

"Quando as celebridades chegavam aos hotéis Nacional, Melia Habana e Melia Cohiba", diz Fernández, "seus quartos já estavam completamente monitorados por sofisticados equipamentos de gravação... Na verdade, não só os quartos, mas nosso pessoal os seguia aonde quer que fossem, vinte e quatro horas por dia. Eles não tinham nem ideia do que estava acontecendo".[33]

O famoso cineasta espanhol Pedro Almodóvar era um dos alvos prediletos desse monitoramento, mas nada de importante foi descoberto a seu respeito. "Todo mundo sabe que eu sou gay!", disse, rindo, aos chantagistas de Fidel. Então, rua! Saiam já daqui!".

"Fidel Castro é um grande conhecedor dessas gravações", diz Fernández. "Especialmente se se trata de gente muito famosa". Nem mesmo os "amigos" mais próximos estão livres do monitoramento. O melhor exemplo é o prêmio Nobel Gabriel García Márquez. Numa atitude que parecia pura generosidade e amizade sincera, Castro emprestou a seu amigo "Gabo" sua própria – e roubada, é claro – mansão em Havana.

---

[33] G. Fernandez e M. A. Menéndez, "Castro Graba Intimades de Visitantes". *Revista Guaracabuya*, 12 de março de 2001.

"Antes, porém, fizemos pequenos reparos na casa", lembra Fernández, "e instalamos mais cabos para os equipamentos de gravação do que para os aparelhos elétricos da casa. Tudo era gravado. Fidel não acredita em ninguém".

O pessoal da inteligência cubana conseguiria juntar tanta gente para a exibição dessas gravações quanto Hollywood para o lançamento de um filme. "Ah, aquelas cenas são mais escandalosas do que qualquer um dos seus filmes!", lembra Fernández, referindo-se às gravações da excitante noite de uma famosa atriz espanhola. "Diante disso", falou Fidel aos membros da sua polícia secreta, "parece-me que esta senhora deveria fazer comentários mais respeitosos ao nosso regime, não?".

"Mas as celebridades norte-americanas são o alvo principal da inteligência cubana", diz Fernández. "Quando ficamos sabendo que as modelos Naomi Campbell e Kate Moss viriam ao país, a ordem foi uma só: vigilância vinte e quatro horas por dia. Então recebemos um alerta de 'prioridade absoluta', pois havia um rumor de que ambas dividiriam o quarto com Leonardo DiCaprio. O rumor deu início a um verdadeiro alvoroço, de modo que instalamos os aparelhos mais sofisticados de que dispúnhamos naquele quarto de hotel".

"Quanto a Jack Nicholson, ele foi totalmente monitorado e grampeado durante a sua estadia no hotel Melia Cohiba", diz Fernández.[34]

Não obstante, há certamente uma sumidade que, visitando o país, driblou a inteligência cubana. Durante a sua visita a Cuba em 1998, os assistentes do papa João Paulo II descobriram e removeram vários tipos de grampo do quarto de hotel de Sua Santidade. Talvez Fidel tivesse algum rancor ou ressentimento contra o papado. Muitos não se lembram, mas, em janeiro de 1962, o papa João XXIII excomungou Fidel Castro da Igreja Católica. Uma atitude coerente, considerando as centenas de cubanos que, ao serem fuzilados, morriam gritando "Viva Cristo-Rei!".

---

[34] Ibidem.

PROSTITUTAS DESESPERADAS

Um bom exemplo da habilidade que Guevara possuía de negar fatos evidentes se mostra em sua visita à Tchecoslováquia em 1960. Ora, quando seus companheiros cubanos chamaram-lhe a atenção para o grande número de prostitutas nas ruas de Praga, especialmente em frente ao hotel onde estava a comitiva, Che concordou prontamente. De volta a Cuba, quando um dos membros da comitiva mencionou o fato, ele o interrompeu como que indignado: "Eu não vi nenhuma prostituta lá!".[35] Os outros homens se entreolharam, dando de ombros, mas sabiam que era melhor não insistir no assunto. Che *não queria* se lembrar das prostitutas que andavam às pencas num país gloriosamente comunista.

Ironicamente, a Cuba que Fidel e Che construíram se tornou um bordel internacional, no qual as cubanas são facilmente exploradas pelos "turistas do sexo".

"Já que a mulher em questão está geralmente desesperada", escreve a Profa. Dra. Julia O'Connell Davidson, "um homem pode conseguir sexo com ela por muito pouco dinheiro".[36] Julia Davidson é professora de sociologia da Universidade de Nottingham, na Inglaterra, e autora de um livro intitulado *The Rights and Wrongs of Prostitution*, no qual se pode ver que fez um seriíssimo estudo sobre o atual estado da prostituição em Cuba.

"Uma prostituta cubana chega a pedir quatro, às vezes até mesmo dois dólares por programa", diz. "Mulheres e garotas inexperientes às vezes passam a noite inteira com um cliente em troca de uma refeição, bebida e um ou outro presentinho. Os turistas do sexo dizem que é mais barato visitar Cuba do que outros centros de turismo sexual, como as Filipinas e a Tailândia, por exemplo. Isto se dá porque a competição, entre as cubanas, faz com que o preço do programa caia".

---

[35] Ortega, *Yo Soy El Che!*, op. cit., p. 57.
[36] Julia O'Connel Davidson, "Sex Tourism in Cuba". *Race & Class* 38.1, Julho-Setembro de 1996.

"Meninas de quatorze e quinze anos, por estarem ainda mais desesperadas por dinheiro, são presas ainda mais indefesas contra o turismo sexual. Conheci prostitutas desta idade em Varadero que afirmam que seus clientes italianos, canadenses ou alemães fazem três, quatro e às vezes cinco viagens a Cuba por ano. E o que é ainda mais intrigante, estes turistas pagam para que lhes arrumem meninas desta idade".[37]

A professora Davidson atribuiu ao que chama de "sexualidade belicosa" o lema "Ache, dê de comer, coma e esqueça... Uma companhia norte-americana que publica um livro (também em versão eletrônica) intitulado "Travel & Single Male" diz que Cuba é 'o novo (e picante) destino do solteiro intrépido'. Um turista britânico explicou que sua 'namorada' cubana (que ele conseguiu por agenciamento) sugeriu que ele fechasse a conta do hotel onde pagava vinte dólares por noite e ficasse no seu apartamento, onde ele teria os mesmos 'cama, mesa e banho'. E, por tudo isso, a bagatela de cinco dólares por dia, mais os gastos com comida. Na Inglaterra, o homem nem sequer compraria um maço de cigarros por esta quantia, quanto menos um 'serviço completo' destes".[38]

A professora Davidson também descobriu algo que talvez interesse a Charles Rangel, Jesse Jackson, Maxime Waters, Danny Glover, Harry Belafonte, Naomi Campbell, Kweisi Mfume, o tatuado Mike Tyson e Jay-Z com sua incrível camiseta. "Os cubanos enfrentam as mesmas barreiras raciais que oprimem os negros pelo mundo afora. Grupos que enfrentam esta espécie de 'desvantagem estrutural' são geralmente identificados com a prostituição. Minha impressão inicial era a de que a maioria das prostitutas era negra, em comparação com mestiças ou brancas. Segundo me afiançou um canadense: 'Aqui em Cuba, não há problema algum em chamar um preto de preto. Ninguém se dói por causa disso'".

A professora Davidson concluiu que, em Cuba, os racistas "têm a oportunidade de satisfazer seu apetite sexual por gente que ao mesmo tempo desprezam e desejam. Para eles, Cuba é 'o paraíso'. Hoje

---

[37] Ibidem.

[38] Ibidem.

em dia, o país tem muito a oferecer ao turista sexual. Estes homens podem pedir uma mulher ou menina cubana com a mesma facilidade que pedem um drinque".[39]

E estas não são palavras de iracundos exilados cubanos. Mas trechos de um livro de uma professora universitária inglesa.

Não obstante, para que não façamos uma ideia errada e a tratemos como parte daquela turma bem brega lá de Miami, a professora Davidson conclui o assunto com o seguinte: "O poder que têm os turistas sobre as mulheres cubanas não se funda apenas na indecente disparidade de riqueza entre os países desenvolvidos e os subdesenvolvidos, mas também na *política externa norte-americana*. Durante o governo de Batista, os Estados Unidos tratavam Cuba como o seu cassino e o seu bordel. Hoje, a *punição* que infligem ao país é fomentar as condições em que as mulheres e garotas cubanas se tornam objeto dos turistas economicamente favorecidos".

Mais uma vez, a culpa é dos americanos. Ora, mas só poderia ser, haja vista a orientação acadêmica da professora Davidson, uma feminista engajada. Todavia, ela ao menos documenta bem o que viu e ouviu durante sua estada em Cuba.

Em 1958, Cuba gozava de um nível de vida superior ao da Irlanda – se é que os seus sobrenomes, como parecem, são mesmo de origem irlandesa. Como vimos, Cuba, durante o governo de Batista, *não fazia parte do grupo dos países subdesenvolvidos*, e estava muito longe de ser "o bordel e cassino dos Estados Unidos". Em 1958, Cuba tinha, aproximadamente, dez mil prostitutas. Hoje são mais de cento e cinquenta mil que exercem, no país, a chamada mais antiga profissão do mundo.[40]

A Universidade de Nottingam, onde leciona a professora Davidson, está entre as dez melhores da Grã-Bretanha, segundo o *London Sunday Times*. Consequentemente, não podemos esperar que ensinem a história de Cuba de maneira acurada, pelo mesmo motivo que nem Berkeley nem

---

[39] Ibidem.
[40] Felix Hernandez, "Jineteras en el Paraíso". *La Nueva Cuba*, 20 de dezembro de 2005.

Yale nem Princeton o fazem. A "indecente" disparidade de riqueza entre a Cuba de hoje e os países desenvolvidos, aliás muito bem documentada pela professora Davidson, não tem *nada que ver* com a política norte-americana, mas tudo que ver com a de Fidel – especialmente por ter sido ele próprio que nomeou Ernesto "Che" Guevara como presidente do Banco Nacional de Cuba e, logo depois, ministro das indústrias.

OS NEGROS EM CUBA

O racismo, em Cuba, foi oficialmente abolido em 1925. O governo que Che Guevara ajudou a derrubar tivera gente de cor no cargo de presidente do senado, ministro da agricultura, chefe do exército e – lembremo-nos do mulato Batista – *presidente da república.*

Fulgencio Batista subiu ao poder por meio de um golpe de Estado em 1952, mas já em 1940 havia se elegido presidente em eleições que os peritos norte-americanos consideraram escrupulosamente honestas. (O golpe, a propósito, não derramou uma só gota de sangue.) De modo que quaisquer barreiras raciais que porventura existissem em Cuba ainda na década de quarenta, elas não impediram um país cuja maioria branca é de 71% de votar num presidente mulato.

Hoje em dia, a população carcerária do país tem 85% de negros e mulatos. O regime que Che Guevara ajudou a fundar ostenta a distinção de ter encarcerado o negro que mais tempo passou numa cadeia em todo o século XX. Seu nome é Eusebio Peñalver, *um homem que foi preso e torturado nas masmorras de Fidel por mais tempo que Nelson Mandela na África do Sul.*

Peñalver sofreu tortura contínua em sua luta contra o comunismo, mas resistiu incólume a trinta anos de confinamento. "Macaco!", diziam-lhe os guardas. "Nós o tiramos das árvores e arrancamos sua cauda!", gritavam os capangas de Castro ao levarem-no para a solitária.[41]

---

[41] O autor entrevista Eusébio Peñalver, 9 de junho de 2004.

Os guardas comunistas sempre pediam que Eusebio "confessasse", que admitisse legalmente suas "transgressões ideológicas". Isto aliviaria o seu castigo e sua punição, eles diziam.

A resposta de Peñalver era clara e imediata. Ele desprezava o programa de "re-educação" dos comunistas, e sabia que eram *eles* os que precisavam de re-educação. Recusou-se a usar o uniforme dos presos comuns. Eram os comunistas que deviam usá-lo. Durante os seus trinta anos nas masmorras de Castro, Eusebio Peñalver permaneceu firme, altivo e hostil ao que o cercava.

Alguém já ouviu falar dele? Hoje vive em Miami. A CNN já o entrevistou? Alguém já o viu no programa *60 Minutos*? Ou leu sobre ele no *New York Times*? No *Boston Globe*? Ou ouviu alguma coisa no Black History Month? Ou onde quer que seja?

Peñalver é cubano. E, como todos sabemos, a opressão de cubanos por cubanos não conta para a grande imprensa e a academia. Hoje em dia, a polícia castrista retira negros e mulatos de todas as áreas turísticas. O mais proeminente preso político em Cuba, Elías Biscet, é negro (Nem vou perguntar se alguém já ouviu falar dele.). E exatamente 0,8% dos cargos políticos do país é ocupado por gente e cor. Em outros lugares, esta mesma situação seria chamada de apartheid.

12

Che na África

O Congo foi o caminho que conduziu Guevara à glória.
— Jorge Castañeda

A campanha de Che Guevara na África teve um final cômico porque Che não era capaz de igualar a habilidade dos seus oponentes em organizar e exortar os soldados africanos.

Numa entrevista radiofônica concedida logo após o seu retorno a Havana, Che Guevara fornecia uma boa pista do que os negros e mulatos cubanos deveriam esperar do seu futuro na ilha. Um proeminente empresário cubano chamado Luis Pons, que por acaso era negro, perguntou, pois, a Che quais eram os planos da revolução para a população de cor.

"Nós faremos por negros e mulatos exatamente o que eles fizeram pela revolução", rebateu Guevara. "Ou seja: nada".[1] Hoje em dia, Pons continua a ser um empresário de destaque, vivendo, contudo, em Nova Iorque, onde ajudou a fundar a Cuban American National Foundation. Mas sua mãe foi proibida de deixar o país justamente por ser negra.

"Quando, antes de aportar em Cuba, ainda estávamos no México treinando", lembra Miguel Sánchez, que participou ativamente do

---
[1] O autor entrevista Ninoska Perez-Castellon, radio hostess, 17 de janeiro de 2006.

treinamento militar do movimento castrista, "Che adorava diminuir um guerrilheiro cubano chamado Juan Almedia, que era negro. Ele sempre se referia a ele como 'el negrito'. Almedia ficava possesso com Che, de modo que eu finalmente lhe disse: 'Olha, Juan, quando Che te chamar de *el negrito*, chama-o de *el chancho* (o porco), porque o cara nunca toma banho'. Isto funcionou durante algum tempo. Mas Che logo encontrou outras vítimas para seu racismo inato, desprezando todos 'esses mexicanos, índios e iletrados'".[2]

Será que esta atitude foi um estorvo no trato de Che com os soldados africanos? Em abril de 1965, Che estava na Tanzânia acompanhado de um contingente de oficiais e soldados cubanos. Usando "Tatu" como o seu codinome, Che e suas forças entraram no leste do Congo, que então era devastado por incompreensíveis guerras civis motivadas por questões tribais. Mas para Ernesto Guevara, tratava-se da "guerra de um povo" contra "os opressores capitalistas", o que demandava apoio do "proletariado do mundo todo".

A missão de Tatu era ajudar a etnia dos simbas, a mesma de Pierre Mulele e outros líderes sanguinários, que na época era liderada por Laurent Kabila e recebia ajuda da China e da União Soviética. Todos esses grupos "libertários" estavam muito ocupados atrás dos seguidores de Moise Tsombe – além, é claro, dos indefesos europeus que ainda viviam na recém-abandonada colônia belga.

O saque dos simbas à cidade de Stanleyville foi particularmente terrível. Entre os condenados à morte estavam o Dr. Paul Carlson e Phyllis Rine, missionários norte-americanos. O cônsul dos Estados Unidos Michael Hoyt, mais os funcionários da embaixada e suas famílias conseguiram escapar vivos, mas por um triz ("Matem-nos, matem-nos! Mulheres, crianças, matem todo o mundo!"). Os simbas conduziam-nos até o centro de Stanleyville, onde está a estátua de Patrice Lumumba, e se preparavam para fuzilá-los quando paraquedistas belgas da Legião Estrangeira literalmente caíram em cima deles, saltando

---

[2] Pedro Corzo, entrevista com Miguel Sanchez para o documentário *Guevara: Anatomia de un Mito*.

de aviões norte-americanos. Então os simbas, em pânico, felizmente se dispersaram.³

Logo os legionários belgas se juntaram às forças mercenárias de "Mad" Mike Hoare, a congoleses que se opunham a Kabila e a alguns soldados cubanos enviados pela CIA, uma parte dos quais veteranos da Baía dos Porcos. Em sua maioria, os cubanos eram pilotos que davam cobertura aérea às ações terrestres de Mad Mike, mas alguns chegaram a acompanhá-lo por terra. Juntos, logo acabaram com os canibais da etnia simba, para eterna gratidão dos aterrorizados habitantes de Stanleyville.

Foi mais ou menos durante esta época que Che Guevara – o poderoso "Tatu" – entrou na jogada.

Sua primeira missão como aliado dos simbas era organizar um ataque a uma guarnição que protegia uma usina hidrelétrica. O local ficava perto do rio Kimbi, na parte leste do Congo. A emboscada devia estar muito bem planejada – seria um golpe de mestre. Mas antes que os soldados de Tatu chegassem às posições que determinara, foram eles próprios pegos numa, digamos, "contraemboscada". Sob uma chuva de metralhadoras e granadas, comandante Tatu perdeu metade de seus homens logo no seu primeiro golpe de mestre.

Então os aliados africanos começaram a questionar o plano do comandante Tatu – mas perguntavam na sua língua estranha, que Tatu infelizmente desconhecia. Victor Colas era um comandante cubano que na ocasião estava subordinado a Che. "Eu finalmente dei ordens para bater em retirada", lembra Colas, referindo-se ao segundo encontro entre as forças de Tatu e as de Mad Mike. "Mas quando me dei conta, eu é que estava sozinho! E acho que o estava já há um bom tempo, segundo fui informado depois".

Seguiram-se várias debandadas, e logo Che Guevara não era mais recebido por nenhum líder africano. "Eu tentei falar com o major Kasali", lembra Che. "Mas ele se recusou a ver-me alegando que sofria de uma crise de enxaqueca".⁴

---

³ Sam MacGowan, "Operation Dragon Rouge". *The HistoryNet.com*, junho de 2002.
⁴ Ros, *Che*, op. cit., p. 262.

Durante várias semanas, o próprio chefe dos simbas, Laurent Kabila, se recusou a responder a qualquer uma das cartas de Tatu. Finalmente, respondeu-lhe uma missiva de maneira brusca, e Che ficou simplesmente em júbilo, como um cão enxotado que volta correndo ao menor sinal de benevolência do agressor. "Caro camarada", escreveu-lhe em resposta, "muito obrigado por sua carta. Espero impacientemente por sua chegada porque o considero como a um velho amigo, e devo-lhe explicações. Esteja seguro: coloco-me incondicionalmente sob o seu comando. Eu também lhe peço um favor. Dê-me permissão para lutar apenas com a patente de comissário político de meus companheiros".[5] Obviamente, a fama que Che granjeou no campo de batalha já se havia espalhado por aquela região da África.

Alguns simbas falavam um francês muito particular, é verdade, mas conseguiam se comunicar com Che. "Um dos primeiros congoleses que conheci, um chefe chamado Lambert", escreve Che nos seus diários, "explicou-me batendo no peito o quanto ele e seus soldados haviam zombado dos aviões do inimigo. Os aviões, segundo ele, eram completamente inofensivos, ele mesmo fora atingido por muitas balas, mas elas não o perfuraram. E isto porque estava protegido por *dawa*, aplicada nele e nos outros por um *muganga*, um tipo de pajé local, que era muito poderoso. Esta substância era uma pasta de ervas, administrada pelo pajé antes das batalhas. Ela só não funcionaria se o guerreiro tivesse tido relações sexuais recentes, ou sentisse medo durante a batalha. Neste caso, *dawa* era inútil, a despeito do enorme poder do *muganga* local".[6]

Che, um teórico marxista assumido, parecia impassível diante de tal descoberta, referindo-a com o mesmo tom desanimado que caracteriza o resto dos seus escritos. Muitos dos "capacetes" dos simbas eram uma estranha composição de pelos de macaco e penas de galinha.

Depois de uma das únicas emboscadas bem sucedidas, os soldados de Che descobriram que o caminhão apreendido trazia um grande

---

[5] Ibidem.
[6] Bravo, *La Otra Cara del Che*, op. cit., p. 307.

carregamento de uísque. Tendo escapado de outra surra naquele dia, Tatu estava orgulhoso. Seu discurso de vitória sobre o "proletariado internacional" e a "exploração imperialista" foi mais extenso do que o comum. Não que alguém de fato prestasse atenção nas suas palavras. Mas naquele dia os soldados estavam descontraídos, haja vista o conteúdo da presa. Logo começou a bebedeira.

Para fazermos uma ideia mais exata disso tudo, lembremos que "Tatu", quando, em Cuba, era conhecido por "Che", havia banido a bebida alcoólica, a dança e a briga de galos, depois de marchar sobre Santa Clara (Isto talvez surpreenda aos beberrões que passam a primavera em Cancún com o retrato de Che na camiseta.).

Não demorou muito para que o local da emboscada se transformasse num manicômio de gente rindo e gritando enquanto Tatu, à margem da festa, discursava às moscas sobre o "proletariado internacional". Ai, ai, os simbas ainda tinham munição e, sendo assim, logo começaram a atirar para o alto. Ora, difícil como estava mirar na direção certa, acabaram atirando uns nos outros. Uma pobre alma que passava por ali foi logo metralhada: tratava-se, sem dúvida, de um "espião dos mercenários", explicou um dos bêbados.[7]

Tatu, então, rapidamente topou com uma solução muito familiar para esse tipo, digamos, insubordinável de comportamento. Ele propôs que se fundasse uma "Academia Militar do Congo", a fim de doutrinar o seu "Exército da Libertação da África" nas regras da "irmandade proletária e consciência revolucionária" – tal como fizera em Cuba com os milicianos.

Os cubanos subordinados a Che Guevara não tinham um temperamento lá muito sanguíneo. "Esta porra é uma grande bosta!", costumavam reclamar. Depois de várias fugas e retiradas, o moral dos rebeldes congoleses caiu vertiginosamente. "Muitos companheiros revolucionários desonram o nome de 'revolucionários'" – eis como Tatu descreve, em seus *Diários do Congo*, o rompante de bom senso que acometeu

---

[7] Anderson, *Che*, op. cit., p. 658.

sua tropa. "A atitude deles é a pior possível para um revolucionário. E minhas providências contra este mal as mais severas possíveis".[8]

Então Che (ou será "Tatu"?) deu com a ideia de ameaçar *mandar os soldados cubanos embora da África.*

"Nós absolutamente não sabíamos por que estávamos no Congo", lembra Dariel Alarcón, que fora recrutado para a coluna de Che em Sierra Maestra ainda adolescente e o acompanhara em todas as trapalhadas desde então. "A campanha no Congo foi algo muito precipitado e temerário. Nós éramos simples soldados, apenas cumpríamos ordens. Como quer que seja, Che não ouvia a ninguém. Eu era muito imaturo na época, e Che manipulava a todos. Sempre que ele marcava uma reunião, era grito e intimidação na certa. Ninguém ousava contradizê-lo, ou expressar qualquer opinião sobre qualquer assunto que fosse".[9] Ora, precisamente aqui não podemos deixar de lembrar as palavras de Castañeda: "a decência e nobreza de Che sempre o faziam pedir desculpas".

Che nunca teve real influência sobre seus subordinados africanos, que frequentemente riam da sua cara. Certo dia, Tatu finalmente bateu o pé com os soldados do "Exército da Libertação da África". Eles haviam se recusado a cavar trincheiras, transportar suprimentos, ou fazer qualquer tarefa que fosse. "Nós não somos caminhões", diziam, rindo da cara de Che, que se esgoelava mandando-os fazer isto ou aquilo. "Nem tampouco somos cubanos" (que faziam tudo o que ele mandava). Então, já que não tinha o controle dos homens, ele também perdeu a paciência com eles.[10]

"Furioso", escreve Che, "eu gritava com eles dizendo-lhes que se comportavam como mulherzinhas. Que só lhes faltava avental e chapéu para poderem trabalhar como cozinheiras".

Mas a tirada de Che tinha que passar primeiro pelo intérprete. Um africano que falava francês ficava sempre ao seu lado traduzindo as

---

[8] Bravo, *La Otra Cara del Che*, op. cit.
[9] Alarcón, *Benigno*, op. cit., p. 103.
[10] Bravo, *La Otra Cara del Che*, op. cit., p. 310.

exortações e ordens para os soldados. Ou seja: havia um bom lapso de tempo entre a sua grandiloquência e a compreensão do que significava. Primeiro, os soldados se voltavam para ele; depois para o intérprete, que lhes traduzia toda a papagaiada vermelha na língua nativa.

Quando, então, os soldados finalmente compreenderam a tirada de Che, "começaram a tagarelar freneticamente", escreve ele, "de maneira muito desconcertante". Parece que nunca ocorreu ao brilhante Tatu, que não compreendia a língua nativa, que o seu intérprete poderia traduzir errado de propósito, fazendo do poderoso Tatu um imbecil ainda maior do que a sua fama local já denunciava.

Semanas e meses se passaram até que finalmente um dos cubanos que acompanhavam Che, um alto oficial do partido comunista chamado Emilio Aragones, disparou: "Caralho, Che, que porra nós estamos fazendo aqui?". Ao que ele respondeu com a retórica-padrão da solidariedade anti-imperialista do movimento proletário internacional. Seus companheiros se entreolharam, franziram o cenho e deram o fora dali.

Os cubanos que estavam do outro lado do campo de batalha tiveram uma experiência totalmente diferente. Mad Mike Hoare, depois de observar seus aliados, disse: "Estes cubanos enviados pela CIA são durões, dedicados e impetuosos. Foi uma honra ter sido seu comandante. O líder do grupo foi o soldado mais extraordinário que conheci. Os pilotos cubanos, além disso, deram um verdadeiro *show*. A ousada cobertura aérea que ofereceram encheu os brios da infantaria para o combate corpo-a-corpo".[11]

Gus Ponzoa é um piloto cubano-americano que cumpriu missões quase suicidas durante a invasão da Baía dos Porcos, na qual metade dos pilotos que lutavam pela liberdade de Cuba foi abatida. Gus infligiu terríveis baixas a seus inimigos comunistas. Quatro anos depois, lá estava ele no Congo lutando de novo contra os mesmos inimigos.

---

[11] O autor entrevista Gus Ponzoa, 7 de fevereiro de 2005.

"Eu realmente odeio ter que rir do que fizemos a Che Guevara no Congo", diz. "E fico muito honrado com os elogios de Mad Mike Hoare, que todos temos em altíssima conta. A propósito, que soldado! Ele comandou uma linha de tanques contra Rommel em El Alamein, e repetiu a corajosa e exímia atuação como comandante na África do Sul. Então quando eu penso naqueles canibais africanos comandados pelo poderoso 'Tatu', meu Deus, me dá pena... Eu fornecia cobertura aérea ao chamado Quinto Comando de Hoare, que também incluía outros cubano-americanos, alguns deles veteranos da Baía dos Porcos e amigos meus. A floresta do Congo era cerrada, como se pode imaginar. Tínhamos de voar baixo, muito baixo, às vezes logo acima das estradas. Este era o único jeito de pilotar sobre uma região como aquela. Eu marcava a posição do inimigo, e passava uma mensagem de rádio para os homens de Hoare, a fim de que soltassem uma bomba de fumaça e nós, consequentemente, não os confundíssemos com o inimigo. Depois eu, Luis Ardois e René García, entre outros, todos veteranos da Baía dos Porcos, voávamos pra cima deles com foguetes e metralhadoras de cinquenta milímetros. E lá em baixo era o inferno, então!".[12]

"Às vezes, Hoare nos avisava que estávamos perto demais, e poderíamos atingi-los".

"'Sabemos exatamente qual é a sua posição, Mike', respondíamos. 'O inimigo se aproxima e nós vamos mandá-lo de volta para *aquele* lugar'. Demoraram algumas missões para que Hoare se sentisse totalmente confortável com nosso suporte aéreo. Ele nunca tivera uma cobertura que operasse a altura tão baixa como aquela, pelo menos não nos desertos do Norte da África. Mas aqui era a selva; qualquer suporte aéreo teria de ser assim".

E Gus continua: "Depois de algumas missões, pode-se dizer que Hoare passou a nos amar! Ele percebeu que sabíamos voar – e atirar também. A partir de então, éramos peça fundamental em todas as suas estratégias. E quando nos encontrávamos, ele era todo sorrisos e tapinha nas costas".

---

[12] Ibidem.

Quando Gus e seus colegas pilotos mergulhavam atirando e soltando foguetes, geralmente ficavam embasbacados ao ver os inimigos africanos imóveis numa estrada ou clareira, simplesmente olhando para o céu. Comportavam-se como espectadores, não como alvos. "Alguns chegavam a nos acenar antes de serem atingidos", lembra.

Logo os pilotos cubano-americanos foram informados acerca de *dawa* e seu imenso poder de proteção, que o *muganga* – ou pajé – local administrava aos homens comandados pelo poderoso Tatu. "O líder africano em nosso raio de ação era Pierre Mulele", lembra Gus. "Ele disse a seus soldados que, se tomassem a poção mágica que lhes fornecia – feita por um poderoso curandeiro da região –, as balas não os poderiam perfurar".[13]

Não que todos os aliados de Che acreditassem nessa conversa fiada. Muitos permaneciam cépticos. Mas Mulele tinha um truque para logo persuadir os desconfiados e descontentes. "Ele mandava alguns soldados beberem a poção", diz Gus, "amarrava-os e atirava neles – mas com tiros de festim. 'Vocês veem?', dizia, então, aos soldados. 'Eis aí a prova do que eu disse!' Agora bebam todos a poção mágica e acabem com os mercenários imperialistas!'".

Pierre Mulele, a propósito, fora ministro da educação durante o governo do congolês Patrice Lumumba, descrito por John Henrik Clarke, da Universidade de Cornell, como "o messias negro", ou "o filho predileto de África", ou ainda "o Lincoln do Congo".

O aclamado autor de "Guerrilha: Um Método", um homem que os estudiosos elevam à mesma altura de um Mao ou um Lawrence da Arábia, o fundador da Academia Militar Revolucionária de Cuba, o instrutor-chefe da milícia cubana, o tema da hagiografia hollywoodiana *Guerrilha!* – o poderoso Tatu, enfim, poderia ter persuadido os seus soldados de que metralhadoras de cinquenta milímetros e foguetes que durante a Segunda Guerra abriam tanques alemães como se fossem latas de sardinha perfuram, com efeito, o corpo de homem.

---

[13] Ibidem.

O conflito final entre Tatu e os cães imperialistas aconteceu na cidade de Fizi Baraka, localizada no alto de uma montanha. O aliado de Che, nesta ocasião, era o "general" Moulana, que usava um capacete de motociclista embrulhado em pele de leopardo e fora apelidado de "general Cosmonauta" pelos cubano-americanos. Quando Che chegou a seu quartel-general, Moulana prontamente vestiu o esplêndido capacete de guerra. Então, a fim mostrar a Tatu o melhor de que dispunha, mandou os soldados desfilarem paramentados com os tradicionais pêlos de macaco e penas de galhinha. Nem é preciso dizer que o curandeiro do general Cosmonauta havia providenciado a imunidade de todos contra mísseis e metralhadoras.

O Quinto Comando de Hoare logo caiu em cima do inimigo – literalmente, haja vista a bombástica cobertura aérea de Gus e os outros pilotos. O resultado? Inúmeras baixas e mais uma fuga. Em meio às explosões, Tatu lutava para sobreviver, enquanto o curandeiro se desculpava pela ineficiência de *dawa*.

Feitas as contas, nem mesmo o maestro Tatu pôde deixar de reconhecer o fracasso da ópera-bufa que conduziu no Congo. "História de um Desastre" – eis o título que ele mesmo lhe deu no seu diário. Mas a culpa, segundo o mesmo texto, foi toda dos seus aliados. "Os congoleses eram muito, muito ruins como soldados", confidenciou Guevara a Felix Rodríguez pouco antes de morrer. Não obstante, por alguma razão desconhecida, os congoleses que lutavam ao lado de Hoare eram soldados aparentemente muito bons.

A missão de Tatu no Congo logo foi abandonada. Ele e seus comparsas castristas bateram em humilhante retirada, através do lago Tanganyika. Eles deixaram para trás aliados e tudo o que levaram para a operação, e quase não saíram da África com vida. Che, então, já olhava para Bolívia, pensando em sua próxima aventura guerrilheira. Seu sonho era transformar os Andes na "Sierra Maestra do continente", e criar "dois, três, muitos Vietnãs".

Fidel Castro, como de costume, tirou muitas lições da malfadada experiência. Logo ele iria abandonar esse negócio de guerrilha e "guerra para salvar o povo". Em meados dos anos setenta, quando o negócio de fundar um regime-irmão na África era realmente sério, ele mandou cinquenta mil soldados, centenas de tanques soviéticos e algumas esquadras de MIGs. Suas forças usaram bombas, foguetes e gás tóxico soviético contra vilas desprotegidas e desarmadas. Foi o uso de tamanha força a causa da "vitória" cubana em Angola, sem necessidade de curandeiros e a superpoderosa substância *dawa* (A emenda Clark, aprovada pelos democratas no congresso norte-americano, – e que suspendia a ajuda dos Estados Unidos aos anticomunistas de Angola – certamente facilitaram as coisas para Fidel.).

Uma das coisas, enfim, que de fato impressionaram os simbas sobre Tatu foi que "ele nunca entrava no rio para tomar banho".

13

A Derrota Final

Che morreu como um mártir em 1967.
– Davis Segal, *The Washington Post*.

Che Guevara era jovem e carismático. E foi brutalmente assassinado com a ajuda da CIA.
– Trisha Ziff, Curadora do Museu Guggenheim.

Em certa medida, 1968 começa já em 1967 com a morte de Che.
– Cristopher Hitchens, *The Guardian*.

 Seria difícil imaginar um plano mais obtuso para a guerrilha boliviana que o de Che. Entre 1952 e 1953, durante o governo do presidente Paz Estenssoro, a Bolívia sofreu um tipo de revolução, com uma extensa reforma agrária que, contrariamente a de Fidel e Che, realmente deu aos camponeses a propriedade legal da terra, algo muito semelhante ao que fez Douglas MacArthur no Japão do pós-guerra. É tanto mais estranho que o seu plano fosse assim tão insensato, já que ele mesmo *visitara* a Bolívia durante as famosas andanças de motocicleta, e *testemunhara* os resultados positivos da reforma agrária. Não obstante, o seu imenso poder de autoengano acabou falando mais alto.

Che conseguiu se convencer de que, numa região da Bolívia onde a população não era formada por camponeses sem terra, senão por gente que havia recebido a posse legal do seu lote, ele recrutaria multidões de voluntários para derrubar precisamente o governo que lhes dera terra, escola e relativa liberdade, e isto ao lado de um bando de comunistas estrangeiros. Os índios daquela região, aliás, tinham muita desconfiança dos estrangeiros, sobretudo se fossem brancos. Che estava insensível a esses fatores. *Hasta la vitoria siempre!* como ele costumava dizer. Na verdade, porém, a esta altura da vida, ele devia estar tão desiludido quanto Hitler em seu abrigo antibombas.

"O único lugar onde há uma estrutura séria", disse Guevara, em tom de confissão, a Mario Monje, chefe do Partido Comunista Boliviano, "é aqui na Bolívia. E os únicos que estão realmente engajados na luta contra o imperialismo são os bolivianos".[1]

Monje, boliviano nativo e matuto veterano comunista, deve ter pensado em que planeta Guevara teria andado ultimamente. Os índios pareciam ter a mesma impressão. "O silêncio deles era absoluto", escreveu Guevara em seus diários, referindo-se ao contato que teve com os habitantes da vila de Espiña, "como se eu não fosse alguém daquele mundo".[2] Isto o deixou muito nervoso. Sendo fiel às suas convicções, ele diligentemente mandou que alguns dos guerrilheiros aprendessem o quíchua, língua da maioria dos índios andinos.

O problema era que, justamente na região onde Che pretendia liderar sua gloriosa guerrilha, os índios não falavam quíchua, mas guarani.

Não há evidência de que Fidel tenha levado a sério a "missão Bolívia" – a não ser como meio de se livrar de Guevara. Seus patrocinadores soviéticos, do mesmo modo, certamente não tinham nada a ver com ela. Tinham mais o que fazer. Além disso, o fato era que todas as guerrilhas na América do Sul tinham se dado muito mal, e eles sabiam disso. A única coisa que tais aventuras conseguiam era incomodar os americanos,

---

[1] Castañeda, *Compañero*, op. cit., p. 332.
[2] James, *Che Guevara*, op. cit., p. 260.

com quem fizeram um esplêndido acordo durante a Crise dos Mísseis, mantendo Fidel no poder. Por que, então, os soviéticos jogariam tudo isso fora, apoiando mais um desvario do celerado Che? Quanto à América Latina, o melhor era operar dentro do sistema, subvertendo gradativa e sutilmente cada governo por meio de partidos comunistas legalmente instituídos. Alguns anos depois, a vitória de Salvador Allende no Chile provou a correção da estratégia soviética.

Nem mesmo o Partido Comunista Boliviano recebera instruções precisas sobre a aventura boliviana de Che. O chefe do partido, Mario Monje, era um fiel seguidor da ala soviética que não queria ter nada com Che, a não ser ajudá-lo a se danar por si mesmo. Logo que Guevara entrou na Bolívia, Monje partiu para Havana, e depois Moscou, em busca de instruções sobre como proceder. Segundo o ex-oficial da CIA Mario Riverrón, chefe da operação que localizou e capturou Guevara na Bolívia, Monje estava aliviado ao saber que a opinião de Fidel era a mesma que a sua. As instruções do líder Supremo eram claras: "Não lhe forneça, Monje, nem uma aspirina sequer".[3]

A falta de engajamento do líder comunista boliviano era tão óbvia que até mesmo um pateta como Che Guevara o percebeu – sem, contudo, pelo menos num primeiro momento, relacioná-la a ordens de Havana e de Moscou. Depois de se encontrar com Monje em dezembro de 1966, Guevara escreveu em seu diário: "O Partido já está contra nós, e eu realmente não sei aonde isso vai dar".[4]

Nas mãos de Fidel Castro, só poderia, evidentemente, dar em morte, em traição. Que o "ardente profeta do Cosmo", ou a "mais nobre figura histórica da América Latina", tivesse secretamente ordenado que a "Guerrilha Heroica" deveria "dormir com os peixinhos" era inconcebível para Che – ao menos por enquanto. Tudo isso culminaria em 1997, com Fidel chorando lágrimas de crocodilo por causa de seu "melhor amigo" durante o traslado dos ossos de Che para o mausoléu de Santa Clara.

---

[3] O autor entrevista Mario Riveron, aposentado da CIA, 7 de fevereiro de 2006.

[4] James, *Che Guevara*, op. cit., p. 247.

Segundo Mario Riverrón, já em 1964 Fidel preparava para Che o mesmo fim do camarada revolucionário Camilo Cienfuegos, que também viera no *Granma* e esteve lado a lado com os irmãos Castro e o próprio Che. "O ego de Fidel simplesmente não permitiria que alguém o eclipsasse, ainda que temporariamente", diz Riverrón. "Devido à fama de Guevara naquela época, seria mais difícil eliminá-lo do que no caso de Camilo. Mas que Castro o faria, disso não pode haver qualquer dúvida".

Ora, mas quem foi Camilo Cienfuegos?

Camilo entrou em Havana aos 3 de janeiro de 1959, um dia antes de Che, onde, seguindo as ordens de Fidel, foi logo tomando conta do quartel general do exército cubano. Camilo era um homem bonito e carismático, e aos olhos de muitos chegava realmente a eclipsar Fidel e Che nos primeiros comícios e reuniões do novo regime, roubando a cena com seu riso fácil e senso de humor. Era um sujeito simpático, em suma. Fidel parecia estar ciente disso, e durante o primeiro megacomício da revolução virou-se para Camilo e perguntou "Estou bem, Camilo?" pouco antes de subir no palanque. Como se sabe, a deferência a quem quer que seja, definitivamente, não é uma das marcas registradas de Fidel...

Alguns meses depois, Camilo partiu de Havana em direção à província de Camaguey com o odiento objetivo de prender o amigo e camarada revolucionário Huber Matos, sacrificado pela mesma revolução que ajudara a dar à luz. Durante o voo de volta para Havana, e com a ingrata missão já cumprida, Camilo Cienfuegos desapareceu sem deixar pista. O avião onde estava colidiu e desapareceu, disseram as autoridades, embora as condições climatéricas estivessem ótimas naquela noite. Os irmãos Castro promoveram uma grandiosa operação-resgate, mas não encontraram nada. Para muitos, inclusive o próprio Hubert Matos, a morte de Camilo Cienfuegos era mais do que conveniente.

Dois dos mais leais lugares-tenentes de Camilo também morreram de "acidentes" pouco depois do seu desaparecimento. O chefe do pequeno aeroporto de Camaguey, do qual Camilo decolou para sua última viagem, parecia suspeitar de alguma coisa e começou a fazer perguntas sobre os esforços de resgate. Duas semanas depois do desaparecimento, foi encontrado morto com uma bala nos miolos. O laudo médico? "Suicídio".

Crédulo como sempre, Che Guevara engoliu a versão oficial sem titubear (Seu primeiro filho, aliás, chamou-se Camilo, em homenagem ao amigo desaparecido.).

Apenas dois meses depois de chegar à Bolívia e erguer um acampamento em Nancahuazu, Che decidiu deixar um pequeno contingente de guarda e, juntamente com os demais guerrilheiros, saiu do acampamento em expedição de "reconhecimento" das áreas vizinhas. "Voltaremos em uma semana", arrematou.

A apenas três quilômetros do acampamento, a equipe de Che já mal sabia qual era sua posição exata. Depois de duas semanas, ficaram sem comida. Um mês depois, ainda perambulavam totalmente perdidos, comendo macacos e papagaios para sobreviver e constantemente brigando uns com os outros. Muitos contraíram malária. Então dois deles se afogaram ao tentar atravessar um rio com uma carga de seis rifles e munição. Quarenta e oito dias depois, conseguiram finalmente voltar ao acampamento principal, conduzidos por seu brilhante líder, desmoralizados, doentes e famintos. Aí souberam que os poucos guerrilheiros bolivianos do grupo estavam desertando e mandando-os embora, porquanto os camponeses locais já tinham avisado o exército da presença de seus "libertadores" em solo boliviano.

Che Guevara, o autor do livro sobre guerrilha mais vendido do século, partiu para a selva com guerrilheiros que, sob suas ordens, aprenderam a língua indígena errada, e ao que tudo indica sem qualquer habilidade para correlacionar o compasso com o mapa. Ele deveria ter tentado navegação celeste ou "orientar-se pelas estrelas", uma forma confiável de orientação espacial desde pelo menos o Paleolítico Superior. Mas não tentou.

Os únicos bolivianos que Che conseguiu recrutar eram comunistas renegados e maoístas. E a maioria deles foi enganada antes de se alistar.

A guerrilha de Che, que contava com mais ou menos quarenta e cinco membros, levava o pomposo nome de "Exército da Libertação Nacional". No entanto, em nenhum momento de sua meteórica existência de onze meses os bolivianos ultrapassaram a metade desse contingente. E todos eles vinham de cidades, minas e universidades muito distantes da base da guerrilha. A população do campo fugia do "Exército da Libertação Nacional" como o diabo foge da cruz. Aos 25 de março de 1967, a Confederação Nacional dos Camponeses da Bolívia (uma entidade tão latino-americana, tão rural e tão indígena quanto possa haver) *mobilizou todos os seus associados contra Che Guevara*. Segundo dizia, eram "contra a intervenção estrangeira em negócios internos do país".

Muito antes que turistas de Chelsea, Manhattan e Malibu, todos vestindo roupinhas de marca, fizessem seus "caminhos de Che Guevara", os camponeses bolivianos já andavam no seu encalço – coisa da qual, aliás, todos esses turistas ficam sabendo –, mas com machados, foices e o nó da forca já feito.

Seiscentos camponeses da zona rural boliviana de Cochabamba se alistaram na milícia que então se formava para combater Che Guevara. Ou seja: tratava-se de *três vezes* o número de guerrilheiros do exército rebelde de Castro e Che, da década de cinquenta até hoje, e mais de *dez vezes* o número do "Exército da Libertação Nacional". A ironia mais fina, porém, estava no fato de que, enquanto Guevara não tinha um só camponês na suas fileiras – mas apenas advogados desempregados, estudantes universitários e ex-professores de filosofia –, os seiscentos bolivianos que andavam atrás dele eram todos camponeses.

Esses camponeses, no entanto, não desprezavam *todos* os estrangeiros. Quando o major do exército norte-americano Ralph Shelton, dos Boinas Verdes, chegou à Bolívia com dezesseis homens para treinar os voluntários que perseguiriam e destruiriam Che e seu "Exército da Libertação Nacional", uma verdadeira multidão de camponeses bolivianos assistindo aos exercícios. Aonde quer que o major e seus homens fossem, os nativos lhes ofereciam comida, bebida, música e calorosas saudações.

"Eu odeio rir do que quer que esteja relacionado a Che, um cara que matou tanta gente", diz Felix Rodríguez, o já mencionado agente da CIA que foi o principal responsável pela captura de Che na Bolívia, além de ser amigo do major Shelton. "Mas quando o assunto é 'Che, o guerrilheiro' não há outra alternativa. Na Bolívia, ele não foi capaz de recrutar um só camponês para suas fileiras! Nenhum mesmo! Eu lutei contra comunistas e guerrilheiros no Vietnã, em El Salvador e na Nicarágua. De modo que conheço muito bem o que é uma guerrilha, e como está organizada. Em todos esses lugares, a presença de camponeses entre os guerrilheiros era maciça".

"Na verdade, os poucos bolivianos que Che conseguiu recrutar foram enganados. Eu interroguei alguns deles", diz Rodríguez. "Che prometera que, se eles se alistassem, ele os mandaria a Cuba para estudar. Além de Cuba, chegava a mencionar a Rússia e até mesmo a China. Mas quando eles chegavam ao acampamento: 'Cuba? ', gritava Che, 'Rússia? Mas o que é que vocês estão falando? Quem é que falou em ir para lá? Seja bem vindo! Agora, você é um guerrilheiro. E não ouse tentar escapar! Pois, neste caso, seus companheiros vão matar você'. É por isso que fileiras de Guevara sofriam tantas deserções. E nós aproveitávamos esta circunstância para pedir informações aos desertores sobre a posição da guerrilha. Eles se sentiam tapeados, ludibriados. E nós aproveitávamos este sentimento de traição em nosso trabalho de inteligência".[5]

Deixemos, então, que Che Guevara reclame de seus "recrutas" bolivianos. "Eles não querem trabalhar", lamentou em seus diários. "Eles não querem armas, nem carregar peso; e fingem que estão doentes". Mas o cúmulo de tudo isso é o que diz de um boliviano chamado Eusebio: "um ladrão, mentiroso, hipócrita".[6]

"A base camponesa, aqui, ainda não foi desenvolvida", continua Guevara. "Ainda assim, parece que por meio do uso do terror podemos neutralizar algumas resistências. Depois veremos".[7]

---

[5] O autor entrevista Felix Rodriguez, aposentado da CIA, 19 de fevereiro de 2006.

[6] James, *Che Guevara*, op. cit., p. 268.

[7] Anderson, *Che*, op. cit., p. 716.

Mas depois nada se viu. E os próprios camponeses continuaram a informar o exército sobre a mutável posição dos guerrilheiros. Aliás, eles tinham uma ótima relação com o exército do país, e isto pela simples razão de que a maioria dos soldados era camponesa – não estrangeiros barbudos que lhes roubavam os víveres. "Não houve nenhum alistamento da parte dos bolivianos", escreveu o libertador dos camponeses da Bolívia.

A guerrilheira alemã Haydée Tamara Bunke – ou Tânia –, que estivera na Bolívia um ano antes de Che com o intuito de preparar o terreno para sua entrada triunfal, era na verdade uma agente da STASI cuja missão era ficar de olho nele. Os dois se conheceram durante a viagem de Che à Alemanha Oriental em 1960, quando Tamara fez as vezes de intérprete. Muita tradução rolou mesmo é na cama, segundo dizem as más línguas. Bunke, nascida na Argentina de pais alemães – comunistas refugiados –, era uma mulher que se achava inteligente, letrada e vivida: e de cara simpatizou com Che. A relação de ambos continuou durante as prolongadas estadias de Bunke em Cuba no início dos anos sessenta. Parte naturalmente interessada no *affair* eram os chefes de Tânia, que reconheceram nela a pessoa ideal para mantê-los informados sobre Che.

"Alguns dizem que Tânia era uma agente tripla, que também trabalhava para a CIA", diz Felix Rodríguez. "Mas isso, evidentemente, não é verdade. Ela era uma antiga agente da KGB e da sua sucursal na Alemanha Oriental – a STASI. Castro sabia muito bem disso. Ela chegou até mesmo a fazer parte do Partido Comunista Cubano".

Ai, ai, mas a pobre Tânia (cujo nome se tornaria, mais tarde, o apelido do "Exército da Libertação Simbionte" de Patty Hearst) tinha recebido ordens para permanecer em La Paz, a capital da Bolívia, e fazer a intermediação entre Che, Havana e a parte urbana, por assim dizer, da rede guerrilheira. Em março de 1967, ela foi até o acampamento de Che em Nancahuazu como acompanhante do jornalista francês Regis Debray e do argentino Ciro Bustos. Ambos eram esquerdistas de salão hipnotizados pela revolução cubana, e aparentemente queriam fazer por Che na Bolívia o que Herbert Matthews, do *New York Times*, havia feito por Fidel em Cuba. Além do mais, estavam prontos para desempenhar tarefas mais prementes como recrutar novos "voluntários" e transmitir mensagens aos guerrilheiros.

Bustos, em particular, estava instruído para prestar muita atenção na organização da guerrilha, pois depois do triunfo na Bolívia ele deveria organizar uma operação igualmente brilhante na Argentina. Daquele acampamento na selva boliviana o poderoso Che partiria para a "libertação" de toda a América do Sul! "A luta na América do Sul, com o tempo, vai adquirir dimensões continentais", escreveu. "A América do Sul vai ser o palco de muitas e grandes batalhas pela libertação da humanidade!".[8]

E à medida que esta gloriosa conflagração se alastrasse como fogo pelo Ocidente, Che acabaria conduzindo a batalha de toda a "humanidade" contra "o grande inimigo da espécie humana: os Estados Unidos da América!".[9] O projeto todo deve ter soado misteriosamente familiar a Bustos, que, sob as ordens de Che, tentara se infiltrar na Argentina ainda em 1963 para dar início a uma guerrilha. Agora ele estava de volta, escoltado por Tânia e pronto para mais uma tentativa.

"Che planejava estabelecer nos Andes uma espécie de Olimpo, cujo topo seria ocupado por ele próprio – ou seja, finalmente estaria numa posição superior à de Fidel". Isto é o que nos diz Dariel Alarcón, um guerrilheiro cubano que lutou ao lado de Che em Sierra Maestra e no Congo, e foi um dos três que conseguiram sobreviver ao fiasco boliviano.[10]

Não fazia nem um mês desde o início de sua escalada ao Olimpo, e os poucos recrutas bolivianos de Che começaram a desertar. Essa gente ingrata, além disso, notificou o exército acerca do acampamento guerrilheiro justamente quando Tânia lá chegava acompanhando Debray e Bustos. A propósito, Tânia deixara um jipe na cidade vizinha ao acampamento, cheio de documentos e fotos da guerrilha – entre os quais *os seus próprios documentos, incluindo os cognomes que costumava usar*.

---

[8] James, *Che Guevara*, op. cit., p. 276.

[9] Ibidem.

[10] Alarcon, *Benigno*, op. cit., p. 152.

O jipe e tudo o que estava nele foi encontrado pela polícia, e entregue à custódia da divisão de inteligência do exército boliviano, que rastreou e prendeu todos os (poucos, é verdade) contatos de Che em La Paz.

Graças à sua incompetência como espiã, Tânia viu-se obrigada a se juntar aos guerrilheiros. Mas Debray e Bustos bolaram um jeito de dar o fora do acampamento em disfarces geniais – Debray, veja só, de jornalista estrangeiro, e Bustos de caixeiro-viajante que errou o caminho e se perdeu. O sempre alerta Che Guevara chegou a autorizá-los a transmitir para o mundo todas as coisas importantes que ele tinha para dizer.

Uma delas era o bombástico "Comunicado de Guerra No. 2". Outra era um pedido aos seus amigos Bertrand Russel e Jean Paul Sartre para que começassem a fazer barulho em prol da sua causa boliviana. E ainda outra era uma mensagem para Fidel, para que ele mandasse-lhe um rádio novo, mais dinheiro e, por favor, se apressasse em abrir a "segunda frente" que havia prometido abrir na Bolívia quando os comunistas bolivianos estavam treinando em Cuba.

Não sabemos qual foi a reação de Mario Monje à mensagem de Guevara a Fidel. Tudo leva a crer que, como comunista que era, seu senso de humor estivesse seriamente comprometido. Mas ainda assim podemos presumir que ele teve de gargalhar. Depois de apenas algumas horas que deixaram o acampamento, Debray e Bustos foram capturados pela polícia boliviana e entregues aos oficiais do exército, que de bom grado lhes surraram a coronhadas. Em poucos minutos, revelaram a posição de Che. Bustos, aliás, exercendo a sua vocação artística, chegou mesmo a desenhar os rostos dos guerrilheiros para os oficiais. Talvez ele estivesse com medo. Ou talvez depois de duas missões suicidas ele tenha sentido que Che também merecia receber o troco.

Os desenhos de Bustos confirmaram à CIA o que agentes cubano-americanos como Mario Riverrón já sabiam há tempos: que Che estava na Bolívia. O treinamento que o major Shelton e os Boinas Verdes ministravam ao exército boliviano então começou pra valer: pois agora o seu alvo era claro. Felix Rodríguez convenceu os militares bolivianos a suspender sumariamente as execuções de guerrilheiros presos. Pois, se devidamente questionados e tratados com a mínima decência, eles poderiam providenciar informações valiosas, e ajudar a fechar o cerco em cima de Che.

Segundo Dariel Alarcón, num primeiro momento Che ficou furioso com Tânia – ela não tinha nada que ter ido até lá. "Que porra eu te disse pra fazer? Não adianta nada falar com você?",[11] gritou ele, enquanto ela se desfazia em lágrimas. Mas logo ele soube aproveitar presença dela no acampamento. Os dois eram frequentemente vistos juntos – no banheiro, na tenda de Che, e em muitos outros lugares. Mas Che, mesmo no banheiro, não chegava a tomar banho, não. Como se sabe, entre as regalias burguesas que Che mais desprezava estava justamente o banho. Como quer que seja, não era justo que um só se fartasse, e os outros passassem fome...

Os encontros amorosos com Tânia revelaram uma nova dimensão da hipocrisia de Che. Desde os dias de Sierra Maestra, passando pelo Congo e até chegar à Bolívia, Che policiava de perto seus guerrilheiros, tentando segurar o apetite sexual do batalhão por meio de severas penas e castigos. Era o seu patológico despotismo que o levava a tanto. "Eu não tenho casa, nem mulher, nem pais, nem irmãos, nem amigos", escreveu Guevara. "Meus amigos o são apenas enquanto pensem politicamente como eu". No entanto o homem sem amigos trouxera uma mulher para o acampamento. Uma mulher para o consolar...

Mas logo Tânia caiu doente de febre. Então Guevara a deslocou para o grupo de "retaguarda", chefiado pelo cubano Joaquín, enquanto ele próprio chefiava a dita "vanguarda". Poucos dias depois desta decisão, os grupos se perderam um do outro, e também do acampamento principal. Enquanto vagavam pela selva, toparam com uma ou outra patrulha de inexperientes soldados bolivianos, e conseguiram armar-lhes boas emboscadas. Mas isso foi tudo. Ambos os grupos continuaram vagando ao léu – mal-nutridos, malvestidos e mal-calçados – *por seis meses* sem qualquer contato entre si, embora muitas vezes estivessem a

---

[11] Ibidem.

apenas alguns quilômetros um do outro. Sem nem mesmo os antiquados rádios da Segunda Guerra, eles nunca sabiam que seus companheiros andavam tão próximos.

Acaba sendo cômico o modo como Che descreve esta experiência em seu diário: "Andamos por cinco horas sem parar, e cobrimos uma distância de cerca de quatorze quilômetros, chegando a um acampamento que os nossos Benigno e Aniceto haviam levantado". Esses homens faziam parte do próprio grupo de "vanguarda" liderado por Che, o que mostra que eles andavam em círculos. "Isto nos leva às seguintes questões", continua. Onde fica o rio Iquiri? Será onde Benigno e Aniceto foram atingidos? Quem atirou neles foi o inimigo, ou o grupo de Joaquín?".

Ou seja: eles não apenas andavam em círculos, como também atiravam uns nos outros.

O magistral *Guerrilha: Um Método* não oferece qualquer explicação sobre técnicas guerrilheiras tão astutas como essas. Mas o diário de Guevara é espantosamente franco: "Um dia de muita confusão acerca de nossa posição geográfica", lemos em 2 de maio de 1967. Antes que pudesse libertar o continente, ele teria que descobrir onde estava. Este é o mesmo homem que, nas palavras da *Time*, "promoveu uma guerrilha em que demonstrou bravura e inteligência extraordinárias". O homem que muitos estudiosos igualam a Mao Tsé-Tung e sua longa marcha de cinco mil quilômetros.

Estando longe de Che, os camaradas de Tânia se acharam numa posição em que podiam desabafar toda a sua contida mágoa. Eles a solicitavam continuamente. Especialmente os guerrilheiros cubanos. Não que Tânia fosse uma flor delicada, longe disso. Suas ligações amorosas iam desde Che, passando pelo severo oficial da inteligência cubana Ulisses Estrada, até o presidente boliviano René Barrientos.

Mas as constantes ameaças e abusos acabaram, por fim, com a sua firmeza. "Esperem só quando voltarmos!", gritava. "Vou contar tudo isso a Che!".[12] Mas Che não estava ali, embora os grupos circulassem muito

[12] Ibidem.

perto um do outro, comendo raízes e tatus e enfraquecidos pela disenteria e crises de vômito. Já no fim de sua malfadada aventura boliviana, diz seu companheiro de guerrilha Dariel Alarcón, Tânia costumava se desfazer em lágrimas e logo sair correndo ao ser insultada pelos homens. "Por que vocês não me matam logo, por quê?", gritava ela.[13]

O próprio exército boliviano fez-lhe logo esse favor. Depois de quatro meses na selva, consumidos pela febre e mortos de fome, os guerrilheiros da "retaguarda" caíram na emboscada de uma patrulha enquanto atravessavam um rio. Havia más notícias para Che. Um camponês boliviano, certamente iletrado, chamado Honorato Rojas foi quem armou o massacre.

Algumas semanas antes, o próprio grupo de Che encontrara Rojas, que lhes ofereceu comida e informações geográficas. Nas palavras de Che, Rojas deu-lhes "ótimas boas-vindas e muita informação". Deus sabe que isto não aconteceu muitas vezes. De modo que eles ficaram exultantes. Ao menos um camponês reconhecera os seus benfeitores! Ora, mas sem dúvida alguma, se a revolução triunfasse, a pequena propriedade de Honorato seria confiscada, e ele seria fuzilado se ousasse resistir – coisa que aconteceu aos milhares em Cuba. Mas como logo *ele* podia saber disso tudo?

No final de agosto, foi a vez de Tânia e a retaguarda encontrarem Rojas. Perguntaram-lhe por um bom lugar onde poderiam atravessar o rio Masicuri. E mais uma vez Honorato ajudou os guerrilheiros. Entrementes, correu até o quartel-general do exército boliviano e deu ao capitão Vargas Salinas a localização exata em que o grupo atravessaria o rio. Disse-lhe também que usaria uma camisa branca, para não ser confundido com os guerrilheiros enquanto fossem abatidos. Voltou para casa e esperou a retaguarda revolucionária, que conseguiu chegar lá no horário marcado.

"Por aqui, amigos!" e Honorato os conduziu à parte rasa do rio no horário combinado com Vargas Salinas. Mandou que eles se apressassem,

---

[13] James, *Che Guevara*, op. cit., p. 229.

e sentou na margem para assistir ao espetáculo. Só faltava a pipoca. Quando todos os dez membros da retaguarda estavam no meio da travessia, com a água batendo no nariz, os soldados, que portavam metralhadoras, começaram a atirar. O barulho era ensurdecedor, e o espetáculo sangrento. Parecia que uma tempestade caía sobre as águas. Tânia e os outros caíram mortos ali, e seus corpos foram levados pela corrente.

Apenas um guerrilheiro boliviano cognominado "Paco" sobreviveu à carnificina. Depois de ser interrogado por Felix Rodríguez, soube-se que ele estava muito ansioso para delatar a localização do grupo de "vanguarda" liderado por Che. Paco se sentia encurralado, e era rancoroso. Ao que tudo indica, Che o chamara para o acampamento prometendo mandá-lo estudar em Cuba, não para ser guerrilheiro. Assim como aconteceu a outros, logo que Paco chegou à base guerrilheira, Che desmentiu o que dissera e literalmente o sequestrou, tratando-o como um escravo.

Mas, segundo Paco, não seria fácil achar o grupo de Che. Pois a sua localização não era um mistério apenas para o exército boliviano – era-o também para o próprio Guevara, e todos os que estavam sob o seu comando (Pela primeira vez na vida, a sua idiotice trabalhava a seu favor). Rodríguez, veterano como era no trabalho de inteligência, concluiu que Paco dizia a verdade. Mas, ainda assim, o cerco em cima de Che começava a ser fechar.

"Querida mãe", escrevera Tânia semanas antes de cair na fatal emboscada, "estou com medo e choro sem parar. Sofro dos nervos. Não me sinto uma mulher, mas uma menina que se escondesse num canto para ser achada por alguém. Mas onde posso me esconder?".[14]

O medo e desespero de seus últimos dias sem dúvida refletem a consciência de que o seu destino estava ligado a um homem crescentemente desiludido e certamente malfadado. "A lenda do nosso grupo guerrilheiro está crescendo como uma onda gigante", escreveu Guevara em julho de 1967. "Somos super-homens. Somos invencíveis".

---

[14] Bravo, *La Otra Cara del Che*, op. cit., p. 438.

Talvez ela finalmente tenha compreendido a real natureza do idealismo de Che. "Animaizinhos", era como ele se referia aos camponeses bolivianos em seus diários. "As massas camponesas não nos ajudam no mais mínimo que seja"[15] (Dois anos depois, Rojas foi preso e morto na porta de sua casa, diante da mulher e dos filhos. Este método de "combate" estava completamente de acordo com o legado de Che Guevara, como muitas famílias camponesas de Sierra Maestra podem confirmar.).

Dariel Alarcón relata como, embora perdido e faminto, Guevara era obcecado por fotografias – de si mesmo, é claro. Numa, vê-se Che em cima de um cavalo (roubado) num espinhaço, e em volta um céu puríssimo. Ele emprestara sua Pentax a Alarcón, e o mandou se afastar até o local onde pudesse capturar toda a cena. Ele acenou, sacou o facão e o levantou sobre a própria cabeça, gritando "Sou o novo Bolívar" enquanto Alarcón obedientemente tirava a fotografia.[16]

Nesse meio tempo, os homens de Che vagavam a esmo, perdidos, constantemente discutindo entre si, sofrendo deserções, aterrorizando camponeses, e a esta altura já comendo gatos, condores, tatus, e o que mais lhes aparecesse na frente. Esta não era uma guerrilha como a que Fidel conduzira – ganhando peso, festejado por repórteres e patrocinadores que logo, logo, seriam enganados, mas que pagaram propina para que os soldados de Batista nada fizessem contra ele.

Dariel Alarcón também se lembra de Che furioso com ele certo dia. "Naquele dia, eu estava cozinhando no acampamento, quando Che veio até mim. 'O que você está fazendo?' 'Cozinhando.' 'E o que vai cozinhar?' 'Acho que vou fazer algumas batatas cozidas e um pouco de carne.' 'Não, carne não. Cozinhe arroz com feijão e sardinhas.' 'Como queira, senhor, o seu desejo é um ordem!' 'O meu desejo não é uma ordem – mas o que quer me dê na telha é uma ordem, entendeu, porra?' 'Sim, senhor. Desculpe-me se eu o insultei, comandante. Mas creio

---

[15] Sauvage, *Che Guevara*, op. cit., p. 241.
[16] Alarcon, *Benigno*, op. cit., p. 103.

que não. Por que, então, essa raiva toda?' 'Você não entendeu, porra!' E Che saiu bufando dali".[17]

No seu diário, Che conta que Alarcón cometeu um erro gravíssimo ao permitir que uma família camponesa o visse pescando. "Benigno [o cognome de Alarcón] foi visto e deixou a família que o viu escapar. Quando eu soube fiquei possesso, e disse que se tratava se alta traição. O que provocou lágrimas e berros da parte de Benigno". Aparentemente, Che considerava que Alarcón devia ter matado a família inteira.

Este episódio é típico. Pois nos diários parece que Che se deleita com as punições e castigos que distribuía a torto e a direito, e com as insignificantes infrações e que os provocavam. "Hoje, ocorreu um incidente desagradável", escreveu em setembro de 1967. "Chino veio me contar que Nato assou e comeu sozinho todo um pedaço de carne. Então eu fiquei furioso com Chino".

"Toda vez que Che mandava chamar alguém, era para puxar-lhe as orelhas por alguma coisa ou outra", diz seu antigo guarda-costas em Cuba Alberto Castellanos.[18]

Dariel Alarcón, que lutara lealmente ao lado de Guevara desde os tempos de Sierra Maestra, conseguiu escapar do seu último tiroteio em Yuro e entrar no Chile depois de semanas de caminhada. Chegou mesmo a voltar a Cuba, para o aparente desconforto de Fidel. Demorou um pouco, é verdade, mas Alarcón finalmente se deu conta de tudo. Desertou em 1996, e hoje vive em Paris. Não tem nenhuma dúvida de que o destino de Che na Bolívia foi tramado por Fidel, o que alimentou o ressentimento que, por fim, acabou por levá-lo ao exílio. Quando voltou a Cuba, Alarcón chegou a ouvir do ex-guarda-costas de Che Alberto Castellanos que: "Preto no branco, vocês foram enganados na selva boliviana, tratados como o lixo que finalmente se joga na lixeira".

---

[17] James, *Che Guevara*, op. cit.
[18] Anderson, *Che*, op. cit., p. 549.

"Muito antes da emboscada final e da morte de Che, percebemos que Cuba nos havia abandonado", lembra Alarcón, referindo-se a uma briga entre os guerrilheiros durante certa noite.

"Esquece a ajuda!", disparou Alarcón contra seu companheiro de guerrilha Antonio Olo Pantoja. "Esquece isso, porra! Estou te dizendo: *o que Havana quer é se livrar de nós. Isso é óbvio!*".[19] Antonio, aliás, estava numa excelente posição para saber disso. Pois ele era um veterano da inteligência cubana, e sabia como essas coisas funcionavam. Ele mesmo planejara o sumiço de muitos companheiros de revolução. Mas agora era a sua vez de sumir.

Enquanto Che posava para fotos artísticas, nem ele nem qualquer um dos guerrilheiros tinham meios de se comunicar com Havana. No final do verão, o velho rádio que possuíam já era. Fidel mandara um agente para La Paz, um homem chamado Renan Montero, cuja missão era manter contato constante com o grupo de Guevara – mas Montero repentinamente deixou a Bolívia em julho e retornou a Havana. Muito significativa, aliás, foi a visita de Alexei Kosigin a Cuba, apenas uma semana antes da sua volta.

Kosigin havia se encontrado com Lyndon Johnson, e o presidente reclamara da "subversão castrista" na América Latina. Esta "subversão" era uma quebra inequívoca do acordo de 1962 entre os Estados Unidos e a União Soviética, pelo qual os americanos não incomodariam Fidel Castro. Mas o que se dava na Bolívia forçaria os Estados Unidos a rever o acordo, explicou o presidente Lyndon Johnson.

Ao ouvir essas palavras de Kosigin, Castro concluiu que chegara a hora de apressar as coisas e finalmente se livrar de Che. Alguns dias depois, Montero voltou a Havana, deixando Guevara completamente à deriva. Dali a pouco menos de dois meses, o "Exército da Libertação Nacional" estava extinto, e Che Guevara morto.

Em 26 de setembro, uma patrulha boliviana, alertada por camponeses, – gente cronicamente avessa às luzes da verdade – armou uma

---

[19] Alarcon, *Benigno*, op. cit., p. 181.

emboscada ao grupo da vanguarda guerrilheira liderado por Guevara. Isto se deu nas imediações da vila de La Higuera, e três guerrilheiros foram mortos. Felix Rodríguez, que recebera muita informação valiosa de José Castillo Chávez ou "Paco", identificou um dos guerrilheiros mortos como "Miguel". Tratava-se de um cubano chamado Manuel Hernández, um capitão do exército castrista que era o segundo em comando do grupo de vanguarda. Felix concluiu que Guevara estava perto e pediu ao exército boliviano que mandasse os soldados treinados pelo major Shelton para aquela região.

"Mas eles ainda não completaram o treinamento", respondeu o comandante boliviano.

"Não importa!" retorquiu Rodríguez. Acho que sabemos exatamente onde Guevara está! Mande-os agora mesmo!". Menos de uma semana depois, ouvir-se-ia o seu deplorável apelo aos soldados bolivianos: "Não atirem! Eu sou Che Guevara, e para vocês valho mais vivo do que morto!".

A captura de Che merece uma consideração mais detida depois da mitificação dos hagiógrafos. Che andava arredio, eles dizem. Foi pego de surpresa num momento de distração e, portanto, não pôde se defender como convinha nem tampouco – como era seu plano – se suicidar. John Lee Anderson, em particular, é obcecado com esta versão. Jorge Castañeda diz que as metralhadoras do inimigo destruíram o seu rifle, e chegaram a feri-lo.[20] Cristopher Hitchens escreveu sobre a sua "indomável rebeldia".

Na verdade, depois de mandar que seus homens lutassem até a última bala, Guevara prontamente se rendeu. Sua famosa ferida foi uma bala de raspão na panturrilha. E ele se rendeu voluntariamente, vindo de uma distância segura, e foi capturado *em boas condições físicas e com o pente da pistola totalmente cheio.*

"Che não podia revidar os tiros", diz Castañeda. "Seu pente estava vazio".[21]

---

[20] Castañeda, *Compañero*, op. cit., p. 399.

[21] Ibidem.

"O rifle M-2 de Guevara foi atingido e quebrou. O pente de sua pistola estava vazio. Ele agora estava desarmado", escreve Anderson.[22]

E onde os diligentes e meticulosos biógrafos de Che recolheram esta heroica versão dos fatos? *Voilà*: "Nós conseguimos determinar com precisão que Che, embora ferido, continuou lutando até que seu rifle M-2 foi atingido e quebrou. E o pente da sua pistola estava vazio. São circunstâncias como essas que explicam por que ele foi capturado vivo".[23]

Esta passagem está no prólogo da edição dos diários bolivianos de Che, publicada pela imprensa oficial de Cuba. Este prólogo que foi escrito por ninguém menos que *Fidel Castro*.

A despeito de tudo isso, a PBS, comemorando, em 1997, o trigésimo ano da morte de Che, informa-nos que "John Lee Anderson... conseguiu um acesso especial ao arquivo pessoal de Che, que estava aos cuidados de sua viúva, como também a *arquivos do governo cubano* até então mantidos em segredo". Aleida March, claro, é hoje uma oficial do governo de Fidel, encarregada do Centro de Pesquisa Ernesto Guevara, sediado em Havana. Anderson, pois, conseguiu um aceso inédito à máquina de propaganda de uma das sociedades mais censuradas do mundo. É como se os historiadores aceitassem alegações de neonazistas que pretendem que Hitler tenha morrido lutando contra as tropas soviéticas e não, como é o caso, cometendo suicídio.

Mas o que aconteceu realmente? Fidel, obviamente, não estava lá para ver. Os três guerrilheiros cubanos que escaparam da Bolívia não estavam lá para ver. Willy, um mineiro boliviano que lutou ao lado de Che, foi executado junto com seu comandante.

Por que, então, não consultar os relatórios completos que os próprios oficiais bolivianos, testemunhas oculares do ocorrido, redigiram ali mesmo no lugar onde tudo ocorreu? Ah, mas isso nós sabemos perfeitamente por quê. Porque a verdade, além de chata, dói.

---

[22] Anderson, *Che*, op. cit., p. 733.
[23] Bravo, *La otra Cara del Che*, op. cit., p. 458.

O capitão Gary Prado e o coronel Arnaldo Saucedo Parada, do exército boliviano, revistaram e inventariaram todos os bens de Guevara no ato de sua captura. Ambas as listas contêm uma pistola nove milímetros com *o pente totalmente cheio*.[24]

E o que é ainda mais eloquente é o fato de que Che, embora estivesse no fundo de uma ribanceira e pudesse ter escapado tomando a direção oposta à dos soldados bolivianos, tenha preferido subir e se entregar a eles junto com o único guerrilheiro que ainda estava ao seu lado, o pobre boliviano Willy. Então, assim que pôde avistar os soldados, gritou o famoso "Não atirem! Eu sou Che Guevara, e para vocês valho mais vivo do que morto!", e saiu de trás dos arbustos desarmado, depois de se desfazer da pistola totalmente carregada.

"Nós representamos o prestígio da revolução cubana!", disse Guevara a seus homens pouco antes da captura. "E nós defenderemos este prestígio até o último homem e a última bala!".[25] Ele próprio, todavia, parece que não estava preparado para tanto.

"Se ele quisesse morrer, poderia ter mantido a sua posição e lutado a até o fim", diz o capitão Prado. "Mas não: ele tentou sair incólume".[26]

Che foi surpreendido "por soldados de tocaia que apareceram de repente a poucos metros dele", escreve Anderson, que recolheu esta versão das (perdão pelo trocadilho) fidelíssimas fontes de Fidel enquanto vivia em Havana.

"Che foi surpreendido... e pego num momento de distração", alega Castañeda.

Mais uma vez, essas versões inimputáveis entram em conflito com o que dizem os homens *que testemunharam toda a captura*. "Che revelou sua identidade e posição aos soldados antes de se render, a fim de que eles parassem de atirar", escreve o coronel Saucedo Parada, "gritando 'Não atirem! Eu sou Che etc.' e saindo desarmado de onde estava".[27]

---

[24] Ibidem, p. 466.

[25] Ibidem, p. 450.

[26] Castañeda, *Compañero*, op. cit., p. 404.

[27] Colonel Arnaldo Saucedo Parada, *No Disparen Soy El Che*. Santa Cruz de la Sierra, Bolivia, p. 137.

"Che levantou o rifle de longe", diz o general boliviano Luis Reque Terán, comandante da quarta divisão, "e então gritou 'Eu me rendo! Não me matem! Valho mais vivo do que morto!'".[28]

"Depois de capturados, vimos que as armas de Che e de Willy estavam todas carregadas", escreve o coronel Saucedo Parada, simplesmente acabando com a histérica fantasia da grande imprensa a respeito de uma suposta "rebeldia indomável" de Che Guevara.[29] Igualmente esquecido pelos hagiógrafos é o fato de que Che e Willy, além de armados, enfrentavam apenas *dois* soldados bolivianos. Ou seja: dois soldados contra dois guerrilheiros. Mas, enfim, Guevara lutava pela abolição das desigualdades...

E o que dizer do tal rifle "quebrado"? Segundo Fidel Castro, Guevara portava um rifle M-2, como, de resto, todos os guerrilheiros cubanos com patente de oficial. No inventário do capitão Gary Prado há um rifle quebrado, sim, mas trata-se de um M-1, que talvez fosse de Willy. Naturalmente, nenhum dos meticulosos biógrafos de Che se deu ao trabalho de investigar essas discrepâncias.

Imediatamente após ser capturado, sua conduta foi ainda mais eloquente. "Qual é o seu nome, jovem?" perguntou a um de seus captores. Ao que, depois de ouvir a resposta, retorquiu: "Mas que belo nome para um soldado!".[30] O tiroteio continuou depois da rendição de Che. Diferentemente dele, seus homens realmente lutaram até a última bala. Logo depois, um soldado boliviano foi ferido.

"Querem que eu o atenda?", perguntou Guevara a seus captores.

"Por quê? Por acaso você é médico?", falou o capitão Prado.

"Não, mas sei algumas coisas de medicina", respondeu Guevara, numa tentativa realmente patética de cair nas graças de seus algozes. O máximo que conseguiu foi confessar que não era médico coisíssima nenhuma.[31]

---

[28] Pedro Corzo, entrevista com Miguel Sanchez para o documentário *Guevara: Anatomia de un Mito*.

[29] Parada, *No Disparen Soy El Che*, op. cit., p. 137.

[30] Bravo, *La otra Cara del Che*, op. cit., p. 487.

[31] Ibidem, p. 467.

"Então, o que é que vocês vão fazer comigo?", perguntou ao capitão Prado. "Creio que não vão me matar. Sou certamente mais útil vivo do que morto".

Algum tempo depois, nova pergunta: "E então, o que é que farão comigo? Ouvi no rádio que, se a oitava divisão me capturasse, o julgamento seria em Santa Cruz, mas se fosse a quarta divisão, seria em Camiri".

"Não sei ao certo", respondeu Prado. "Creio que será em Santa Cruz".

"Ah, então o coronel Zenteno será o presidente do tribunal. Que tipo de homem é o coronel Zenteno?", perguntou um Guevara ansioso.

"Ele é um homem correto", respondeu Prado, "um verdadeiro cavalheiro. Não se preocupe".

"E o senhor, capitão Prado", continuou Guevara, "o senhor também é um homem muito especial. Eu falei com alguns de seus homens. E todos o têm em alta conta, capitão. Não se preocupe: esse negócio acabou. E nós falhamos. Mudando de assunto, o seu exército nos perseguiu com uma tenacidade invejável... ah, e, a propósito, gostaria de saber o que realmente vai acontecer comigo. O senhor poderia descobrir quais são os planos?".[32]

Uma jovem professora de La Higuera chamada Julia Cortés havia trazido comida para Che no seu último dia de vida. "Ele pensava que sairia vivo disso tudo", lembra. "Acho que vão me tirar daqui", disse-lhe Guevara. "Creio que é mais do seu interesse que eu permaneça vivo. Sou muito valioso para eles".[33]

Como um verdadeiro ator, Che ensaiava o novo papel de herói capturado. Com efeito, capturaram-no usando a famosa boina preta com um buraco de bala, ainda que seus companheiros, como Dariel Alarcón, por exemplo, *nunca* o tivessem visto usar a boina durante toda a campanha na Bolívia. O que ele usava sempre, isto sim, era um quepe militar. Todas as suas fotografias na Bolívia o comprovam. Marcos Bravo, um exilado anti-Batista que conheceu muitos dos companheiros

---

[32] Ibidem, p. 499.

[33] Castañeda, *Compañero*, op. cit., p. 400.

revolucionários de Che, especula que ele tenha colocado a tal boina (e até mesmo atirado nela) para impressionar seus captores com um lance dramático, para parecer um célebre guerreiro finalmente rendido. Provavelmente ele esperasse alguns *flashes*.

Depois da pacífica captura, ele aguardava um julgamento de celebridade que toda a mídia internacional haveria de cobrir. Bertrand Russel e Jean Paul Sartre viriam a público apelar por sua libertação. Norman Mailer e Susan Sontag endossariam o coro. Joan Baez, Country Joe McDonald e Wavy Gravy dariam um concerto com direito a vigília no Golden Gate Park. Ramsey Clark entraria de licença do cargo de procurador geral de Lyndon Johnson para ajudar William Kunstler na sua defesa. E, sobretudo, estudantes universitários pelo mundo afora certamente iriam protestar, tumultuar e depredar as respectivas universidades até que o seu ídolo fosse libertado.

Mas não foi isto o que aconteceu.

"Finalmente, eu estava cara a cara com o assassino de milhares e bravos compatriotas", lembra Felix Rodríguez. "Eu entrei na pequena escola, e o vi amarrado deitado no chão. Minhas botas estavam do lado da sua cara – tal como as dele estiveram ao lado da de Nestor Piño ao final da invasão da Baía dos Porcos. Sabia que ele tinha olhado para Nestor e dito: 'Vamos fuzilar todos vocês'. Mas agora os papéis se inverteram, e o prisioneiro então era ele".[34]

Ambos os oficiais da CIA envolvidos na captura, Felix Rodríguez e Mario Riverrón, afirmam que – ao contrário do que reza a lenda esquerdista – a agência concordava com Guevara. Eles o queriam vivo e fizeram todo o esforço possível para mantê-lo assim. "Se for tratado com decência, mais cedo ou mais tarde o prisioneiro acaba falando", diz Riverrón. "Mas se estiver morto, nada dirá".

A despeito das tentativas de Felix Rodríguez para dissuadir o alto comando do exército boliviano, a ordem foi implacável: matar o prisioneiro. Não sem relutar bastante Rodríguez a transmitiu a seus colegas bolivianos

---

[34] O autor entrevista Felix Rodriguez, aposentado da CIA, 17 de fevereiro de 2006.

para que a pusessem em prática. "Eu era um aliado, um colaborador, um conselheiro do exército boliviano naquela missão. Não cabia a mim dar as ordens. Eu operava o rádio, e tinha a patente oficial de capitão. Recebi a ordem "Executar Che Guevara" e a transmiti.

Depois de a transmitir, Felix tentou mudar o parecer dos oficiais bolivianos. "Felix, nós trabalhamos muito bem juntos", retorquiu o severo coronel Zenteno. "Nós estamos muito gratos pela ajuda que você e a sua equipe nos ofereceram nesta luta. Mas, por favor, não me peça para desobedecer às ordens do meu comandante-em-chefe. Pois, para minha grande desonra, eu seria logo exonerado se o fizesse".

Agora que Che não estava mais no comando, a luta entre guerrilheiros e soldados estava pegando fogo. Estes últimos, com efeito, sofreram algumas baixas, enquanto os homens de Che, diferentemente do seu comandante, lutavam realmente até a última bala: de modo que o coronel Zenteno tinha problemas urgentes em seu próprio posto de comando.

"Felix, eu tenho que voltar para o quartel-general agora", disse o coronel. "Mas antes gostaria da sua palavra de honra sobre a execução das ordens que recebemos. O prisioneiro deve ser executado às duas da tarde. Sabemos o terrível mal que ele causou ao seu país, de modo que, se você quiser cuidar disso pessoalmente, nós sem dúvida entenderíamos".

Felix ainda tentou dissuadi-lo uma última vez. Era em vão. "O senhor tem minha palavra, coronel".

"Na verdade, pouco antes de recebê-la, eu já sabia que a ordem de execução seria expedida", diz Rodríguez, "quando ouvi na rádio boliviana que Che Guevara fora morto em combate. Então eu pedi ao sargento Terán que atirasse abaixo do pescoço dele, a fim de simular uma ferida de combate. Daí eu fui à pequena escola para lhe dar a notícia. 'Olha, comandante, eu fiz tudo o que podia para te salvar...'. Neste momento, Guevara ficou branco. Ele sabia o que o esperava. Então eu lhe perguntei se tinha algo a dizer – as suas últimas palavras".

"Ele respondeu que sim: 'Diga a Fidel que a rebelião armada talvez venha a triunfar', coisa que disse em tom claramente irônico, com um sorrisinho triste no canto da boca. Estou convencido de que, no final,

Che compreendeu que Fidel deliberadamente o vendera. Por alguma estranha razão, lá estava eu face a face com um de meus piores inimigos, mas incapaz de odiá-lo em seu momento derradeiro... É uma sensação muito difícil de explicar".

"Então eu saí da escola e ouvi os tiros. Olhei no relógio: uma e dez da tarde, nove de outubro de mil novecentos e sessenta e sete. Ernesto 'Che' Guevara está morto".

Os biógrafos de Che, baseando o seu relato nas ficções forjadas por Fidel, contam uma história diferente, quiçá mais edificante. Mas em se tratando de heroísmo, talvez seja o caso de lembrar os desafiadores e corajosos gritos das vítimas do paredão de Che.

"Só me ajoelho para Deus!"

"Viva Cuba livre!"

"Viva Cristo-Rei!"

"Abaixo o comunismo!"

"Mirem bem aqui!"

ÍNDICE REMISSIVO

Ação Católica, 132
Ackerman, Robert, 31
África, 226
    Guevara na, 37, 220, 241-51
Aghazadeh, Javad, 227
Agramonte, Alicia, 198
Águila, Zoila, 211
Alarcón, Dariel, 59
Alemanha:
    Oriental, 46, 57, 260
    Nazi, *veja* Nazistas,
Alexiev, Alexander, 114
Almedia, Juan, 242
Almodóvar, Pedro, 233
al Qaeda, 51, 175
Alvarado, Oscar, 145
Alvarez-Aballí, Juan, 148
Ameijeiras, Efigenio, 129
Anatomia de un Mito, 75, 92, 110, 144, 146, 242, 273
Anderson, Howard, 132-133
Anderson, John Lee, 35, 45, 57, 89, 103, 110, 145, 156, 165, 171-72, 179, 182, 201, 211, 214, 218, 222, 226, 270-271
Angola, 251
animais, 17, 35, 169, 171
Animal Farm (Orwell), 86
Animals, The, 30, 61
Anvil, Antoine, 188
Aparicio Busto, Isane, 229
Applebaum, Anne, 150
Arafat, Yasser, 50
Aragones, Emilio, 247
Arbenz, Jacobo, 124-25

Ardois, Luis, 248
Argélia, 219-220
Argentina, 65, 70, 99, 100-01, 113, 138, 158, 169, 260-61
    E.U.A como é visto na, 73
arte, 186, 188-89
Ascencio, Lazaro, 102
Aspiazu, Ióki de, 124
Ataques de 11 de Setembro, Os, 51
atividades de inteligência, 233-34
Auschwitz, 30, 167

Bacie, Stefan, 130-131
Banderas, Antonio, 41
"bandidos", 32, 137, 153, 207, 210-12
Baía dos Porcos, 22, 24, 36-7, 95, 99, 103-04, 106-10, 112-13, 134, 138, 176, 195, 200, 202, 243, 247-48, 275
Batista, Fulgencio, 36, 38, 71-2, 84, 86, 88, 91, 93-5, 97-9, 120-21, 133, 142-43, 145, 147, 155, 170, 181, 184, 187, 195, 198, 203-04, 214, 217, 221, 224-25, 237-38, 267, 274
Bayo, Alberto, 72, 102
Beats, 54, 65, 67
Beauvoir, Simone de, 40, 75
Bela, Ben, 78, 80, 107, 219, 236
Bender, Frank, 183
Benedí, Claudio, 212
Benítez, José, 91
Bennett, Chuck, 41
Bennett, Philip, 32, 69
Beria, Laventy, 72, 123, 146
Berquist, Laura, 45-6

Bethel, Paul, 91, 93, 115, 133, 154, 207
Biblioteca Pública de Nova Iorque, 49
Bibliotecários, 49
Bin Laden, Osama, 50-1
Biscet, Elias, 239
Blackthorn, John, 41
Blanco, Vicente, 184
Boa Noite e Boa Sorte, 33
Bohemia, 122
Bolívia, 32, 37, 99-101, 109, 111, 124, 171-73, 250, 253-77
    morte de Guevara na, 32, 40, 41, 165, 167, 191-94, 254, 268, 269, 270-77
Borrego, Orlando, 146, 172-73
Boston Globe, 32, 69, 239
Boxer, Barbara, 230
Boy's life, 92
Bradbury, Ray, 186
Bravo, Charlie, 25, 56
Bravo, Marcos, 24, 70, 170, 201, 274
Brigadas "Venceremos", 55
British Museum, 49
Brito, Francisco, 78
Budapeste, 32
Bündchen, Gisele, 41, 159
Bundy, MacGeorge, 114-15
Bunke, Haydee Tamara "Tania", 158, 260
Burdon, Eric, 25, 30, 61, 63
Bustos, Ciro, 100-01, 260-62, 272
Byrne, Hugo, 24, 197-98

Cáceres, Julio, 100
cães, 41, 167, 169, 171, 250
Campaneria, Virgilio, 132
Campbell, Arthur, 98
Campbell, Naomi, 230-32, 234, 236
Canales, Idelfonso, 149
Cañizarez, Armando, 94-5
Cañizarez, Julio, 95
Carlos, o Chacal, 50
Carlson, Paul, 242
Caro, Rivero, 149
Carreras, Jesús, 205
Cartaya, Carmen, 25, 58-60
Carteles, 70
Carter, Jimmy, 230
Castañeda, Jorge, 37, 57, 69, 97, 103-04, 114, 117, 119, 132, 138, 141, 152, 155, 201, 207, 211, 226, 241, 246, 254, 270, 272
Castaño, José, 23, 109, 112, 195-200
Castaño Quevedo, Jose, 197-200
Castellanos, Alberto, 268
Castillo Chávez, José ("Paco"), 270
Castro, Fidel, 31, 38-41, 46, 55-7, 64-5, 75, 81-84, 90-1, 113, 123, 125, 131-33, 138-42, 148, 165-66, 182-83, 197, 199, 228-29, 261, 269
    África e, 250-51
    Baía dos Porcos e, 99, 102-03, 105, 107-13
    encontro de Campbell e, 230-31
    Cienfuegos e, 256-57
    Crise dos Mísseis e, 115-17
    diários de Guevara e, 33, 38, 85, 86, 271
    dívidas com a União Soviéticas, 228-29
    economia e, 213-16, 218-19, 227-28
    execuções e, 120-21, 128-29, 142, 196, 216
    Hemingway e, 78-80
    imprensa e, 96-99
    missão Boliviana e, 254-56, 262, 268-69, 271, 276-77
    morte de Guevara e, 55, 192, 254-56, 271, 273, 277
    Movimento de 6 de Julho de, 83-88, 97
    Pacto de Miami assinado por, 97
    Partido Comunista e, 87, 88, 94-96, 181-83, 185, 185, 186, 199, 200
    relacionamento de Guevara com, 201-05, 219, 220
    suborno e, 91
    rebelião contra, 203-13, 224
Castro, Raúl, 66, 81, 88, 158, 182, 210-11, 256
CBS, 24, 84, 86, 92, 96, 198, 211
Ceausescu, Nicolae, 65
Centro de Estudos Che Guevara, 31
Centro Internacional de Fotografia, 49
Cereijo, Manuel, 89-90
Chapelle, Dickey, 141
Che: A Revolutionary Life (Anderson), 33, 35, 45, 57, 69, 89, 92, 103-04, 110-11, 145-47, 156, 165, 171-73, 179, 180, 182, 201, 211, 214, 218, 220, 222, 226, 270, 271

Checoslováquia, 125, 217, 231, 235
Che Guevara (Sandison), 74
Che Guevara: A Biography (James), 50, 124
Chicago Tribune, 142, 180
crianças, 141
   assassinatos de mulheres e, 137-77
Chomsky, Noam, 57, 230
Churchill, Winston, 149
CIA, 94, 114, 116, 124-25, 183, 185, 260
   na África, 243, 247
   Baía dos Porcos e, 36, 103
   Che Guevara localizado pela, 70, 189, 191, 255, 259, 262, 269-77
Cidade Perdida, A, 138-39
Cienfuegos, Camilo, 66, 92, 143, 256
cineastas, 18, 31, 39
Ciutat, Ángel, 72-3
Clark, Juan, 134
Clarke, John Henrik, 249
Clift, Eleanor, 213, 223, 231
CNN, 39, 131, 192, 239
Coca-Cola, 217
Colas, Victor, 243
Collier, Robert Streele, 47-8
Comitês para a Defesa da Revolução, 46
Compañero: The Life and Death of Che Guevara (Castañeda), 37, 57, 97, 104, 117, 152, 165, 254, 270, 272, 274
Congo, 37, 99, 220, 241-50, 261, 263
Conferência Tri-Continental, 50
Connolly, Robert, 43-4
Contreras, Rafael, 62
Cooper, Marc, 63
Cora, Amalia, 138
Coreia, 107, 192
Corinthia, 94
Cortés, Julia, 274
Corzo, Pedro, 18, 23, 44, 75, 92, 110, 123, 144
Cuba:
   arte em, 186-89
   Baía dos Porcos em, 36, 37, 95, 99, 103-12, 138, 176, 177
   economia de, 35, 36, 80, 134-35, 139, 165-66, 189, 213-38
   execuções em, veja execuções e pelotões de fuzilamento,
   fugas de, 30, 61-63, 114-16, 133, 151, 187, 223-24, 229
   grampeando visitantes para, 232-34
   negros em, 236, 237, 238, 239, 241-43
   rebelião anticomunista em, 32, 207-12, 224
   Havana, veja Havana
   Assembleia Nacional de, 57
   embargo norte-americano de, 227-29
   enquanto um regime marxista-leninista, 46, 199-200
   Festival Mundial de Jovens e Estudantes em, 192-93
   governo secreto em, 199-200
   imigrantes em, 150-51, 215, 223-24
   Ministerio Del Interior de, 57, 152
   polícia em, veja polícia,
   prisões em, veja prisões e campos de trabalho forçado
   prostituição em, 230, 233, 235-38
   racionamento em, 222-23
   revolução em, 36-7, 81-117, 132-34, 139, 149-53, 155, 182, 211, 218-19, 224-25, 229-30
   saúde em, 224-25
   trabalhadores em, 220-25
   turismo em, 225-26, 229-34, 235-39
Cuba, ou The pursuit of Freedom (Thomas), 98
Cuba Archive Project, 98
Crise dos mísseis, 48, 51, 114-15, 117, 255
Cushing, Richard, 97

Daley, Larry, 93
Daniel, Jean, 226
Debray, Regis, 260-62
De Gaulle, Charles, 53
Del Toro, Benicio, 33, 160
Depp, Johnny, 25, 61, 159
Diários de Motocicleta, 29, 34, 120, 158, 169, 179
Diario de Nueva York, 90-1
Díaz, Juana, 137
Díaz, Ramón, 152
Díaz-Lanz, Guillermo, 148
Díaz-Lanz, Pedro, 147
Díaz-Verson, Salvador, 180, 184
DiCaprio, Leonardo, 233-34

Dios Marin, Juan de, 102
Dobrynin, Anatoly, 115
Dorfman, Ariel, 69, 72, 121, 182-83
Dos Passos, John, 78-80
Downsize This! (Moore), 7
Dubois, Jules, 142, 180
Duclos, Michelle, 47-8
Dumont, Rene, 219
Duranty, Walter, 56

El Príncipe, 111, 131
El Salvador, 138, 259
Encinosa, Enrique, 22, 133, 208, 210, 212
Enrizo, Orlando, 86-7
Erin Brockovich, 33
Escalante, Anibal, 77
Escambray, 109, 166, 204, 206, 208, 210-12, 224
Escola de guerrilha, 101
escritores e poetas, 30, 31, 63
Estrada, Duque de, 145-47
Eu, Che Guevara (Blackthorn), 41
Eu odeio o mar (Contreras), 62
Execuções e pelotão de fuzilamento, 29-31, 33-4, 39, 46, 48-9, 60, 70,1, 76, 86, 87, 91-2, 101, 103, 105, 110-11, 119-34, 137-77, 185, 212, 216, 228
  Carreras e, 205
  Castaño e, 195-200
  Ciutat e, 72-3
  Decreto aprovado, 142
  Discurso de Che Guevara nas Nações Unidas e, 34-4
  Número de pessoas assassinadas e, 149-50
Exército da Libertação dos Negros, 47
Explosões em Madri, 51

fábrica de sapato, 217
Face the Nation, 45
Fall of Che Guevara, The (Ryan), 135
Farber, Barry, 143
Facismo (fascistas), 32, 56, 57, 94
Família Cardona, 153
FBI, 47-8, 51, 97, 182
Fernández, Delfín, 223-34
Fernández, Frank, 76, 218
Fernández, Marcial, 138

Fernández, Olga, 138
Festival de Cinema de Sundance, 30
Flores-Ibarra, Fernando, 145
Flórida, 7, 9, 39, 63, 94, 116, 133, 151, 160, 181, 193
Fontova, Esther, 10
Fontova, Humberto, Sr., 17-8, 51, 114, 116-17, 149, 188, 210, 223, 226
Fontova, Patricia, 7, 9-10
Fontova, Ricky, 7, 10
Forcelledo, Miguel, 25, 66
França, 50, 73, 125, 150, 221, 225
Franco, Francisco, 72, 79, 93, 216
Fuller, Robert, 228

G-2, 9, 149
Gadea, Hilda, 92, 120
García, Amélia Fernandez, 137
García, Andy, 139
García, Jerry, 66
García, Rene, 248
García Marquez, Gabriel, 189, 233
gays, 53
Gerassi, John, 156, 165, 213
Gil Diez, Evelio, 139
Ginsberg, Alan, 65
Giuliani, Rudy, 49-50
Goebbels, Joseph, 180-82
Goering, Hermann, 49, 187
Gómez, Enrique, 90
Gómez, Henry, 25, 60
González, Hiram, 133
González, Rogelio, 132
González Peraza, Armando, 153
Goodwin, Richard, 112-16
Gouvernier, Lydia, 153
Granados, Alberto, 169
Grau, Ramón, 198
Guanahacabibes, 35, 165, 167, 213, 216-18
Guardian, 79, 253
Guatemala, 99, 124-25
Guerra Civil Espanhola, 72, 79, 93, 102
Guerra, Eutimio, 120
Guerrilha, 14, 17-8, 52, 55, 66, 81, 85, 90, 95-101, 103, 109, 117, 129-30, 156, 193, 205, 207-10, 222, 249, 250, 253, 254-55, 257-59, 261, 264-65, 267, 269

Guerillas: A History and Analysis (Campbell), 98
Guerrilla War, 41
Guerrilla Warfare (Guevara), 109
Guevara, Aleida, 31, 38, 92, 158, 172, 220
Guevara, Camilo, 57, 66, 220
Guevara, Canek Sanchez, 63-4
Guevara, Celia, 74
Guevara, Ernesto (pai de Che), 74, 121
Guevara, Ernesto (filho de Che), 57
Guevara, Ernesto "Che": 33-4, 38-9, 51, 57, 66-7, 69-70
  apelido de, 81, 82
  biografias de, 82-3, 85, 88-93, 103-04, 109-10, 119-20, 124, 134, 138, 145-46, 152, 165, 171-74, 179, 180, 193-94, 211, 218-19, 269-73, 277
  diários de, 33-4, 38-9, 51, 57, 66-7, 69-70, 89, 93, 120, 169, 179, 246, 250, 254-55, 259-60, 263-64, 266-68, 271
  campanhas militares de, 32-3, 36-7, 41, 81-117, 241-51, 253-77
  enterro de, 191-92
  enquanto comunista, 45-6, 181-84, 195-96, 199-200, 204
  enquanto intelectual e amante da arte, 35, 179-89
  enquanto médico, 69-70, 82, 122, 273
  enquanto ministro da economia, 35-6, 134-35, 189, 213-38
  experiência de família de, 73-75
  filhos de, 171-74
  fotografia icônica de, 39-41, 75, 79-81
  mansão de, 31, 69-72, 101, 187, 199
  morte de, 32, 40, 53, 55, 156, 165, 167-68, 191-94
  racismo de, 34-5, 60
  vaidade e esnobismo de, 73, 78, 201-02
Guitar World, 62-3
Gulag (Applebaum), 150

Haiti, 99, 151
Hart, Gary, 41
Havana, 7, 9-10, 15, 31, 34-5, 39, 46-7, 49-50, 54, 62-6, 70-1, 76, 80, 82, 84, 90, 94, 97, 99-100, 111-12, 116-17, 123, 131-34, 140, 143, 148-49, 151-53, 167, 179, 180, 183-84, 188-89, 202, 216-17, 219, 221, 223, 230-34, 241, 255-56, 260, 269, 271-72
Fábrica de sapato em, 217
Hawkins, Jack, 105-06
Hayden, Tom, 39
Heine, Heinrich, 180
Hemingway, Ernest, 78-80, 93
Hendricks, Hal, 180
Hentoff, Nat, 49, 186
Hernández, Manuel, 270
Hernández, Rigoberto, 140
Hernández, Rosa, 140
Himmler, Heinrich, 123, 201
hippies, 54-7, 63, 65
Hitchens, Christopher, 31, 33, 53, 183, 193, 253, 270
Hitler, Adolf, 29, 73, 103, 105, 123, 142, 146, 149-50, 182, 254, 271
Hoare, Mike, 243, 247-48, 250
Hoffer, Eric, 203
Hoffman, Abbie, 65
Hoffman, Wendell, 96
Homage to Catalonia (Orwell), 93
homossexuais, 63, 166-67
Hoover, J. Edgar, 182
Houdova, Helena, 230-31, 233
Howard, Lisa, 45
Hoyt, Michael, 242
Húngaros, 32, 94-5, 199, 207

Indústrias Burlington, 41, 132
individualismo, 29, 55
Izquierdo, Emilio, 22, 165, 167, 169, 208-09

Jackson, Jesse, 34, 230, 236
James, Daniel, 124
Jay-Z, 34, 236
João XXIII, Papa, 234
João Paulo, Papa, 64, 234
Johnson, Haynes, 108
Johnson, Lyndon B., 269, 275
Jolie, Angelina, 30, 43, 160
Juara Silverio, José M., 107
juventude, 15-7, 32, 57, 67, 75, 152, 154-56
"lumpen", 55, 58-9, 62-7, 151-52, 158, 165-67

Kabila, Laurent, 242-44
Kalfon, Pierre, 193
Keegan, John, 107, 151
KGB, 29, 57, 88, 116, 130, 152, 260
Kennedy, John F., 48, 109-10, 112-17, 167, 204, 207, 226
Khruschev, Nikita, 31, 51, 115, 166
Kim Il Sung, 107, 215
King, Martin Luther, Jr., 49, 187
Kirkpatrick, Lyman, 183
Korda, Alberto, 17, 40, 76, 78
Kosigin, Alexei, 269
Kroftova, Mariana, 232
Kunzle, David, 40-1, 191

La Cabaña, 9, 71, 102, 123-134, 139-40, 146, 148, 151, 154, 172, 175, 184, 186, 196, 198, 205, 218
Lago, Armando, 18, 23, 61, 137, 151, 153, 156
Las Villas, 84, 91, 94, 153, 204, 211
Latour, Rene, 94
Lazo, Carlos, 23, 85, 87, 204
Lenda do nosso século, Uma (Kalfon), 69, 193
Lênin,V. I., 46, 123, 215
Liga Anticomunista, 181-82,
Leonov, Nikolai, 88
Lincoln, Abraham, 233, 249
Literatura, 14, 34, 49, 179, 186
   queima de livros, 35, 49, 179-81, 186
Livro Negro do Comunismo, O, (Ed. Courtois) 34, 44, 150
Llano Montes, Antonio, 70-1
Llerena, Mario, 98
Lobo, Julio, 188
London Daily Mirror, 233
London Daily Telegraph, 142-43
London Daily Worker, 29, 116, 160
London Observer, 142
London Sunday Times, 237
Look, 45-6, 86, 92, 211
López, Nico, 81
Lorente, Ismael, 155
Lorenzo, Cecilio, 169
Lumumba, Patrice, 242, 249
"lumpen," 55, 58-9, 62-7, 151-52, 158, 165-67
Lynch, Grayston, 105-06, 176
Lyons, Eugene, 181

MacArthur, Douglas, 106, 223
McCarthy, Eugene, 45
McCarthy, Joe, 33
McGuire, Joe, 91
McLaughlin, John, 213, 223
Macmillan, Harold, 116
Madonna, 31, 63
Mailer, Norman, 57, 230, 275
Malcolm X, 45, 47
Mandela, Nelson, 151, 238
Maria, tia, 11
Marino, Michael, 43-4
Maristany. Juan, 148
Marks, Herman, 126-28, 131-33, 139
Martin, Dolores Mayona, 74
Martín-Pérez, Roberto, 127-30, 171
Martínez, Caridad, 175
Massacre de Katyn, 121, 124
Massetti, Jorge, 100-01
Mata, Miriam, 147
Matthews, Herbert, 39, 79, 84, 98, 128, 156, 260
Matos, Huber, 38, 110, 256
Menéndez, Margot, 125, 172-73
Mercader, Ramón, 72, 131
Meruelo, Hector, 122
Messer, Nilo, 23, 104, 108-10, 112
Meu Amigo Che (Rojo), 100
Mexicanos, 38, 53, 63-4, 72, 81-2, 88, 122, 125, 130, 133, 138, 202, 230, 241
México, 180
Miami News, 180
Mikoyan, Anastas, 115-16, 218
Milosevic, Slobodan, 44
Mirabal Quesada, Virginia de, 133
mísseis nucleares, 29, 114, 160
Mitchell, Andrea, 39
Mitterand, Danielle, 188
Monje, Mario, 254-55, 262
Montero, Renan, 269
Moore, Michael, 7, 81
Morejón, Pedro, 143
Morello, Tom, 59, 62-3
Morfa, Reynaldo, 122
Morrison, Jim, 66
Moss, Kate, 230, 234
Movimento de 26 de Julho, 84-88, 97

Mujal, Eusebio, 166
mulheres, 9, 10, 16, 25, 51, 60, 81, 123, 137-39, 141, 158, 175, 211, 235, 237, 242
   assassinatos de crianças e, 9, 10, 16, 51, 137, 175, 242
Mulele, Pierre, 242, 249
Murphy, Audie, 107
Museu Guggenheim, 119, 253
Museu Victoria e Albert, 32
música, rock, 26, 30, 54, 58-9, 61, 63-4, 66, 166
Mussolini, Benito, 149, 216

Nações Unidas, 30, 224, 227
   visita de Che a, 34, 43-6, 160, 219, 226
   UNICEF, 139
Nation, The, 119, 193,
National Review, 98, 106
Navarro, Hector, 64-5
Navarro, Tony, 76-7
Nazistas, 40, 46, 73, 103, 105, 123, 149, 150, 151, 181, 182, 271
   arte roubada por, 186-89
   livros queimados por, 179-82
negros, 34, 47, 60, 236, 238-39, 241
New York Review of Books, 183
New York Times, 24, 36-9, 44-5, 48, 56, 74, 79, 84-6, 89, 92, 96, 98, 128-30, 142-43, 166, 182-83, 187, 196, 198, 211, 213, 221-22, 239, 260
New York Times Book Review, 147
New Yorker, 33, 38, 57, 93, 145, 171
Newsweek, 38, 45, 69, 104, 119, 179, 194
Nicarágua, 99, 259
Nicholson, Jack, 232, 234
Nixon, Richard, 113, 117
Noel, Jim, 183
Nova Iorque, 31, 33, 43-52
   conspiração terrorista de Guevara contra, 29, 43-52
Nova Orleans, 10, 223
Nuñez Jiménez, Antonio, 202

O'Connell Davison, Julia, 235
Odales, René, 155
Oliva, Erneido, 111
Olo Pantoja, Antonio, 269

O'Reilly, Bill, 233
Ortega, Luis, 34, 75, 91, 96, 124, 145, 202, 204, 214, 235
Orwell, George, 49, 62, 92, 186-87
Oswald, Lee Harvey, 96

Pacto de Miami, 97
Pais, Frank, 94
Panamá, 99
Partido Comunista, 46, 87, 88. 94, 95, 147-49, 152-56, 181, 182-85, 198-200
   as pesquisas anticomunistas e, 181-82, 195, 197-200
   na Bolívia, 255
   e Guevara, 46, 182, 183, 196, 199, 200, 204
Pedro (primo do autor), 10-11
pelotão de fuzilamento, veja execuções e pelotões de fuzilamento,
Peñalver, Eusebio, 21-2, 238-39
Pérez, Aida Rosa, 138
Pérez, Gladys, 44, 48
Pérez, Lydia, 138
Pérez Antúnez, Luis, 139
Pérez-García, Jorge, 107
Pérez-García, Manuel, 106-07, 109, 111
Pérez Roque, Felipe, 227
Philips, Ruby Hart, 143-44
Piñeiro, Armando, 154-55
Piñeiro, Lázaro, 24, 209-10
Piño, Nestor, 275
Plano Marshall, 36
Polícia, 11, 30, 63-4, 70, 72, 102, 147-48, 151-54, 229-30
   jovens abordados pela, 54, 56, 58, 63-64, 70
Pons, Luis, 241
Ponzoa, Gus, 23, 247
Por quem os sinos dobram (Hemingway), 80
Powell, Colin, 224-25
Prado, Gary, 272-74
Primavera de Praga, 55
Prío, Carlos, 184, 198
prisões e campos de trabalho forçado, 9, 30, 35, 46, 56-60, 66, 71, 102, 111-12, 123, 131, 142, 165-66, 210, 238-39
   Guanahacabibes, 35, 165, 167, 213, 216-17

La Cabaña, 9, 71, 102, 123-134, 139-40, 146, 148, 151, 154, 172, 175, 184, 186, 196, 198, 205, 218
  número de pessoas em, 151-51
  Peñalver em, 21-2, 238-39
  UMAP, 165-68
  veja também execuções e pelotões de fuzilamento,
Proceso, 63
programa de comércio de sangue, 134
Projeto Verona, 88
Propaganda, 31, 33, 38, 41, 85, 94, 110, 112, 116, 168, 189, 211, 271
Prostituição, 225, 233, 235-36
Pujols, Jose, 146

queima de livros, 35, 49, 179-81, 186
Quintana, Ibrahim, 135-54

Radical Chic & Mau-Mauing the Flak Catchers (Wolfe), 47
Rage Against the Machine, 41, 59, 62-3, 154
Ramírez Sánchez, Ilich, 50
Ramparts, 56, 166
Rangel, Charles, 230, 236
Rangel-Rojas, Barbara, 24, 173, 176
Rather, Dan, 39, 97
Reader's Digest, 102, 117, 141
Reagans, The, 31
Rebelião, juventude, 75
Redford, Robert, 31, 34, 40, 120, 158, 230, 233,
Religião, 10-1
República Dominicana, 99
Revolución, 15-6, 40, 55, 101
Rine, Phyllis, 242
Rivera, Agapito, 208
Riveron, Mario, 109, 255
Robaina, Aldo, 162, 209
Robaina, Guillermo, 24, 209
Rockefeller, David, 189
Rock & Roll People (Sandinson), 66
rock, 25, 30, 54, 58-9, 63, 66, 166
Rodríguez, Carlos, 155
Rodríguez, Carlos Rafael, 77
Rodríguez, Elio, 153

Rodríguez, Evelio, 147
Rodríguez, Felix, 23, 108, 112, 124, 164, 189, 192, 250, 259-60, 266, 270, 275-76
Rodríguez, Humberto, 122
Rodríguez Tamayo, Francisco, 91
Rojas, Cornelio, 163, 173-74
Rojas, Honorato, 265, 267
Rojas, Pedro, 177
Rojo, Ricardo, 100
Rommel, Erwin, 37, 108, 248
Roosevelt, Franklin Delano, 149, 221
roqueiros, 30, 53, 59, 167
Ros, Enrique, 70
Rossell, Florentino, 90
Ruiz, Serafín, 91
Russel, Bertrand, 262, 275
Ryan, Henry Butterfield, 134-35

Saavedra, Teresita, 138
Salinas, Vargas, 265
Salles, Walter, 34
Sánchez, Juan Miguel, 58
Sánchez, Miguel, 75, 242, 273
Sánchez, Universo, 20, 83
Sánchez de Lozada, Gonzalo, 191
Sandison, David, 66-7, 75
San Martín, Pierre, 125
Santa Clara: 36, 59, 94, 216, 245
  Batalha de, 88-92, 163, 173
  enterro de Guevara, 191-92, 255
Santana, Carlos, 25, 30, 58-61, 63, 66, 158
Sartre, Jean-Paul, 35, 40, 66, 75, 179, 184, 227, 262, 275
Saucedo Parada, Arnaldo, 272-73
saúde, 101, 140, 224-25
Sauvage, Leo, 55-6
Schoenman, Ralph, 197
Scott, Edward, 126
Segal, David, 32, 201, 253
Segunda Guerra Mundial, 103, 149-50, 181, 219
Sharif, Omar, 41
Shelton, Ralph, 258-59, 262, 270
Shirer, William, 149-50
Simpsons, Os, 41
Smith, Earl T., 183
Soberon, Agustin, 123

Socialismo e o Homem em Cuba, O
  (Guevara), 169, 213-14
Soderbergh, Steven, 33, 160
Somoza, Luis, 99, 211
Sontag Susan, 56, 166-67
Sosa Blanco, Jesus, 87, 143
Sotus, Jorge, 203-05
South Park, 41
Stalin, Joseph,
STASI, 57, 260
Stone, I. F., 119, 192
suborno, 91, 97
Sunday Times, 147, 237, 284
Szulc, Tad, 45

Taber, Robert, 96-7
Taco Bell, 41
Taibo, Paco, 69, 104
Taleban, 139
Tamiami Park, 140
Tapia, Alberto, 132
Tarara, 70, 72, 187, 199
Terán, Luis Reque, 273
terrorismo, 49-51
  ataques de 11 de Setembro, 50, 51
  conspiração de Guevara contra os EUA, 29, 46-51, 115-17
Tetlow, Edwin, 142-43
Thomas, Hugh, 98
Tiger, Lionel, 62
Time, 29, 35, 37, 49-50, 53, 69, 72, 81, 121, 123, 137, 139, 182, 187, 264
Toland, John, 149-50
Topping, John, 183
Trotsky, Leon, 72, 131, 144
Trujillo, Rafael, 99, 102, 216
Truman, Harry, 84, 107
Tshombe, Moise, 242
turismo, 215
  sexo, 235-36
Turner, Ted, 39, 40, 132
Tyson, Mike, 30, 35, 236

UCLA, 191, 194, 197, 200
Ucrânia, 56, 207
União Soviética, 46, 72-3, 79, 88, 94, 113, 114, 125, 150, 203, 242, 251, 269

América Latina e, 254-56
Baía dos Porcos e, 105-09, 176
conspiração terrorista de Che e, 47, 51-52
crise dos mísseis e, 48, 51, 114-15, 117, 255
discurso de Che contra, 219-20
economia Cubana e, 36, 186-87, 216-20, 228-29
rebeldes húngaros e, 32, 207
rebelião anticomunista e, 32, 207-12
Universidade de Harvard, 113, 140
Unsuspected Revolution, The (Lleren), 98
Unvanquished (Encinosa), 212
Uria, Miguel, 202

Valdés, Calixto, 139
Valdés, Juan, 140
Valdez, Ramiro, 66
Valladares, Armando, 123, 145, 147-49
Vega, Jaime, 94
Venezuela, 70, 77, 148, 230
Vietnã, 133-34, 194, 250, 259
Vilasuso, José, 124, 144

Wagmister, Fabian, 195
Walters, Barbara, 39
Washington Post, 32, 201, 253
Werlau, Maria, 23, 151, 153, 156
Wolfe, Tom, 47
Wood, Raymond, 47

Yamashita, Tomoyuki, 106-07, 111
Yo Los He Visto Partir, 133
Yo Soy El Che! (Ortega), 34, 75, 91, 96, 124, 145, 202, 204, 214

Zeitlin, Maurice, 194
Zerjínski, Félix, 123, 152
Ziff, Trisha, 253

HUMBERTO FONTOVA fugiu de Cuba em 1961 com sua família. Tinha então sete anos. Hoje vive na região de Nova Orleans, onde trabalha como jornalista. É formado em Ciência Política pela Universidade de Nova Orleans e é mestre em Estudos Latino-Americanos pela Universidade de Tulane. É também ativo colaborador da imprensa de língua inglesa e da de língua espanhola no seu país. Já publicou quatro livros, entre os quais *Fidel: Hollywood's Favorite Tyrant*.

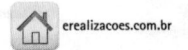